D0630399

Bilingual VISUAL dictionary

TOP-FLITE
XL
Titleist
TOP-FLITE
XL

Bilingual VISUAL dictionary

A DORLING KINDERSLEY BOOK

London, New York, Melbourne, Munich, Delhi

Senior Editor Angeles Gavira
Senior Art Editor Ina Stradins
DTP Designers Sunil Sharma, Balwant Singh, Harish Aggarwal, John Goldsmid, Ashwani Tyagi
DTP Coordinator Pankaj Sharma
Production Controller Liz Cherry
Picture Researcher Anna Grapes
Managing Editor Liz Wheeler
Managing Art Editor Phil Ormerod
Category Publisher Jonathan Metcalf

Designed for Dorling Kindersley by WaltonCreative.com
Art Editor Colin Walton, assisted by Tracy Musson
Designers Peter Radcliffe, Earl Neish, Ann Cannings
Picture Research Marissa Keating

Language content for Dorling Kindersley by g-and-w PUBLISHING
Managed by Jane Wightwick, assisted by Ana Bremón
Translation and editing by Christine Arthur
Additional input by Dr. Arturo Pretel, Martin Prill, Frédéric Monteil, Meinrad Prill, Mari Bremón, Oscar Bremón, Anunchi Bremón, Leila Gaafar

First published in Great Britain in 2005
by Dorling Kindersley Limited,
80 Strand, London WC2R 0RL
Copyright © 2005 Dorling Kindersley Limited
A Penguin Company
20 19 18 17 16 15 14 13
Content first published as
5 Language Visual Dictionary in 2003
Copyright © 2005 Dorling Kindersley Limited, London

All rights reserved. No part of this publication may be reproduced, stored in a retrieval system, or transmitted, in any form or by any means, electronic, mechanical, photocopying, recording, or otherwise, without the prior written permission of the copyright owners.
A CIP catalogue record for this book is available from the British Library

ISBN-13: 978-1-4053-1120-5

Colour reproduction by Colourscan, Singapore
Printed and bound by L Rex

See our complete catalogue at
www.dk.com

table des matières
contents

la santé
health

sortir manger
eating out

le temps libre
leisure

8
à propos du dictionnaire
about the dictionary

9
comment utiliser ce livre
how to use this book

10
les gens
people

28
l'apparence
appearance

56
la maison
home

92
les services
services

102
les courses
shopping

116
la nourriture
food

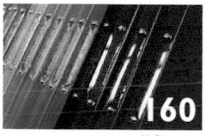
160
l'étude
study

170
le travail
work

192
le transport
transport

218
les sports
sports

278
l'environnement
environment

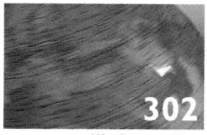
302
l'information
reference

324
index
index

360
remerciements
acknowledgments

les gens • people

le corps | body 12
le visage | face 14
la main | hand 15
le pied | foot 15
les muscles | muscles 16
le squelette | skeleton 17
les organes internes internal organs 18
les organes de reproduction reproductive organs 20
la famille | family 22
les relations relationships 24
les émotions | emotions 25
les événements de la vie life events 26

l'apparence • appearance

les vêtements d'enfants children's clothing 30
les vêtements pour hommes men's clothing 32
les vêtements pour femmes women's clothing 34
les accessoires | accessories 36
les cheveux | hair 38
la beauté | beauty 40

la santé • health

la maladie | illness 44
le médecin | doctor 45
la blessure | injury 46
les premiers secours first aid 47
l'hôpital | hospital 48
le dentiste | dentist 50
l'opticien | optician 51
la grossesse | pregnancy 52
la naissance | childbirth 53
les thérapies alternatives alternative therapy 54

la maison • home

la maison | house 58
les systèmes domestiques internal systems 60
le salon | living room 62
la salle à manger dining room 64
la cuisine | kitchen 66
les ustensiles de cuisine kitchenware 68
la chambre | bedroom 70
la salle de bain bathroom 72
la chambre d'enfants nursery 74
la buanderie | utility room 76
l'atelier | workshop 78
la boîte à outils toolbox 80
la décoration | decorating 82
le jardin | garden 84
les plantes de jardin garden plants 86
les outils de jardin garden tools 88
le jardinage | gardening 90

les services • services

les services d'urgence emergency services 94
la banque | bank 96
les communications communications 98
l'hôtel | hotel 100

les courses • shopping

le centre commercial shopping centre 104
le grand magasin department store 105
le supermarché supermarket 106
la pharmacie | chemist 108
le fleuriste | florist 110
le marchand de journaux newsagent 112
le confiseur | confectioner 113
les autres magasins other shops 114

la nourriture • food

la viande | meat 118
le poisson | fish 120
les légumes | vegetables 122
le fruit | fruit 126
les céréales et les légumes secs | grains and pulses 130
les herbes et les épices herbs and spices 132
les aliments en bouteilles bottled foods 134
les produits laitiers dairy produce 136
les pains et la farine breads and flours 138
les gâteaux et les desserts cakes and desserts 140
la charcuterie | delicatessen 142
les boissons | drinks 144

sortir manger • eating out

le café | café 148
le bar | bar 150
le restaurant | restaurant 152
la restauration rapide fast food 154
le petit déjeuner | breakfast 156
le repas | dinner 158

l'étude • study

l'école | school 162
les mathématiques | maths 164
la science | science 166
l'enseignement supérieur college 168

le travail • work

le bureau | office 172
l'ordinateur | computer 176
les médias | media 178
le droit | law 180
la ferme | farm 182
la construction | construction 186
les professions | professions 188

le transport • transport

les routes | roads 194
le bus | bus 196
la voiture | car 198
la moto | motorbike 204
la bicyclette | bicycle 206
le train | train 208
l'avion | aircraft 210
l'aéroport | airport 212
le navire | ship 214
le port | port 216

les sports • sport

le football américain American football 220
le rugby | rugby 221
le football | soccer 222
le hockey | hockey 224
le cricket | cricket 225
le basket | basketball 226
le baseball | baseball 228
le tennis | tennis 230
le golf | golf 232
l'athlétisme | athletics 234
les sports de combat combat sports 236
la natation | swimming 238
la voile | sailing 240
l'équitation | horse riding 242
la pêche | fishing 244
le ski | skiing 246
les autres sports other sports 248
le conditionnement physique fitness 250

le temps libre • leisure

le théâtre | theatre 254
l'orchestre | orchestra 256
le concert | concert 258
le tourisme | sightseeing 260
les activités de plein air outdoor activities 262
la plage | beach 264
le camping | camping 266
les distractions à la maison home entertainment 268
la photographie photography 270
les jeux | games 272

les arts et métiers arts and crafts 274

l'environnement • environment

l'espace | space 280
la terre | Earth 282
le paysage | landscape 284
le temps | weather 286
les roches | rocks 288
les minéraux | minerals 289
les animaux | animals 290
les plantes | plants 296
la ville | town 298
l'architecture architecture 300

l'information • reference

l'heure | time 304
le calendrier | calendar 306
les nombres | numbers 308
les poids et mesures weights and measures 310
la carte du monde world map 312
particules et antonymes particles and antonyms 320
phrases utiles | useful phrases 322

à propos du dictionnaire

Il est bien connu que les illustrations nous aident à comprendre et retenir l'information. Fondé sur ce principe, ce dictionnaire bilingue richement illustré présente un large éventail de vocabulaire courant et utile dans deux langues européennes.

Le dictionnaire est divisé de façon thématique et couvre en détail la plupart des aspects du monde quotidien, du restaurant au gymnase, de la maison au lieu de travail, de l'espace au monde animal. Vous y trouverez également des mots et expressions supplémentaires pour la conversation et pour enrichir votre vocabulaire.

Il s'agit d'un outil de référence essentiel pour tous ceux qui s'intéressent aux langues – pratique, stimulant et d'emploi facile.

Quelques points à noter

Les deux langues sont toujours présentées dans le même ordre – français et anglais.

Les noms sont donnés avec leurs articles définis qui indiquent leur genre (masculin ou féminin) et leur nombre (singulier ou pluriel):

la graine	**les amendes**
seed	almonds

Les verbes sont indiqués par un (v), par exemple:

récolter • harvest (v)

Chaque langue a également son propre index à la fin du livre. Vous pourrez y vérifier un mot dans n'importe laquelle des deux langues et vous serez renvoyé au(x) numéro(s) de(s) page(s) où il figure. Le genre est indiqué par les abréviations suivantes:

m = masculin
f = féminin

about the dictionary

The use of pictures is proven to aid understanding and the retention of information. Working on this principle, this highly-illustrated bilingual dictionary presents a large range of useful current vocabulary in two European languages.

The dictionary is divided thematically and covers most aspects of the everyday world in detail, from the restaurant to the gym, the home to the workplace, outer space to the animal kingdom. You will also find additional words and phrases for conversational use and for extending your vocabulary.

This is an essential reference tool for anyone interested in languages – practical, stimulating, and easy-to-use.

A few things to note

The two languages are always presented in the same order – French and English.

Nouns are given with their definite articles reflecting the gender (masculine or feminine) and number (singular or plural), for example:

la graine	**les amendes**
seed	almonds

Verbs are indicated by a (v) after the English, for example:

récolter • harvest (v)

Each language also has its own index at the back of the book. Here you can look up a word in either of the two languages and be referred to the page number(s) where it appears. The gender is shown using the following abbreviations:

m = masculine
f = feminine

comment utiliser ce livre

Que vous appreniez une nouvelle langue pour les affaires, le plaisir ou pour préparer vos vacances, ou encore si vous espérez élargir votre vocabulaire dans une langue qui vous est déjà familière, ce dictionnaire sera pour vous un outil d'apprentissage précieux que vous pourrez utiliser de plusieurs manières.

Lorsque vous apprenez une nouvelle langue, recherchez les mots apparentés (mots qui se ressemblent dans différentes langues) et les faux amis (mots qui se ressemblent mais ont des significations nettement différentes). Par exemple, l'anglais a importé des autres langues européennes de nombreux termes désignant la nourriture mais, en retour, exporté des termes employés dans le domaine de la technologie et de la culture populaire.

Activités pratiques d'apprentissage

• Lorsque vous vous déplacez dans votre maison, au travail ou à l'université, essayez de regarder les pages qui correspondent à ce contexte. Vous pouvez ensuite fermer le livre, regarder autour de vous et voir combien d'objets vous pouvez nommer.

• Forcez-vous à écrire une histoire, une lettre ou un dialogue en employant le plus de termes possibles choisis dans une page. Ceci vous aidera à retenir le vocabulaire et son orthographe. Si vous souhaitez pouvoir écrire un texte plus long, commencez par des phrases qui incorporent 2 à 3 mots.

• Si vous avez une mémoire très visuelle, essayez de dessiner ou de décalquer des objets du livre sur une feuille de papier, puis fermez le livre et inscrivez les mots sous l'image.

• Une fois que vous serez plus sûr de vous, choisissez des mots dans l'index de la langue étrangère et essayez de voir si vous en connaissez le sens avant de vous reporter à la page correspondante pour vérifier.

how to use this book

Whether you are learning a new language for business, pleasure, or in preparation for a holiday abroad, or are hoping to extend your vocabulary in an already familiar language, this dictionary is a valuable learning tool which you can use in a number of different ways.

When learning a new language, look out for cognates (words that are alike in different languages) and false friends (words that look alike but carry significantly different meanings). You can also see where the languages have influenced each other. For example, English has imported many terms for food from other European languages but, in turn, exported terms used in technology and popular culture.

Practical learning activities

• As you move about your home, workplace, or college, try looking at the pages which cover that setting. You could then close the book, look around you and see how many of the objects and features you can name.

• Challenge yourself to write a story, letter, or dialogue using as many of the terms on a particular page as possible. This will help you retain the vocabulary and remember the spelling. If you want to build up to writing a longer text, start with sentences incorporating 2–3 words.

• If you have a very visual memory, try drawing or tracing items from the book onto a piece of paper, then close the book and fill in the words below the picture.

• Once you are more confident, pick out words in a foreign-language index and see if you know what they mean before turning to the relevant page to check if you were right.

les gens
people

le corps • body

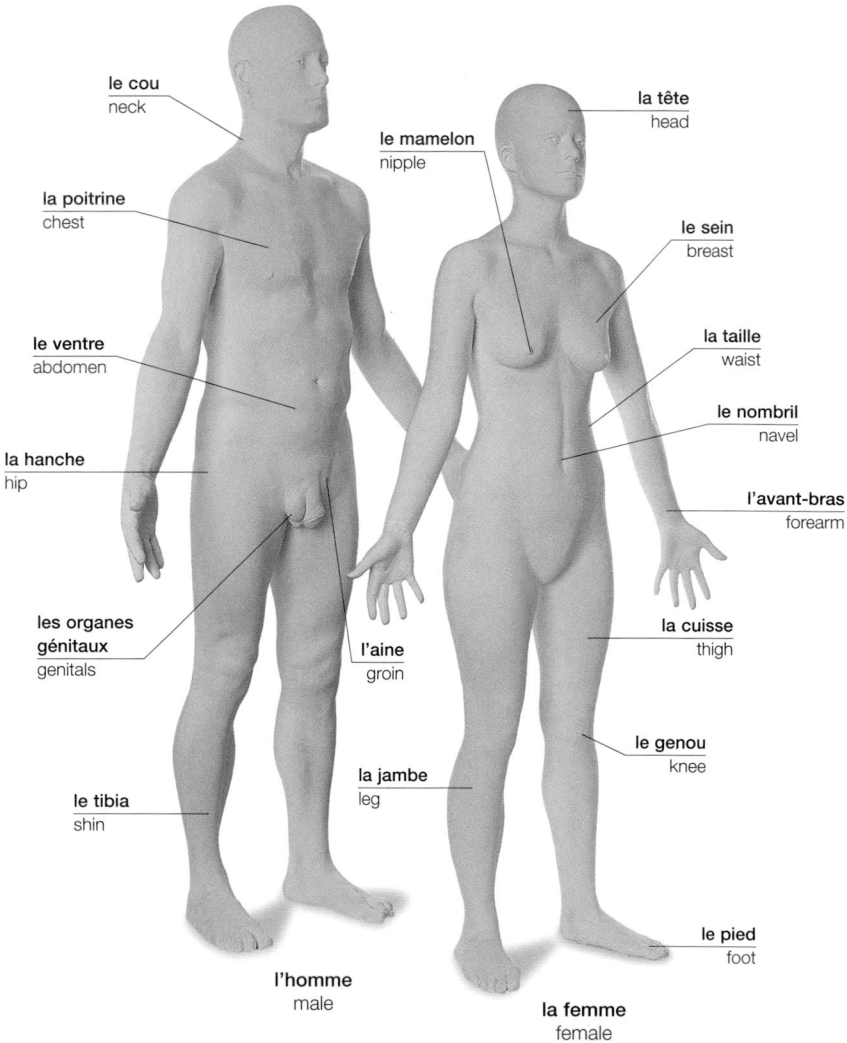

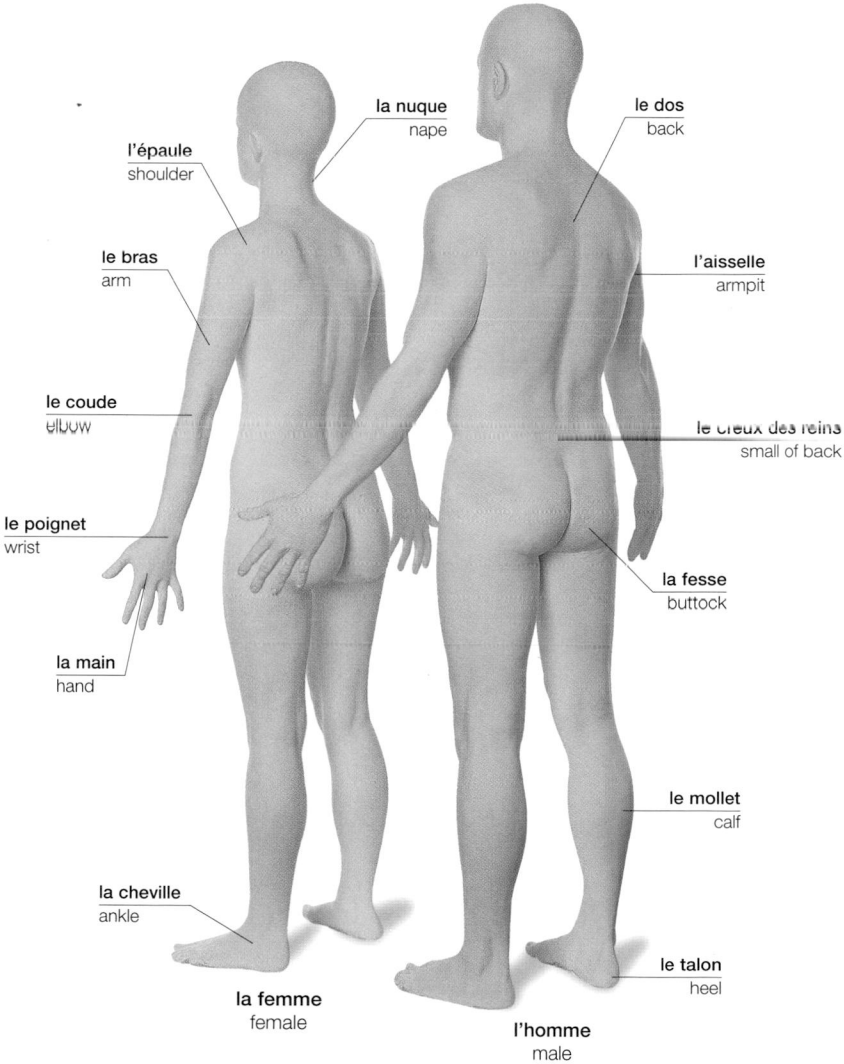
la nuque
nape
le dos
back
l'épaule
shoulder
le bras
arm
l'aisselle
armpit
le coude
elbow
le creux des reins
small of back
le poignet
wrist
la fesse
buttock
la main
hand
le mollet
calf
la cheville
ankle
le talon
heel
la femme
female
l'homme
male

le visage • face

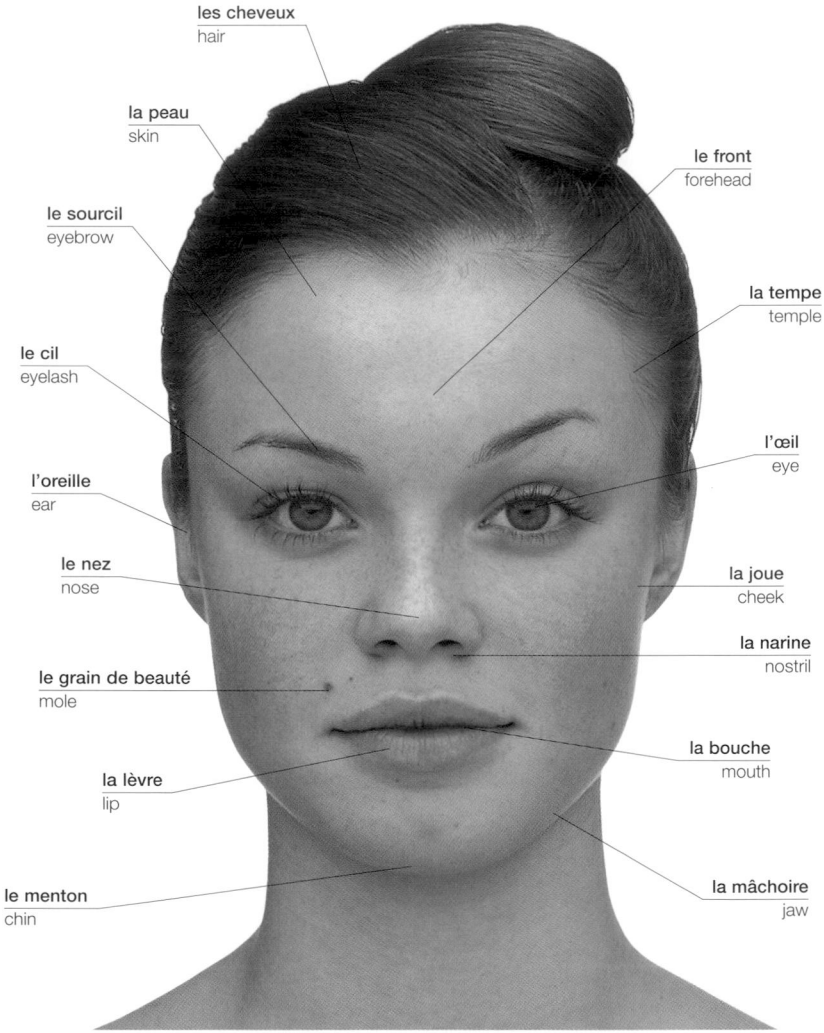

la ride
wrinkle

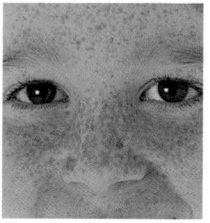

la tache de rousseur
freckle

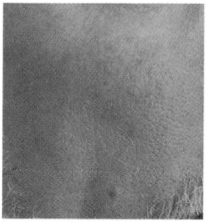

le pore
pore

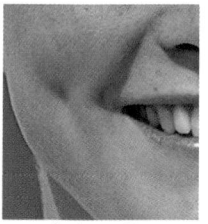

la fossette
dimple

la main • hand

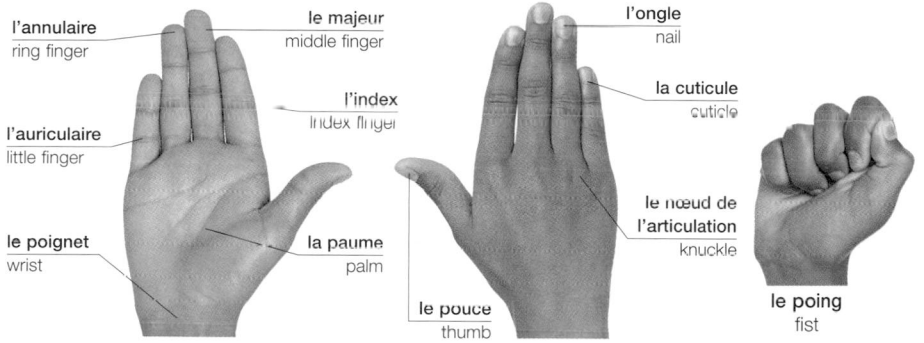

le pied • foot

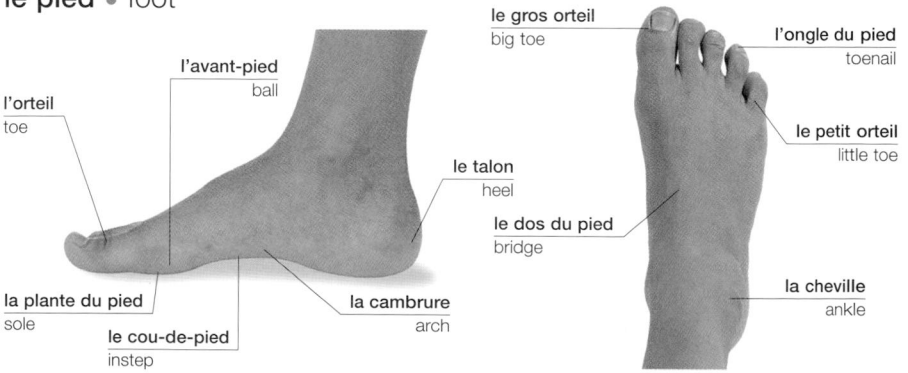

les muscles • muscles

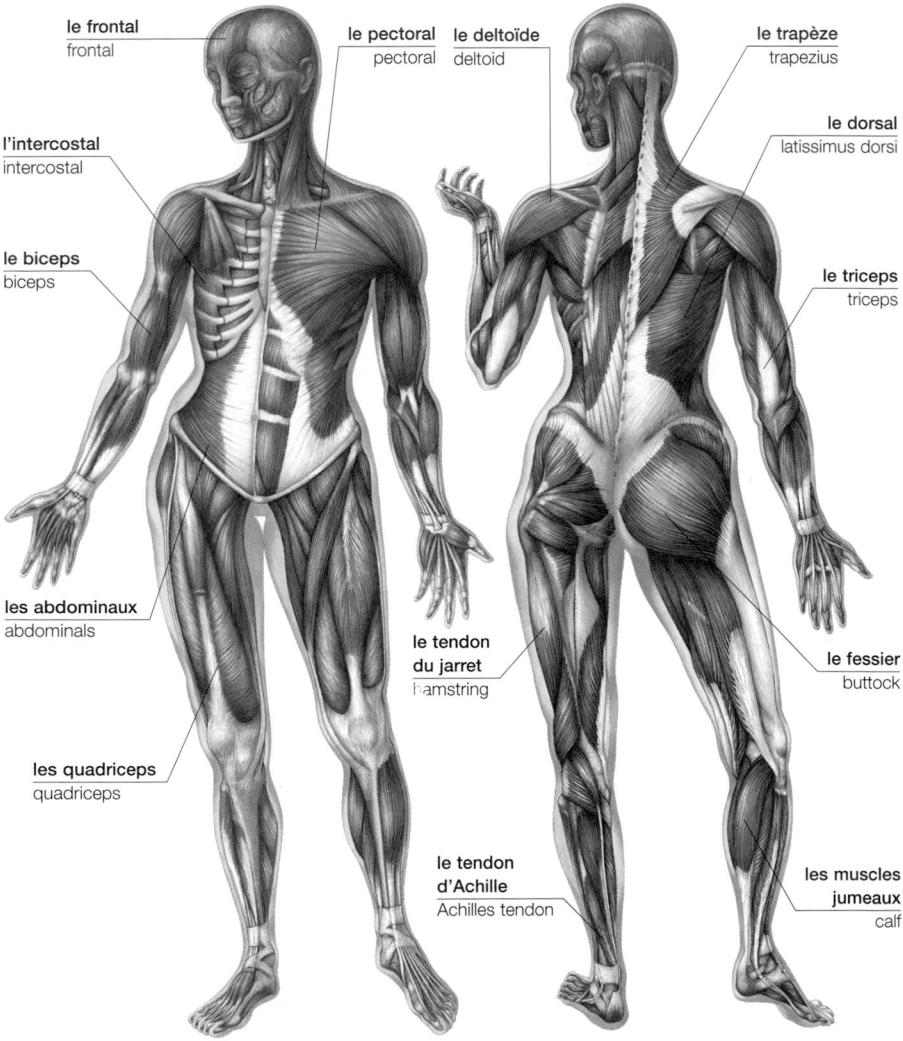

le squelette • skeleton

la clavicule
collar bone

le crâne
skull

l'omoplate
shoulder blade

le maxillaire
jaw

le sternum
breast bone

l'humérus
humerus

la côte
rib

la cage thoracique
rib cage

le métacarpien
metacarpal

le cubitus
ulna

le radius
radius

le bassin
pelvis

le fémur
femur

la rotule
kneecap

le péroné
fibula

le tibia
tibia

le métatarsien
metatarsal

les vertèbres cervicales
cervical vertebrae

les vertèbres thoraciques
thoracic vertebrae

les lombaires
lumbar vertebrae

le coccyx
tailbone

la colonne vertébrale
spine

l'articulation • joint

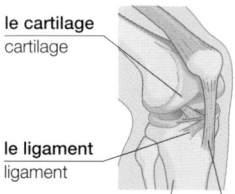

les organes internes • internal organs

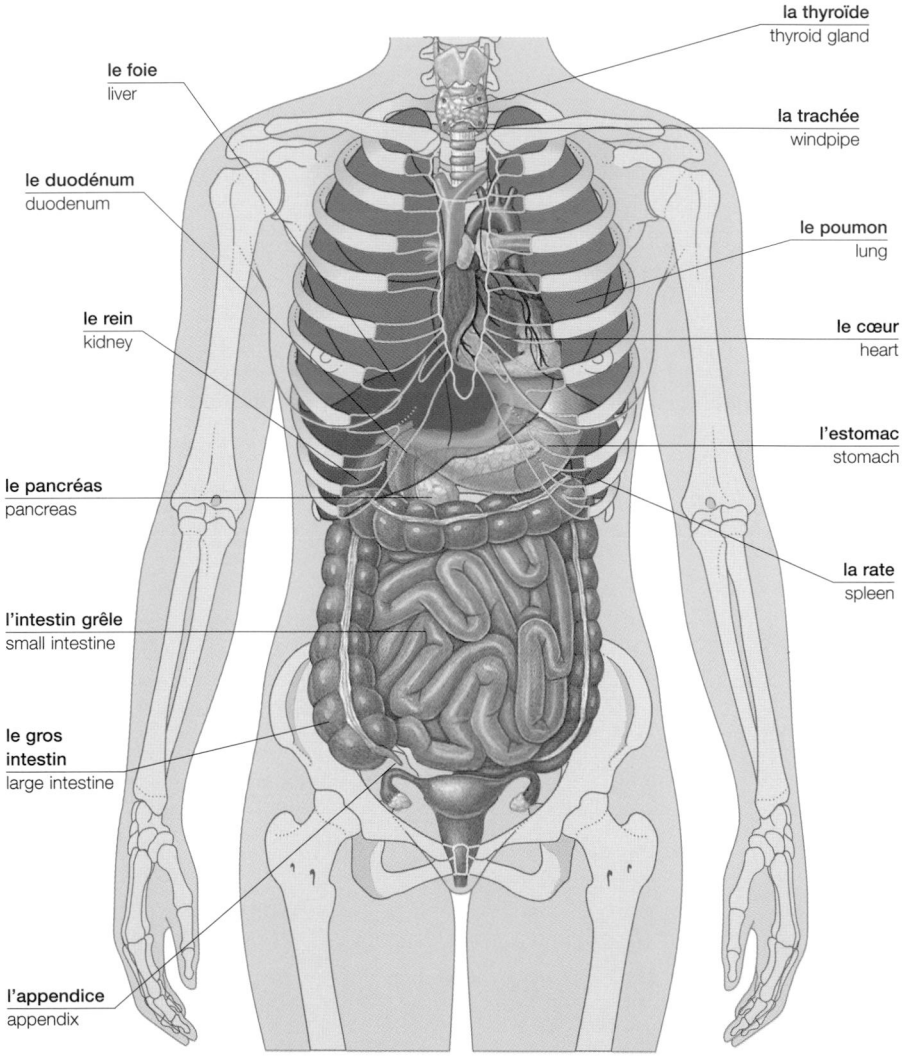

la tête • head

le cerveau
brain

le sinus
sinus

le palais
palate

le pharynx
pharynx

la langue
tongue

l'épiglotte
epiglottis

le larynx
larynx

l'œsophage
oesophagus

la pomme d'Adam
Adam's apple

les cordes vocales
vocal cords

la gorge
throat

les systèmes du corps • body systems

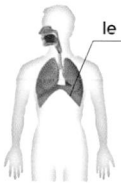

respiratoire
respiratory

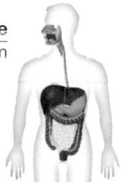

digestif
digestive

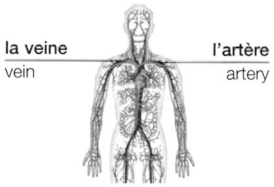

cardio-vasculaire
cardiovascular

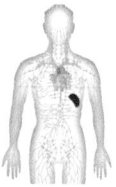

lymphatique
lymphatic

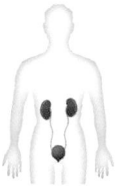

urinaire
urinary

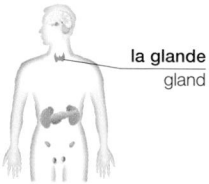

endocrine
endocrine

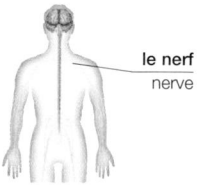

nerveux
nervous

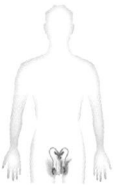

reproducteur
reproductive

les organes de reproduction • reproductive organs

la trompe de Fallope
Fallopian tube

le follicule
follicle

l'ovaire
ovary

la vessie
bladder

l'utérus
uterus

le clitoris
clitoris

l'urètre
urethra

le col de l'utérus
cervix

le vagin
vagina

les lèvres
labia

féminin | female

la reproduction • reproduction

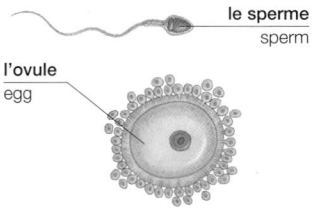

la fertilisation | fertilization

vocabulaire • vocabulary

l'hormone hormone	**impuissant** impotent	**les règles** menstruation
l'ovulation ovulation	**fécond** fertile	**les rapports sexuels** intercourse
stérile infertile	**concevoir** conceive	**la maladie sexuellement transmissible** sexually transmitted disease

le conduit éjaculatoire
ejaculatory duct

le conduit spermatique
vas deferens

l'uretère
ureter

la vésicule
seminal vesicle

la prostate
prostate

le pénis
penis

le rectum
rectum

le prépuce
foreskin

le testicule
testicle

le scrotum
scrotum

masculin | male

la contraception • contraception

la cape cervicale
cap

le diaphragme
diaphragm

le condom
condom

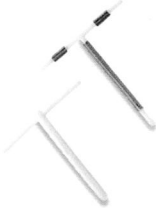

le stérilet
IUD

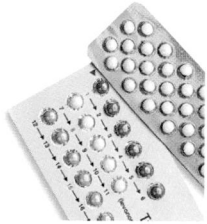

la pilule
pill

la famille • family

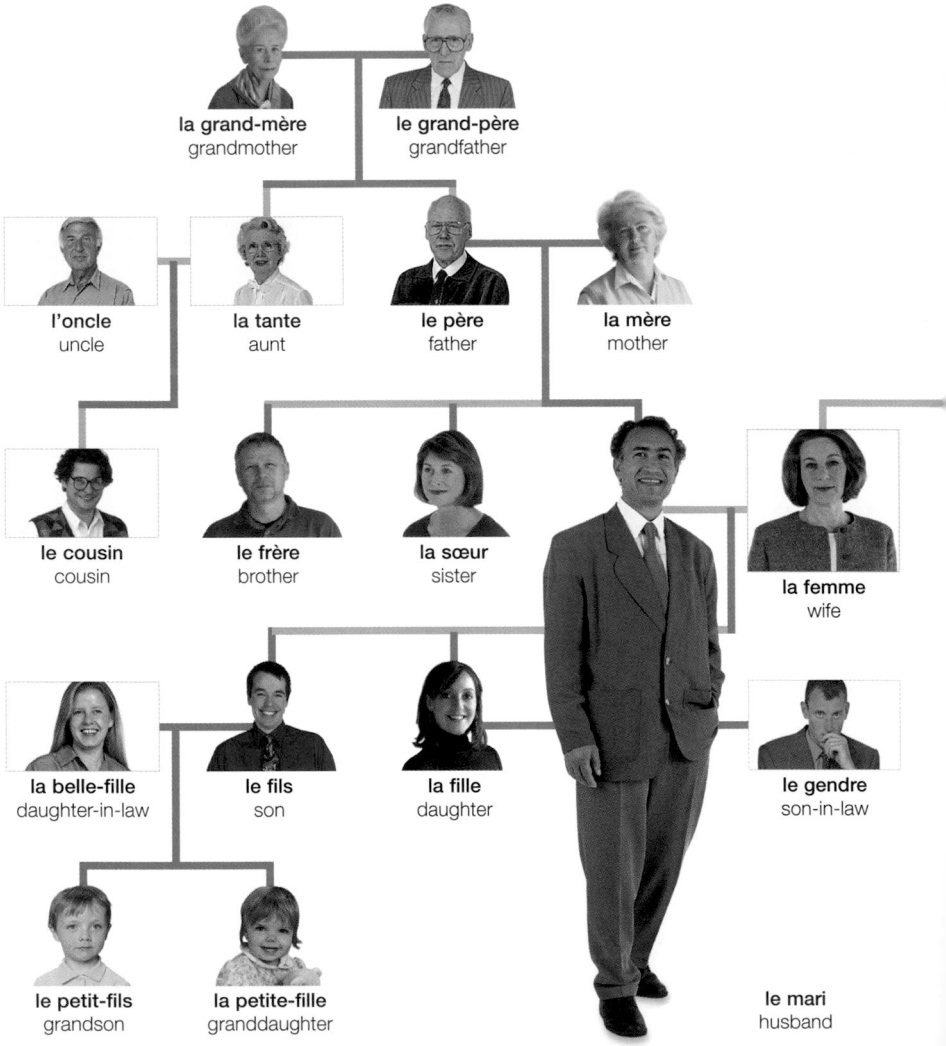

vocabulaire • vocabulary

les parents relatives	**les parents** parents	**les petits-enfants** grandchildren	**la belle-mère** stepmother	**le beau-fils** stepson	**la génération** generation
les grands-parents grandparents	**les enfants** children	**le beau-père** stepfather	**la belle-fille** stepdaughter	**le/la partenaire** partner	**les jumeaux** twins

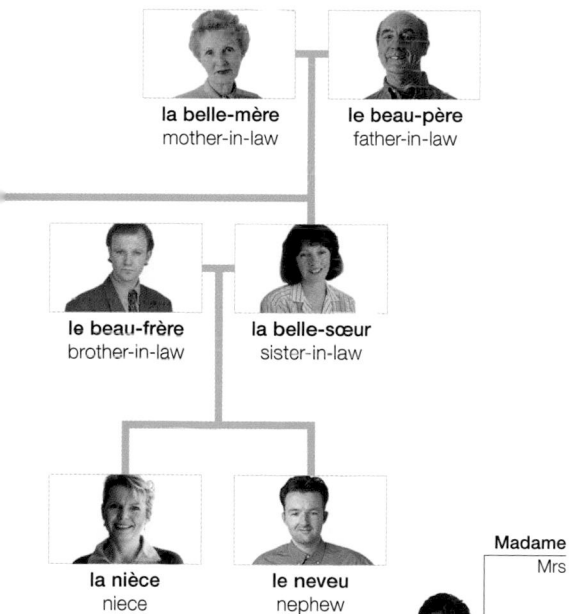

les stades • stages

les titres • titles

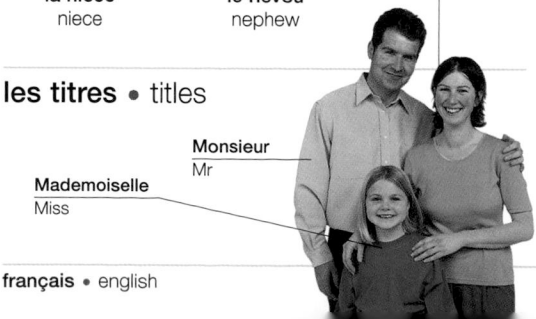

les relations • relationships

le chef
manager

l'assistante
assistant

l'associée
business partner

l'employeuse
employer

l'employé
employee

le collègue
colleague

le bureau | office

le voisin
neighbour

l'ami
friend

la connaissance
acquaintance

le correspondant
penfriend

le petit ami
boyfriend

la petite amie
girlfriend

le couple | couple

le fiancé
fiancé

la fiancée
fiancée

les fiancés | engaged couple

les émotions • emotions

heureux
happy

triste
sad

excité
excited

ennuyé
bored

surpris
surprised

effrayé
scared

fâché
angry

confus
confused

inquiet
worried

nerveux
nervous

fier
proud

confiant
confident

gêné
embarrassed

timide
shy

vocabulaire • vocabulary

consterné upset	**rire** laugh (v)	**soupirer** sigh (v)	**crier** shout (v)
choqué shocked	**pleurer** cry (v)	**s'évanouir** faint (v)	**bâiller** yawn (v)

les événements de la vie • life events

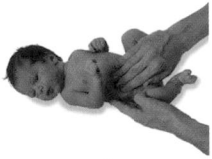

naître
be born (v)

commencer à l'école
start school (v)

se faire des amis
make friends (v)

obtenir sa licence
graduate (v)

trouver un emploi
get a job (v)

tomber amoureux
fall in love (v)

se marier
get married (v)

avoir un bébé
have a baby (v)

le mariage | wedding

le divorce
divorce

l'enterrement
funeral

vocabulaire • vocabulary

le baptême
christening

la bar-mitsvah
bar mitzvah

l'anniversaire de mariage
anniversary

émigrer
emigrate (v)

prendre sa retraite
retire (v)

mourir
die (v)

faire son testament
make a will (v)

l'acte de naissance
birth certificate

le repas de noces
wedding reception

le voyage de noces
honeymoon

les fêtes • celebrations

la fête
birthday party

l'anniversaire
birthday

la carte
card

le cadeau
present

le Noël
Christmas

le Nouvel An
New Year

le carnaval
carnival

le défilé
procession

la fête de Thanksgiving
Thanksgiving

le ruban
ribbon

Pâques
Easter

la veille de la Toussaint
Halloween

les fêtes • festivals

la Pâque
Passover

le Ramadan
Ramadan

la Diwali
Diwali

l'apparence
appearance

les vêtements d'enfants • children's clothing

le bébé • baby

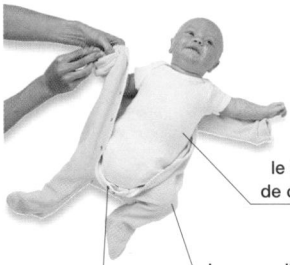

le pyjama
sleepsuit

la combinaison de neige
snowsuit

la combinaison-short
romper suit

le bavoir
bib

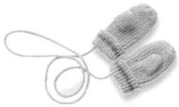

les moufles
mittens

les chaussons
booties

la couche éponge
terry nappy

la couche jetable
disposable nappy

la culotte en plastique
plastic pants

le petit enfant • toddler

le chapeau de soleil
sunhat

le tablier
apron

la salopette
dungarees

le bermuda
shorts

le t-shirt
t-shirt

la jupe
skirt

l'enfant • child

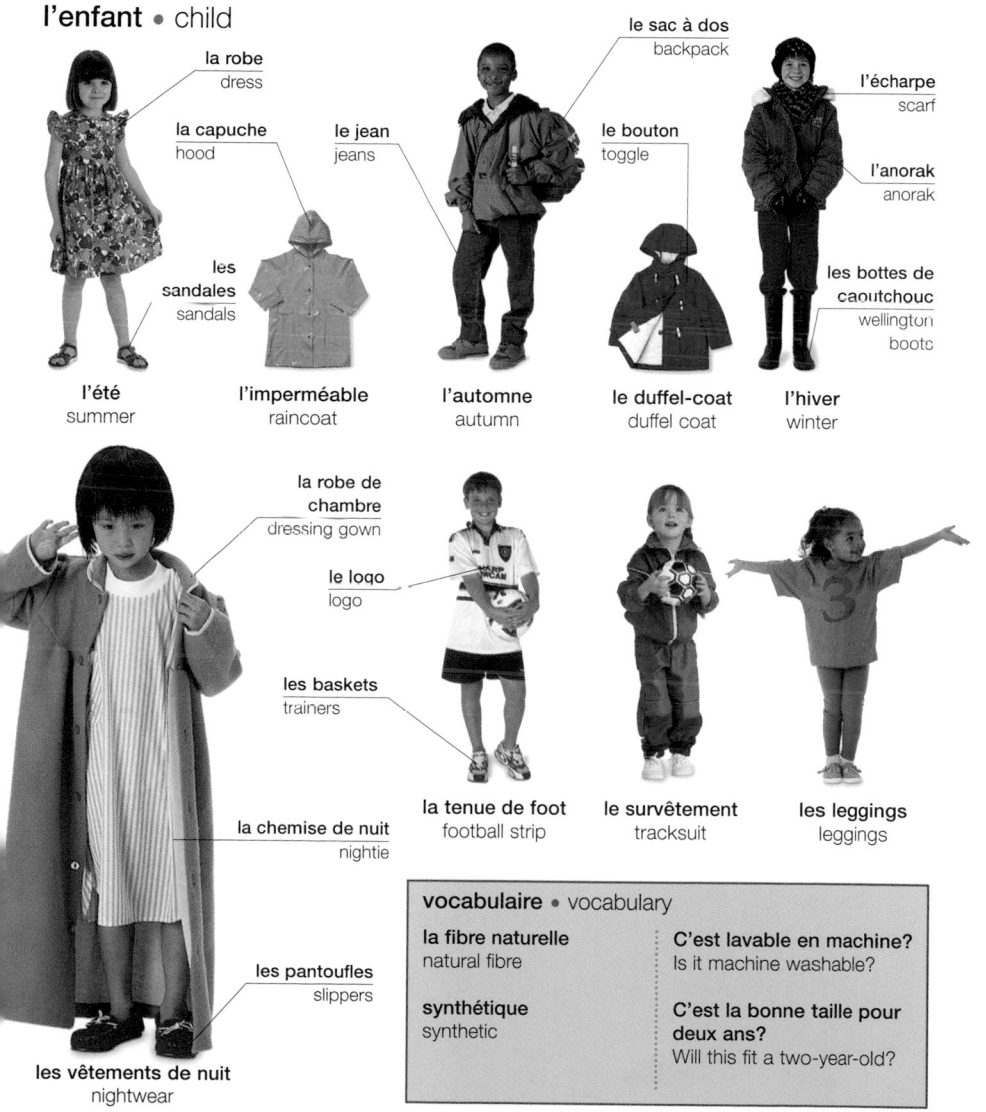

vocabulaire • vocabulary

la fibre naturelle
natural fibre

synthétique
synthetic

C'est lavable en machine?
Is it machine washable?

C'est la bonne taille pour deux ans?
Will this fit a two-year-old?

les vêtements pour hommes • men's clothing

le col
collar

la cravate
tie

la manchette
cuff

la veste
jacket

le bouton
button

le pantalon
trousers

les chaussures en cuir
leather shoes

le costume
business suit

le revers
lapel

la ceinture
belt

la boutonnière
buttonhole

la poche
pocket

la doublure
lining

le manteau
coat

vocabulaire • vocabulary

la chemise shirt	**le peignoir** dressing gown	**le survêtement** tracksuit	**long** long
le cardigan cardigan	**les sous-vêtements** underwear	**l'imperméable** raincoat	**court** short

Avez-vous ça en plus grand/petit?
Do you have this in a larger/smaller size?

Je peux l'essayer?
May I try this on?

le blazer
blazer

la veste de sport
sports jacket

le gilet
waistcoat

l'anorak
anorak

le sweat-shirt
sweatshirt

le coupe-vent
windcheater

le pullover
sweater

le pyjama
pyjamas

le tricot de corps
vest

les vêtements sport
casual wear

le short
shorts

le slip
briefs

le caleçon
boxer shorts

les chaussettes
socks

les vêtements pour femmes • women's clothing

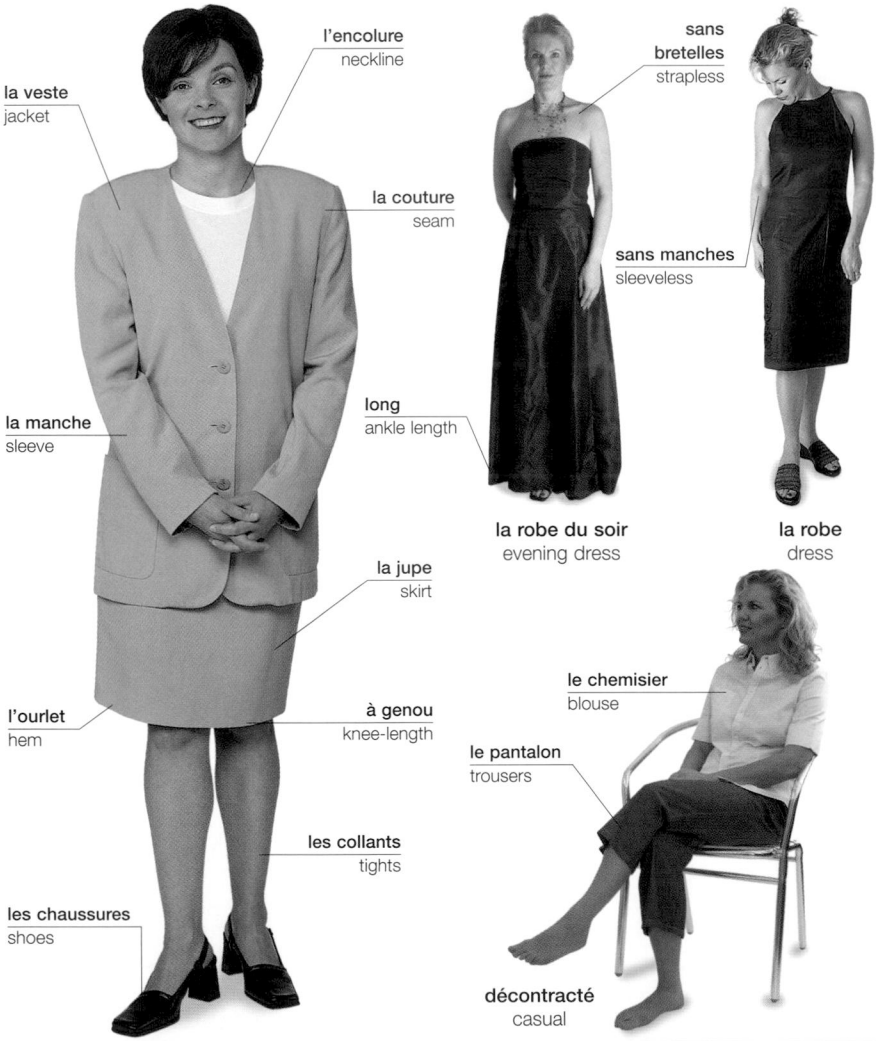

la lingerie • lingerie

le négligé
negligée

le caraco
slip

la bretelle
strap

la camisole
camisole

la guêpière
basque

la jarretelle
suspenders

les bas
stockings

le collant
tights

la chemise
vest

le soutien-gorge
bra

le slip
knickers

la chemise de nuit
nightdress

le mariage • wedding

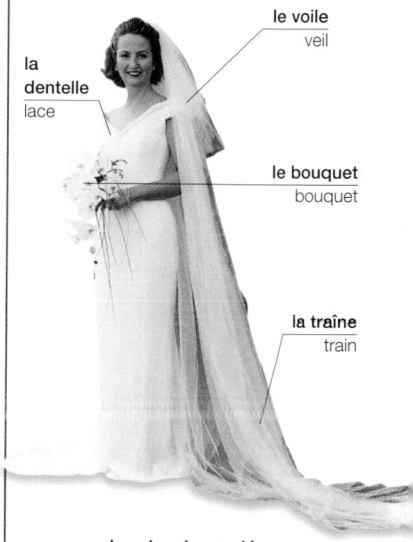

la robe de mariée
wedding dress

vocabulaire • vocabulary

le corset corset	**ajusté** tailored
la jarretière garter	**dos-nu** halter neck
l'épaulette shoulder pad	**à armature** underwired
la ceinture waistband	**le soutien-gorge sport** sports bra

les accessoires • accessories

la casquette
cap

le chapeau
hat

le foulard
scarf

la boucle
buckle

la ceinture
belt

le manche
handle

la pointe
tip

le parapluie
umbrella

le mouchoir
handkerchief

le nœud papillon
bow tie

l'épingle de cravate
tie-pin

les gants
gloves

les bijoux • jewellery

le pendentif
pendant

la broche
brooch

le bouton de manchette
cufflink

le rang de perles
string of pearls

le maillon
link

le bracelet
bracelet

le fermoir
clasp

la chaîne
chain

la boucle d'oreille
earring

la bague
ring

la pierre
stone

le collier
necklace

la montre
watch

la boîte à bijoux | jewellery box

les sacs • bags

le portefeuille
wallet

le porte-monnaie
purse

le fermoir
fastening

le sac à bandoulière
shoulder bag

la bretelle
shoulder strap

les poignées
handles

le fourre-tout
holdall

la serviette
briefcase

le sac à main
handbag

le sac à dos
backpack

les chaussures • shoes

l'œillet
eyelet

le lacet
lace

la languette
tongue

la semelle
sole

le talon
heel

la chaussure lacée
lace-up

le pataugas
walking boot

la basket
trainer

la chaussure de cuir
leather shoe

la tong
flip-flop

la chaussure à talon
high heel shoe

la chaussure à semelle compensée
platform shoe

la sandale
sandal

le mocassin
slip-on

le richelieu
brogue

les cheveux • hair

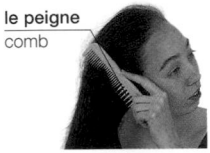

peigner
comb (v)

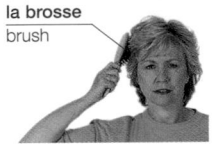

brosser | brush (v)

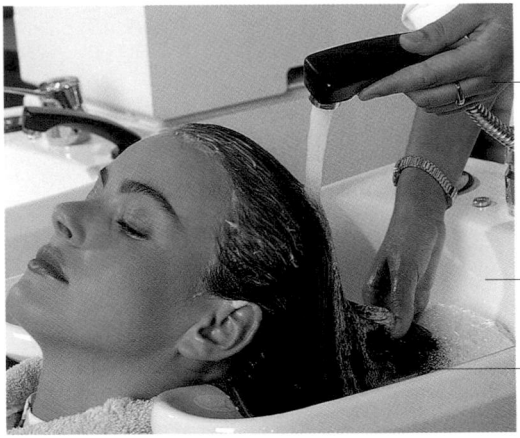

laver | wash (v)

rincer
rinse (v)

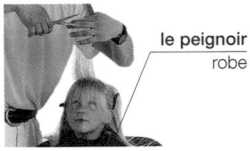

couper
cut (v)

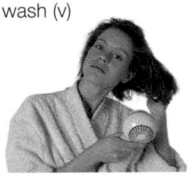

sécher
blow dry (v)

faire une mise en plis
set (v)

les accessoires • accessories

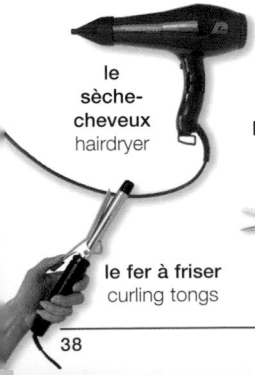

le sèche-cheveux
hairdryer

le shampoing
shampoo

l'après-shampoing
conditioner

le gel
gel

la laque
hairspray

le fer à friser
curling tongs

les ciseaux
scissors

le serre-tête
hairband

le bigoudi
curler

la pince à cheveux
hairpin

les coiffures • styles

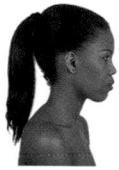

la queue de cheval
ponytail

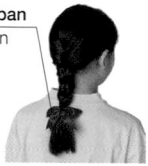

la natte
plait

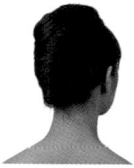

le rouleau
french pleat

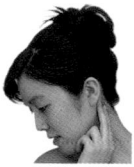

le chignon
bun

les couettes
pigtails

au carré
bob

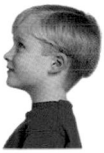

la coupe courte
crop

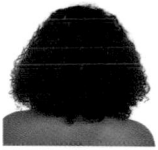

frisé
curly

la permanente
perm

raide
straight

les reflets
highlights

chauve
bald

la perruque
wig

les couleurs • colours

blond
blonde

châtain
brunette

auburn
auburn

roux
ginger

noir
black

gris
grey

blanc
white

teint
dyed

vocabulaire • vocabulary

rafraîchir
trim (v)

décrêper
straighten (v)

le coiffeur
barber

les pellicules
dandruff

les fourches
split ends

gras
greasy

sec
dry

normal
normal

le cuir chevelu
scalp

l'élastique pour cheveux
hairtie

la beauté • beauty

la teinture de cheveux
hair dye

le fard à paupières
eye shadow

le mascara
mascara

l'eye-liner
eyeliner

le fard à joues
blusher

le fond de teint
foundation

le rouge à lèvres
lipstick

le maquillage • make-up

le crayon à sourcils
eyebrow pencil

la brosse à sourcils
eyebrow brush

la pince à épiler
tweezers

le brillant à lèvres
lip gloss

le pinceau à lèvres
lip brush

le crayon à lèvres
lip liner

le pinceau
brush

le correcteur
concealer

le miroir
mirror

la poudre
face powder

la houppette
powder puff

le poudrier | compact

les soins de beauté • beauty treatments

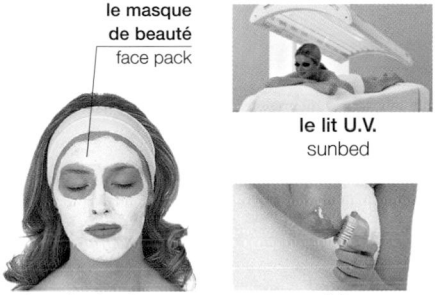

le lit U.V.
sunbed

le soin du visage
facial

exfolier
exfoliate (v)

l'épilation
wax

la pédicurie
pedicure

la manucure • manicure

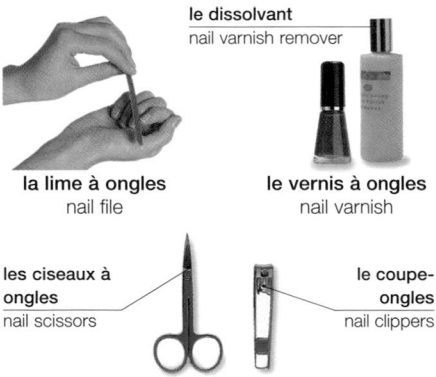

la lime à ongles
nail file

le vernis à ongles
nail varnish

les ciseaux à ongles
nail scissors

le coupe-ongles
nail clippers

les accessoires de toilette • toiletries

le démaquillant
cleanser

le tonique
toner

la crème hydratante
moisturizer

l'autobronzant
self-tanning cream

le parfum
perfume

l'eau de toilette
eau de toilette

vocabulaire • vocabulary

le teint complexion	**gras** oily	**le bronzage** tan
clair fair	**sensible** sensitive	**le tatouage** tattoo
foncé dark	**hypoallergénique** hypoallergenic	**antirides** anti-wrinkle
sec dry	**le ton** shade	**les boules de coton** cotton balls

la santé
health

la maladie • illness

la fièvre | fever

le mal de tête
headache

le saignement de nez
nosebleed

la toux
cough

l'éternuement
sneeze

le rhume
cold

la grippe
flu

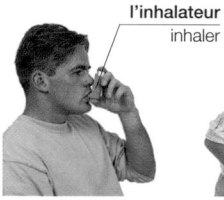

l'asthme
asthma

les crampes
cramps

la nausée
nausea

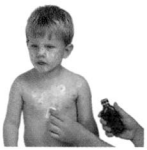

la varicelle
chickenpox

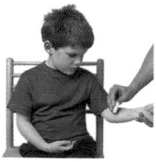

l'éruption
rash

vocabulaire • vocabulary

l'attaque stroke	**le diabète** diabetes	**l'eczéma** eczema	**le refroidissement** chill	**vomir** vomit (v)	**la diarrhée** diarrhoea
la tension blood pressure	**l'allergie** allergy	**l'infection** infection	**le mal d'estomac** stomach ache	**l'épilepsie** epilepsy	**la rougeole** measles
la crise cardiaque heart attack	**le rhume des foins** hayfever	**le virus** virus	**s'évanouir** faint (v)	**la migraine** migraine	**les oreillons** mumps

le médecin • doctor

la consultation • consultation

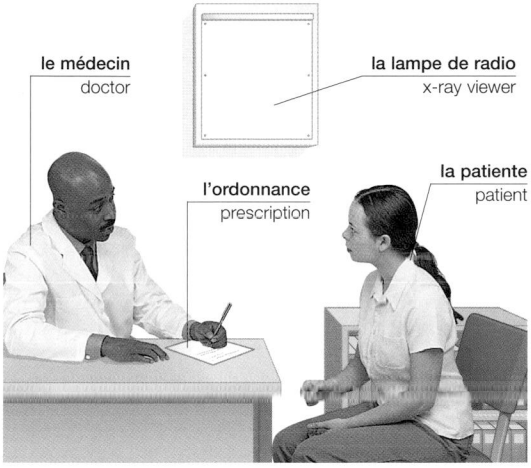

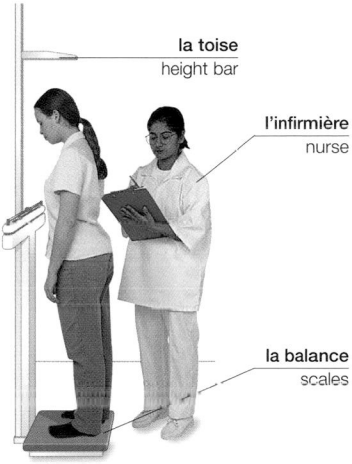

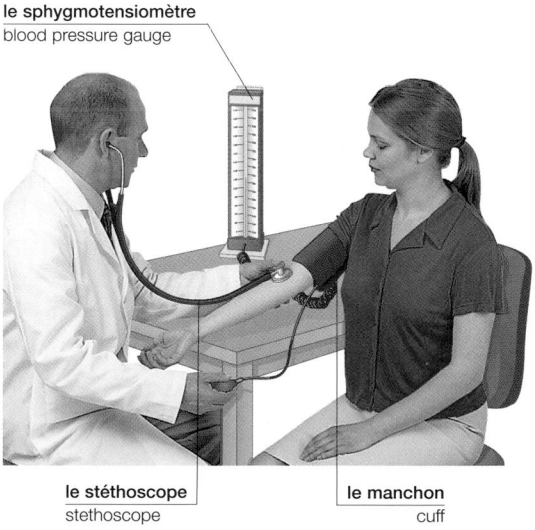

vocabulaire • vocabulary

le rendez-vous
appointment

le cabinet
surgery

la salle d'attente
waiting room

l'inoculation
inoculation

le thermomètre
thermometer

l'examen médical
medical examination

J'ai besoin de voir un médecin.
I need to see a doctor.

J'ai mal ici.
It hurts here.

la blessure • injury

l'entorse | sprain

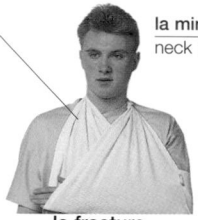

la fracture
fracture

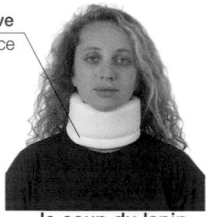

le coup du lapin
whiplash

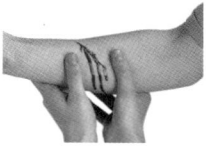

la coupure
cut

l'écorchure
graze

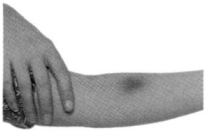

la contusion
bruise

l'écharde
splinter

le coup de soleil
sunburn

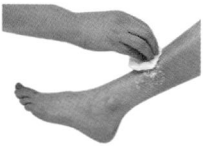

la brûlure
burn

la morsure
bite

la piqûre
sting

vocabulaire • vocabulary

l'accident
accident

l'urgence
emergency

la blessure
wound

l'hémorragie
haemorrhage

l'ampoule
blister

la commotion cérébrale
concussion

l'empoisonnement
poisoning

le choc électrique
electric shock

le traumatisme crânien
head injury

Est-ce qu'il/elle va se remettre?
Will he/she be all right?

Où avez-vous mal?
Where does it hurt?

Appelez une ambulance s'il vous plaît.
Please call an ambulance.

les premiers secours • first aid

la pommade
ointment

le pansement
plaster

l'épingle de sûreté
safety pin

le bandage
bandage

les analgésiques
painkillers

la serviette antiseptique
antiseptic wipe

la pince fine
tweezers

les ciseaux
scissors

l'antiseptique
antiseptic

la trousse de premiers secours | first aid box

la gaze
gauze

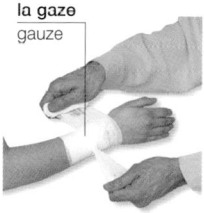

le pansement
dressing

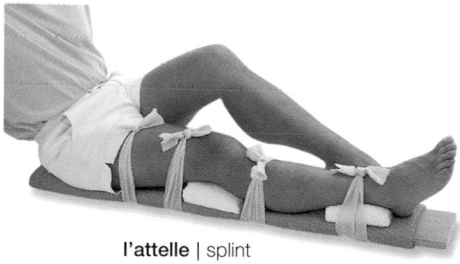

l'attelle | splint

le sparadrap
adhesive tape

la réanimation
resuscitation

vocabulaire • vocabulary

le choc
shock

sans connaissance
unconscious

le pouls
pulse

la respiration
breathing

étouffer
choke (v)

stérile
sterile

Est-ce que vous pouvez m'aider?
Can you help?

Pouvez-vous donner les soins d'urgence?
Do you know first aid?

l'hôpital • hospital

le chirurgien
surgeon

la courbe
chart

l'anesthésiste
anaesthetist

l'infirmière
nurse

la salle d'opération
operating theatre

l'analyse de sang
blood test

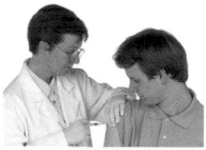

l'injection
injection

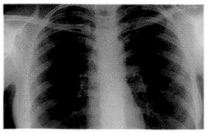

la radio
x-ray

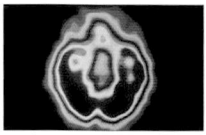

la scanographie
scan

le chariot
trolley

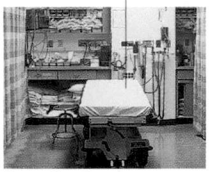

la salle des urgences
emergency room

le bouton d'appel
call button

la salle
ward

la chaise roulante
wheelchair

vocabulaire • vocabulary

l'opération
operation

admis
admitted

renvoyé
discharged

la clinique
clinic

les heures de visite
visiting hours

la maternité
maternity ward

la pédiatrie
children's ward

la chambre privée
private room

le service de soins intensifs
intensive care unit

le malade en consultation externe
outpatient

les services • departments

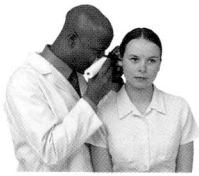

l'O.R.L.
ENT

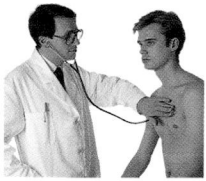

la cardiologie
cardiology

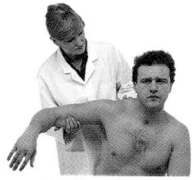

l'orthopédie
orthopaedy

la gynécologie
gynaecology

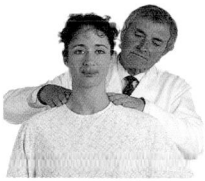

la kinésithérapie
physiotherapy

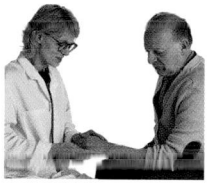

la dermatologie
dermatology

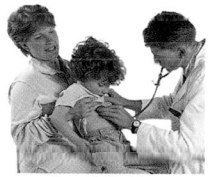

la pédiatrie
paediatrics

la radiologie
radiology

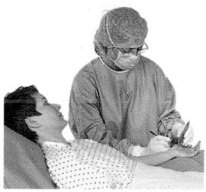

la chirurgie
surgery

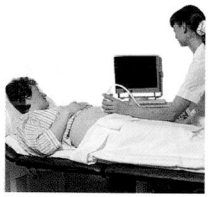

la maternité
maternity

la psychiatrie
psychiatry

l'ophtalmologie
ophthalmology

vocabulaire • vocabulary

la neurologie neurology	**l'urologie** urology	**l'endocrinologie** endocrinology	**la pathologie** pathology	**le résultat** result
l'oncologie oncology	**la chirurgie esthétique** plastic surgery	**l'orientation d'un patient** referral	**l'analyse** test	**le spécialiste** consultant

le dentiste • dentist

la dent • tooth

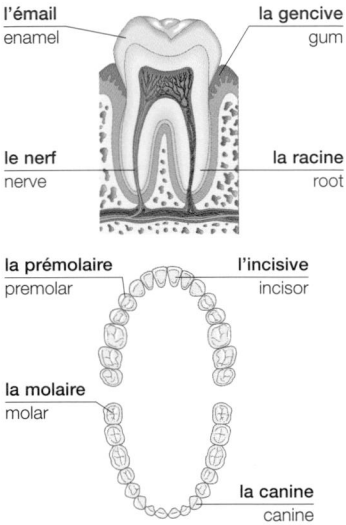

vocabulaire • vocabulary

la rage de dents
toothache

la plaque
plaque

la carie
decay

le plombage
filling

la fraise
drill

le fil dentaire
dental floss

l'extraction
extraction

la couronne
crown

la visite de contrôle • check-up

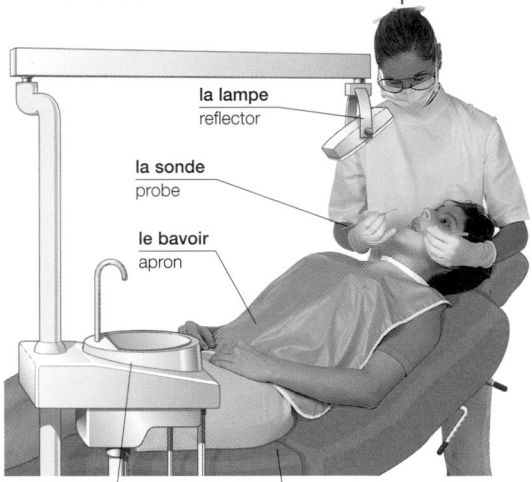

utiliser le fil dentaire
floss (v)

brosser
brush

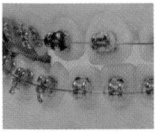

l'appareil dentaire
brace

la radio dentaire
dental x-ray

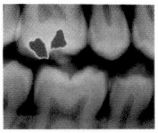

la radio
x-ray film

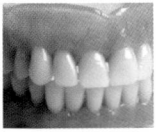

le dentier
dentures

l'opticien • optician

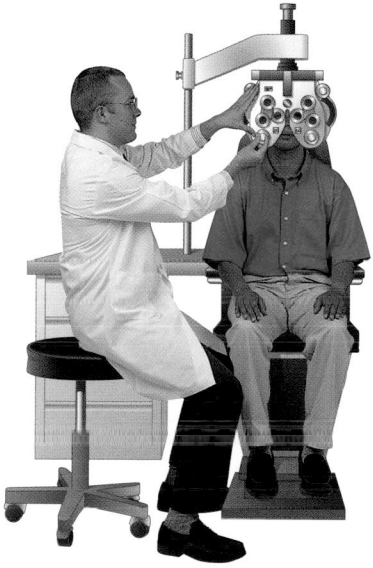

l'examen de la vue | eye test

l'étui
case

le verre
lens

les lunettes
glasses

la monture
frame

les lunettes de soleil
sunglasses

la solution nettoyante
cleaning fluid

la solution désinfectante
disinfectant solution

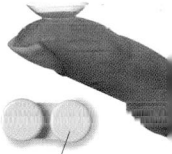

l'étui à lentilles
lens case

les lentilles de contact | contact lenses

l'œil • eye

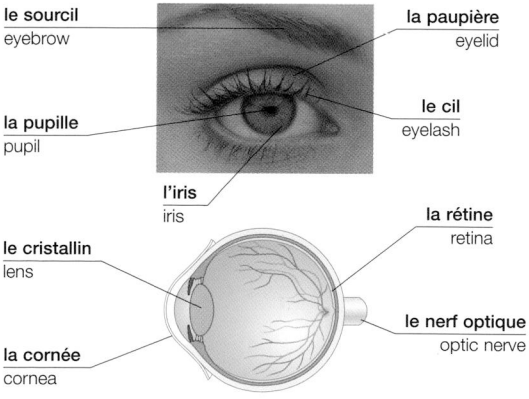

vocabulaire • vocabulary

la vue vision	**l'astigmatisme** astigmatism
la dioptrie diopter	**la presbytie** long sight
la larme tear	**la myopie** short sight
la cataracte cataract	**bifocal** bifocal

la grossesse • pregnancy

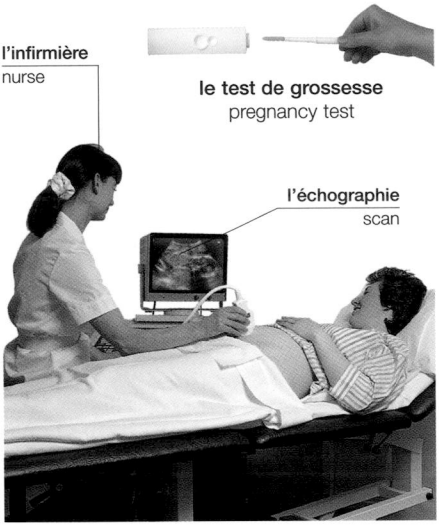

les ultrasons | ultrasound

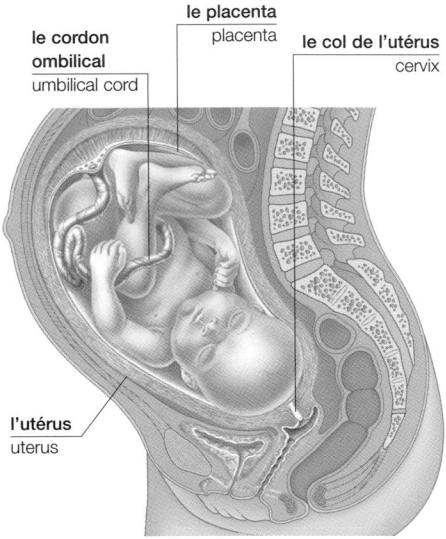

le fœtus | foetus

vocabulaire • vocabulary

l'ovulation ovulation	**prénatal** antenatal	**l'amniocentèse** amniocentesis	**la dilatation** dilation	**l'accouchement** delivery	**par le siège** breech
la conception conception	**l'embryon** embryo	**la contraction** contraction	**la péridurale** epidural	**la naissance** birth	**prématuré** premature
enceinte pregnant	**l'utérus** womb	**perdre les eaux** break waters (v)	**l'épisiotomie** episiotomy	**la fausse couche** miscarriage	**le gynécologue** gynaecologist
enceinte expectant	**le trimestre** trimester	**le liquide amniotique** amniotic fluid	**la césarienne** caesarean section	**les points de suture** stitches	**l'obstétricien** obstetrician

la naissance • childbirth

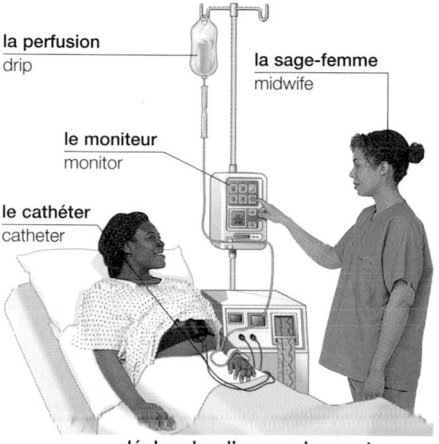

déclencher l'accouchement
induce labour (v)

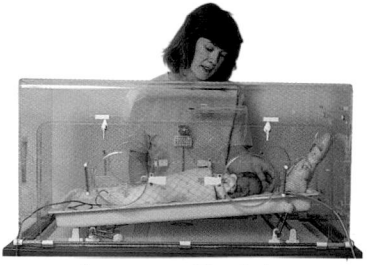

la couveuse | incubator

le poids de naissance | birth weight

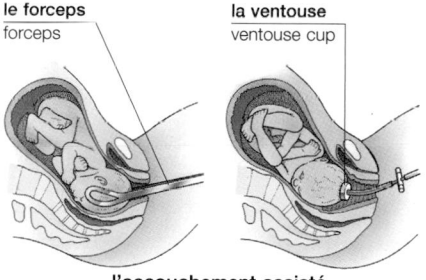

l'accouchement assisté
assisted delivery

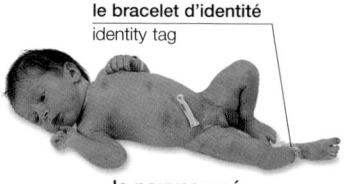

le nouveau-né
newborn baby

l'allaitement • nursing

la pompe à lait
breast pump

le soutien-gorge d'allaitement
nursing bra

donner le sein
breastfeed (v)

les coussinets
pads

les thérapies alternatives • alternative therapy

le maître
teacher

le massage
massage

le shiatsu
shiatsu

le yoga | yoga

le tapis
mat

la chiropractie
chiropractic

l'ostéopathie
osteopathy

la réflexologie
reflexology

la méditation
meditation

le conseiller
counsellor

la thérapie de groupe
group therapy

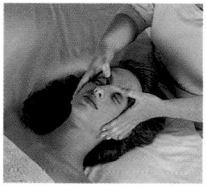

le reiki
reiki

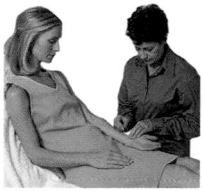

l'acuponcture
acupuncture

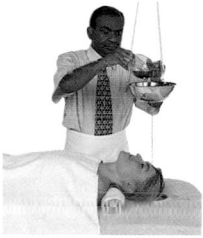

la médecine ayurvédique
ayurveda

l'hypnothérapie
hypnotherapy

l'herboristerie
herbalism

les huiles essentielles
essential oils

l'aromathérapie
aromatherapy

l'homéopathie
homeopathy

l'acupression
acupressure

la thérapeute
therapist

la psychothérapie
psychotherapy

vocabulaire • vocabulary

le supplément supplement	**la naturopathie** naturopathy	**la relaxation** relaxation	**l'herbe** herb
l'hydrothérapie hydrotherapy	**le feng shui** feng shui	**le stress** stress	**la guérison par cristaux** crystal healing

la maison
home

la maison • house

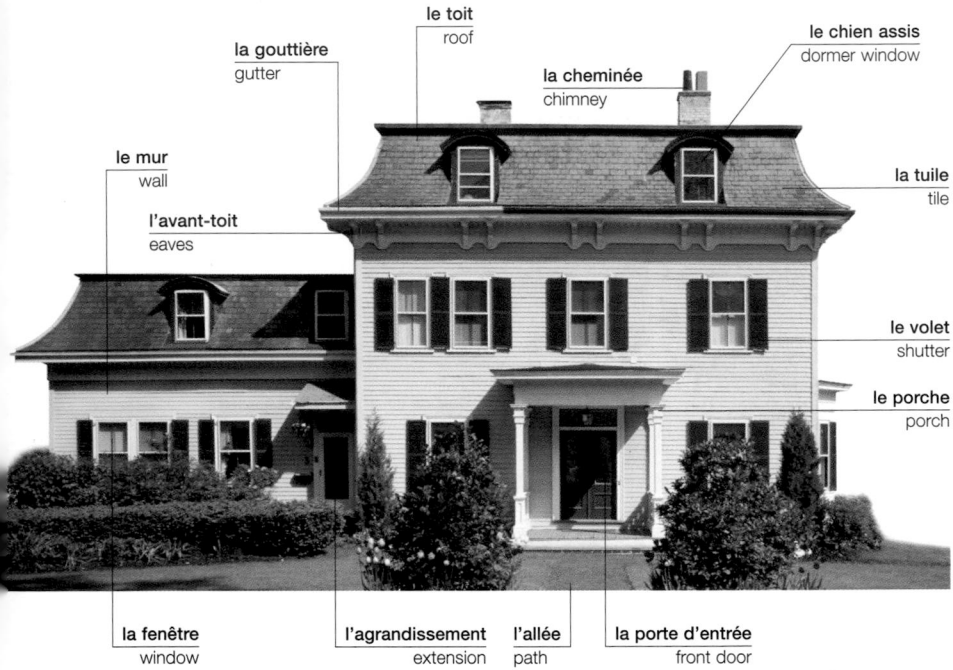

vocabulaire • vocabulary

individuelle detached	**le locataire** tenant	**le garage** garage	**la boîte aux lettres** letterbox	**l'alarme** burglar alarm	**louer** rent (v)
mitoyenne semidetached	**la pavillon** bungalow	**le grenier** attic	**la lampe d'entrée** porch light	**la cour** courtyard	**le loyer** rent
la maison de deux étages townhouse	**le sous-sol** basement	**la chambre** room	**le propriétaire** landlord	**l'étage** floor	**attenante** terraced

l'entrée • entrance

le vestibule
hallway

la sonnette
doorbell

le paillasson
doormat

le marteau de porte
door knocker

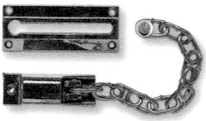

la chaîne de sûreté
door chain

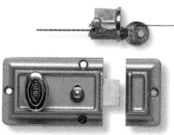

la serrure
lock

le verrou
bolt

l'appartement • flat

l'immeuble
block of flats

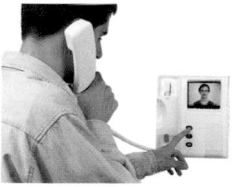

l'interphone
intercom

l'ascenseur
lift

les systèmes domestiques • internal systems

le radiateur
radiator

l'appareil de chauffage
heater

le ventilateur
fan

le convecteur
convector heater

l'électricité • electricity

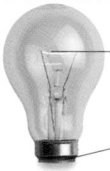

l'ampoule
light bulb

la prise
plug

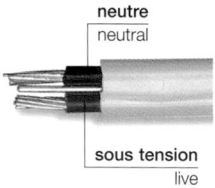

les fils
wires

vocabulaire • vocabulary

la tension
voltage

l'ampère
amp

le courant
power

le fusible
fuse

la boîte à fusibles
fuse box

la génératrice
generator

la prise de courant
socket

l'interrupteur
switch

le courant alternatif
alternating current

le courant continu
direct current

le transformateur
transformer

le compteur d'électricité
electricity meter

la coupure de courant
power cut

le réseau d'électricité
mains supply

la plomberie • plumbing

l'arrivée
inlet

la sortie
outlet

la soupape de sûreté
pressure valve

l'Isolation
insulation

le trop-plein
overflow pipe

le réservoir
tank

la chambre d'eau
water chamber

le robinet de purge
drain cock

le thermostat
thermostat

le brûleur à gaz
gas burner

la résistance
heating element

la chaudière
boiler

l'évier • sink

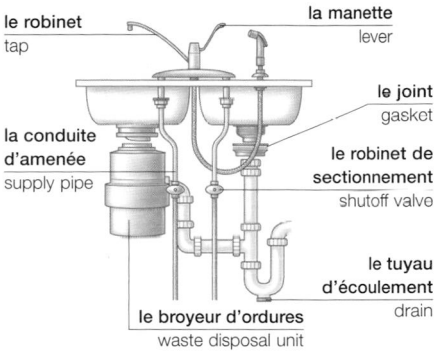

les W.-C. • water closet

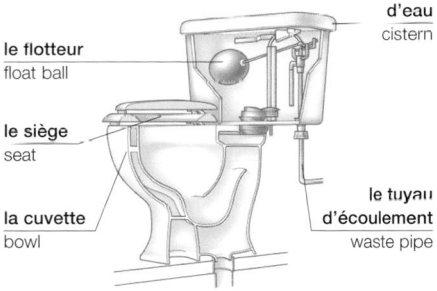

l'enlèvement de déchets • waste disposal

la bouteille
bottle

la pédale
pedal

la boîte à déchets recyclables
recycling bin

le couvercle
lid

la poubelle
rubbish bin

la boîte de tri
sorting unit

les déchets bios
organic waste

le salon • living room

le miroir
mirror

le vase
vase

la tablette de cheminée
mantelpiece

la cheminée
fireplace

le garde-feu
screen

la bougie
candle

la bibliothèque
bookshelf

le canapé-lit
sofabed

le tapis
rug

le rideau
curtain

le brise-bise
net curtain

le store vénitien
venetian blind

le store
roller blind

la moulure
moulding

le fauteuil
armchair

le bureau | study

la salle à manger • dining room

vocabulaire • vocabulary

mettre la table
lay the table (v)

servir
serve (v)

manger
eat (v)

(avoir) faim
hungry

la nappe
tablecloth

le petit déjeuner
breakfast

le déjeuner
lunch

le dîner
dinner

le set de table
place mat

rassasié
full

la portion
portion

le repas
meal

l'hôte
host

l'hôtesse
hostess

l'invité
guest

Puis-je en reprendre un peu, s'il vous plaît?
Can I have some more, please?

Non merci, j'en ai eu assez.
I've had enough, thank you.

C'était délicieux.
That was delicious.

la vaisselle et les couverts • crockery and cutlery

la cuisine • kitchen

l'étagère
shelves

le revêtement
splashback

le robinet
tap

l'évier
sink

le tiroir
drawer

la hotte
extractor

la table de cuisson céramique
ceramic hob

le plan de travail
worktop

le four
oven

le placard
cabinet

les appareils ménagers • appliances

le micro-ondes
microwave oven

la bouilloire électrique
kettle

le grille-pain
toaster

le bol du mixeur
mixing bowl

la lame
blade

le robot ménager
food processor

le couvercle
lid

le mixeur
blender

le lave-vaisselle
dishwasher

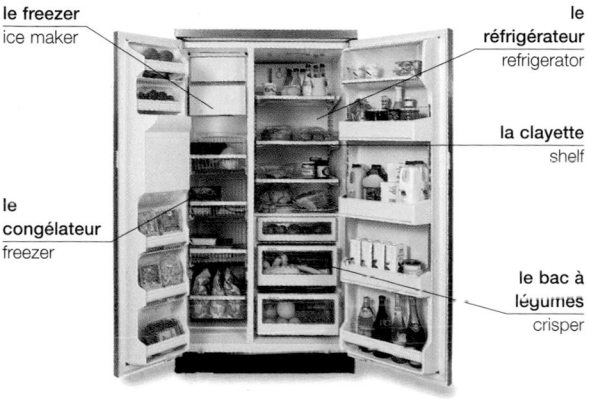

le réfrigérateur-congélateur | fridge-freezer

vocabulaire • vocabulary

l'égouttoir draining board	**congeler** freeze (v)
le brûleur burner	**décongeler** defrost (v)
la table de cuisson hob	**cuire à la vapeur** steam (v)
la poubelle rubbish bin	**faire sauter** sauté (v)

la cuisine • cooking

éplucher
peel (v)

couper
slice (v)

râper
grate (v)

verser
pour (v)

mélanger
mix (v)

battre
whisk (v)

bouillir
boil (v)

frire
fry (v)

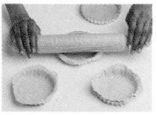

étaler au rouleau
roll (v)

remuer
stir (v)

mijoter
simmer (v)

pocher
poach (v)

cuire au four
bake (v)

rôtir
roast (v)

griller
grill (v)

les ustensiles de cuisine • kitchenware

la planche à hacher
chopping board

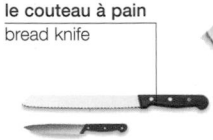

le couteau à pain
bread knife

le couteau de cuisine
kitchen knife

le fendoir
cleaver

l'aiguisoir
knife sharpener

l'attendrisseur
meat tenderizer

la broche
skewer

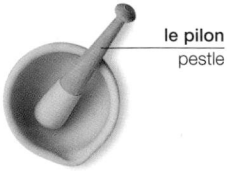

le pilon
pestle

l'épluche-légume
peeler

le vide-pomme
apple corer

la râpe
grater

le mortier
mortar

le presse-purée
masher

l'ouvre-boîte
can opener

l'ouvre-bouteille
bottle opener

le presse-ail
garlic press

la cuiller à servir
serving spoon

la pelle à poisson
fish slice

la passoire
colander

la spatule
spatula

la cuiller en bois
wooden spoon

l'écumoire
slotted spoon

la louche
ladle

la fourchette à découper
carving fork

la cuiller à glace
scoop

le fouet
whisk

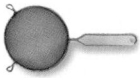

la passoire
sieve

la pâtisserie • baking cakes

la balance
scales

le verre mesureur
measuring jug

le moule à gâteaux
cake tin

la tourtière
pie tin

le moule à tarte
flan tin

le pinceau à pâtisserie
pastry brush

le rouleau à pâtisserie
rolling pin

la poche à douille
piping bag

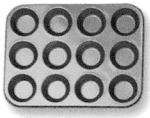

le moule à muffins
muffin tray

la plaque à gâteaux
baking tray

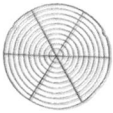

la grille de refroidissement
cooling rack

le gant isolant
oven glove

le tablier
apron

la chambre • bedroom

l'armoire
wardrobe

la lampe de chevet
bedside lamp

la tête de lit
headboard

la table de nuit
bedside table

la commode
chest of drawers

le tiroir
drawer

le lit
bed

le matelas
mattress

le couvre-lit
bedspread

l'oreiller
pillow

la bouillotte
hot-water bottle

le radio-réveil
clock radio

le réveil
alarm clock

la boîte de kleenex
box of tissues

le cintre
coat hanger

le linge de lit • bed linen

vocabulaire • vocabulary

le lit simple single bed	**le pied de lit** footboard	**l'insomnie** insomnia	**se réveiller** wake up (v)	**mettre le réveil** set the alarm (v)
le grand lit double bed	**le ressort** spring	**se coucher** go to bed (v)	**se lever** get up (v)	**ronfler** snore (v)
la couverture chauffante electric blanket	**le tapis** carpet	**s'endormir** go to sleep (v)	**faire le lit** make the bed (v)	**l'armoire encastrée** built-in wardrobe

la salle de bain • bathroom

le porte-serviettes
towel rail

la porte de douche
shower door

le robinet d'eau froide
cold tap

le robinet d'eau chaude
hot tap

le pommeau de douche
shower head

le lavabo
washbasin

la bonde
plug

la douche
shower

le tuyau d'écoulement
drain

le siège des toilettes
toilet seat

les toilettes
toilet

la brosse
toilet brush

la baignoire
bathtub

le bidet | bidet

vocabulaire • vocabulary

l'armoire à pharmacie
medicine cabinet

le tapis de bain
bath mat

le rouleau de papier hygiénique
toilet roll

le rideau de douche
shower curtain

prendre une douche
take a shower (v)

prendre un bain
take a bath (v)

l'hygiène dentaire • dental hygiene

la brosse à dents
toothbrush

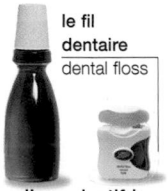

le dentifrice
toothpaste

l'eau dentifrice
mouthwash

le luffa
loofah

l'éponge
sponge

la pierre ponce
pumice stone

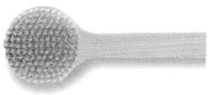

la brosse pour le dos
back brush

le déodorant
deodorant

le porte-savon
soap dish

le savon
soap

le gel douche
shower gel

la crème pour le visage
face cream

le bain moussant
bubble bath

le peignoir
bathrobe

la serviette
hand towel

la serviette de bain
bath towel

les serviettes
towels

la lotion pour le corps
body lotion

le talc
talcum powder

le rasage • shaving

le rasoir électrique
electric razor

la mousse à raser
shaving foam

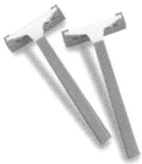

la lame de rasoir
razor blade

le rasoir jetable
disposable razor

l'after-shave
aftershave

la chambre d'enfants • nursery

les soins de bébé • baby care

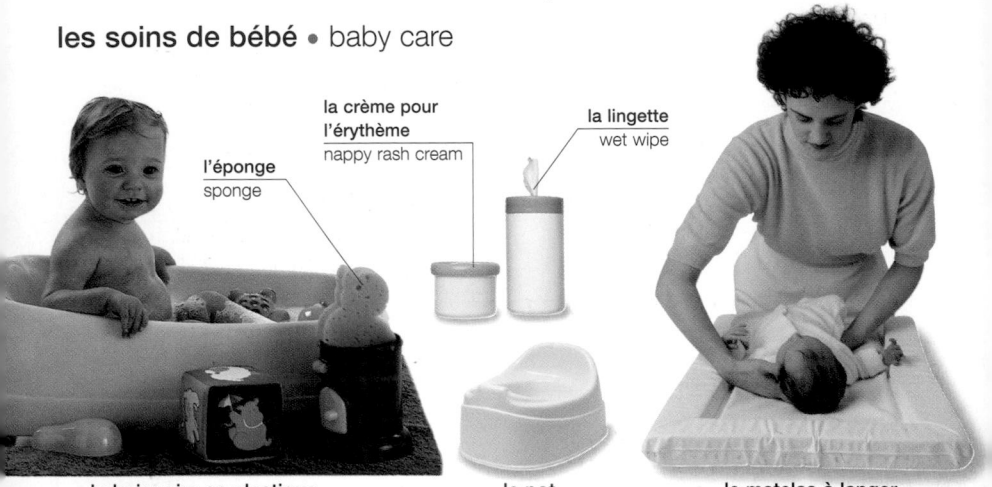

le coucher • sleeping

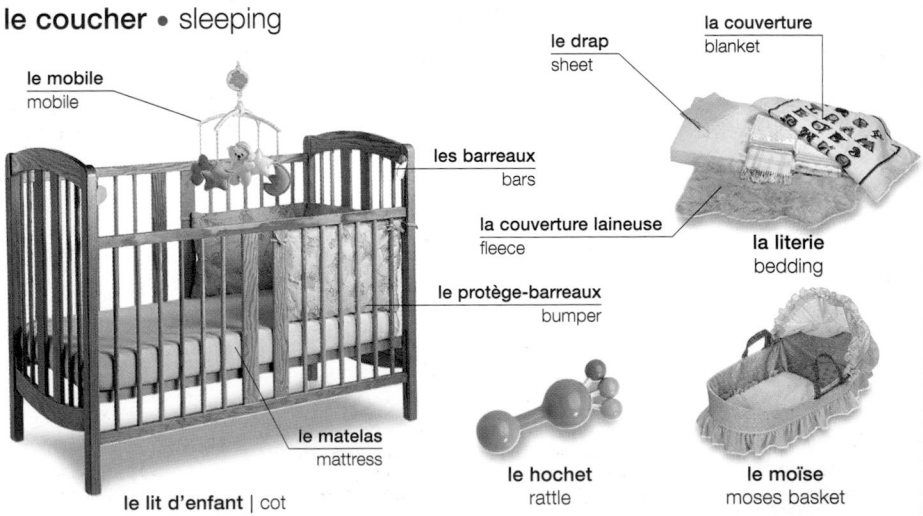

le jeu • playing

le jouet en peluche
soft toy

la maison de poupée
doll's house

la maison pliante
playhouse

le panier à jouets
toy basket

le parc
playpen

la sécurité • safety

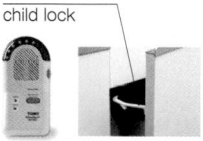

le moniteur
baby monitor

la barrière d'escalier
stair gate

le manger • eating

la chaise haute
high chair

le biberon
bottle

la sortie • going out

la poussette
pushchair

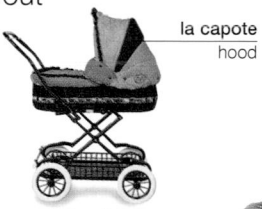

le landau
pram

le couffin
carrycot

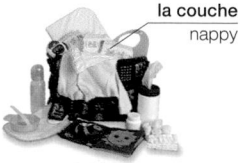

le sac
changing bag

le porte-bébé
baby sling

la buanderie • utility room

le linge • laundry

vocabulaire • vocabulary

charger
load (v)

essorer
spin (v)

repasser
iron (v)

rincer
rinse (v)

l'essoreuse
spin dryer

l'assouplisseur
conditioner

Comment fonctionne le lave-linge?
How do I operate the washing machine?

Quel est le programme pour les couleurs/le blanc?
What is the setting for coloureds/whites?

l'équipement d'entretien • cleaning equipment

le tuyau flexible
suction hose

la balayette
brush

la pelle
dust pan

l'eau de Javel
bleach

le seau
bucket

la poudre
powder

le liquide
liquid

le chiffon
duster

l'aspirateur
vacuum cleaner

le balai laveur
mop

le détergent
detergent

la cire
polish

les activités • activities

nettoyer
clean (v)

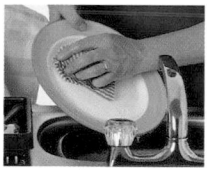

laver
wash (v)

essuyer
wipe (v)

laver à la brosse
scrape (v)

racler
scrape (v)

le balai
broom

balayer
sweep (v)

épousseter
dust (v)

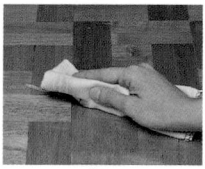

cirer
polish (v)

l'atelier • workshop

la scie sauteuse
jigsaw

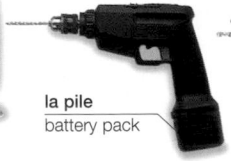

la pile
battery pack

la perceuse rechargeable
rechargeable drill

le mandrin
chuck

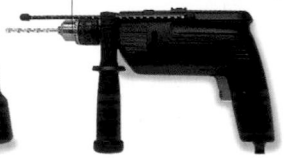

la perceuse électrique
electric drill

la mèche
drill bit

le pistolet à colle
glue gun

l'étau
vice

le serre-joint
clamp

la ponceuse
sander

la lame
blade

la scie circulaire
circular saw

l'établi
workbench

la colle à bois
wood glue

la guimbarde
router

les copeaux
wood shavings

le porte-outils
tool rack

le vilebrequin
bit brace

la rallonge
extension lead

les techniques • techniques

découper
cut (v)

scier
saw (v)

percer
drill (v)

marteler
hammer (v)

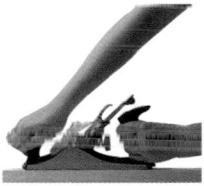

raboter
plane (v)

tourner
turn (v)

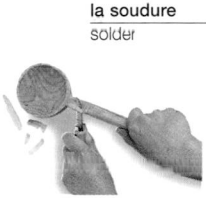

sculpter
carve (v)

la soudure
solder

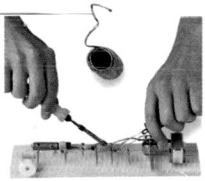

souder
solder (v)

les matériaux • materials

le médium
MDF

le contreplaqué
plywood

l'aggloméré
chipboard

l'isorel
hardboard

le bois tendre
softwood

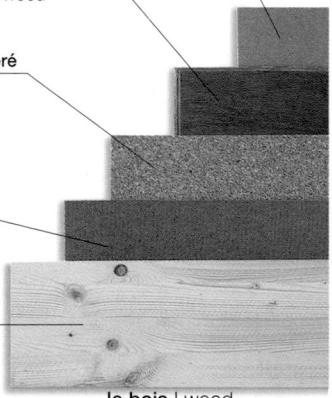

le bois | wood

le bois dur
hardwood

le vernis
varnish

la couleur pour bois
woodstain

le fil de fer
wire

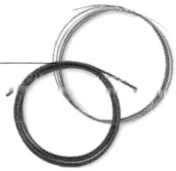

le câble
cable

l'inox
stainless steel

galvanisé
galvanised

le métal | metal

la boîte à outils • toolbox

la clef
spanner

la clef à molette
adjustable spanner

le marteau
hammer

la pince plate
needle-nose pliers

la clef à pipe
socket wrench

les embouts de tournevis
screwdriver bits

le niveau
spirit level

le joint
washer

le tournevis
screwdriver

l'écrou
nut

le mètre
tape measure

le couteau
knife

la pince universelle
bull-nose pliers

la douille
socket

la clef
key

les forets • drill bits

le foret à métaux
metal bit

le foret à bois plat
flat wood bit

le tournevis cruciforme
phillips screwdriver

l'alésoir
reamer

la tête
head

le foret de sécurité
security bit

le clou
nail

les forets à bois
carpentry bits

le foret de maçonnerie
masonry bit

la vis
screw

la pince à dénuder
wire strippers
la pince coupante
wire cutters
le fer à souder
soldering iron
le ruban isolant
insulating tape
la scie à chantourner
fretsaw
le scalpel
scalpel
la soudure
solder
la scie à dosseret | tenon saw
les lunettes de sécurité
safety goggles
le rabot
plane
la scie égoine
handsaw
la boîte à onglets
mitre block
la scie à métaux
hacksaw
la perceuse manuelle
hand drill
la paille de fer
wire wool
la clef serre-tube
wrench
le papier de verre
sandpaper
le burin
chisel
la ventouse
plunger
la lime
file
la pierre à aiguiser
sharpening stone
le coupe-tube | pipe cutter

la décoration • decorating

les ciseaux
scissors

le cutter
craft knife

le fil à plomb
plumb line

le grattoir
scraper

le tapissier décorateur
decorator

le papier peint
wallpaper

l'escabeau
stepladder

la brosse à tapisser
wallpaper brush

la table à encoller
pasting table

la brosse à encoller
pasting brush

la colle à tapisser
wallpaper paste

le seau
bucket

tapisser | wallpaper (v)

décoller
strip (v)

mastiquer
fill (v)

poncer
sand (v)

plâtrer | plaster (v)

poser | hang (v)

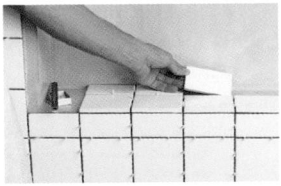

carreler | tile (v)

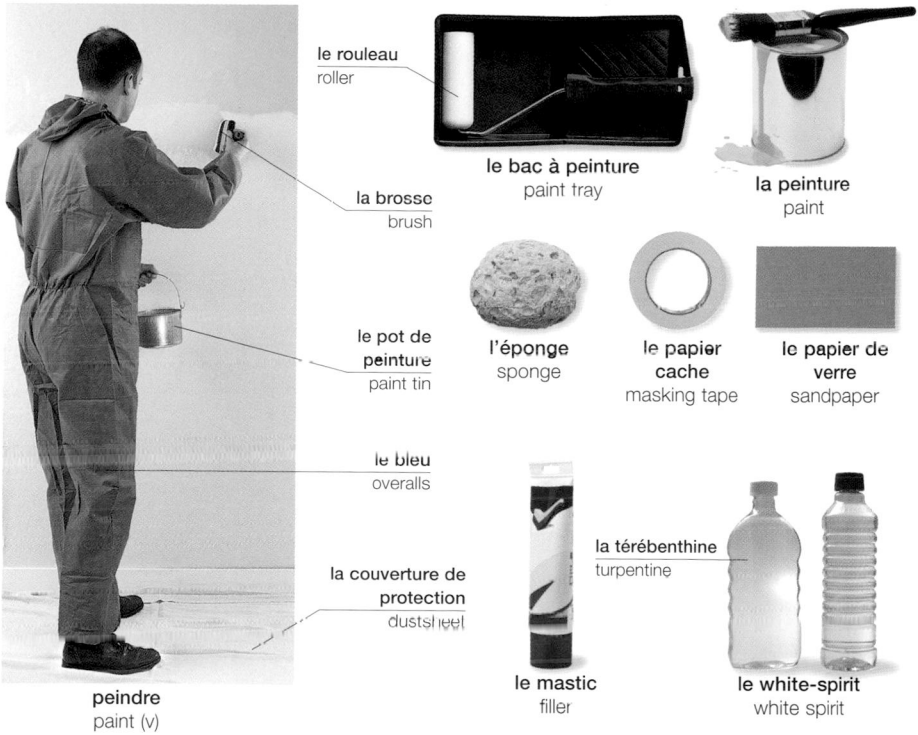

peindre
paint (v)

vocabulaire • vocabulary

le plâtre plaster	**brillant** gloss	**le papier gaufré** embossed paper	**la couche de fond** undercoat	**l'enduit** sealant
le vernis varnish	**mat** mat	**le papier d'apprêt** lining paper	**la dernière couche** top coat	**le solvant** solvent
la peinture mate emulsion	**le pochoir** stencil	**l'apprêt** primer	**l'agent de conservation** preservative	**le mastic** grout

le jardin • garden

les styles de jardin • garden styles

le patio
patio garden

le jardin à la française | formal garden

le jardin paysan
cottage garden

le jardin d'herbes aromatiques
herb garden

le jardin sur le toit
roof garden

la rocaille
rock garden

la cour
courtyard

le jardin d'eau
water garden

les ornements de jardin • garden features

le panier suspendu
hanging basket

le treillis
trellis

la pergola
pergola

le pavé
paving

l'allée
path

le tas de compost
compost heap

le parterre
flowerbed

le portail
gate

la cabane
shed

la pelouse
lawn

la serre
greenhouse

le bassin
pond

la clôture
fence

la haie
hedge

l'arceau
arch

le potager
vegetable garden

la bordure de plantes herbacées
herbaceous border

les planches
decking

la fontaine | fountain

le sol • soil

la terre
topsoil

le sable
sand

la chaux
chalk

la vase
silt

l'argile
clay

les plantes de jardin • garden plants

les genres de plantes • types of plants

annuel
annual

bisannuel
biennial

vivace
perennial

le bulbe
bulb

la fougère
fern

le jonc
rush

le bambou
bamboo

les mauvaises herbes
weeds

l'herbe
herb

la plante aquatique
water plant

l'arbre
tree

à feuilles caduques
deciduous

le palmier
palm

le conifère
conifer

à feuilles persistantes
evergreen

la topiaire
topiary

la plante alpestre
alpine

la plante grasse
succulent

le cactus
cactus

la plante en pot
potted plant

la plante d'ombre
shade plant

la plante grimpante
climber

l'arbuste à fleurs
flowering shrub

la couverture du sol
ground cover

la plante rampante
creeper

ornemental
ornamental

l'herbe
grass

les outils de jardin • garden tools

l'arrosage • watering

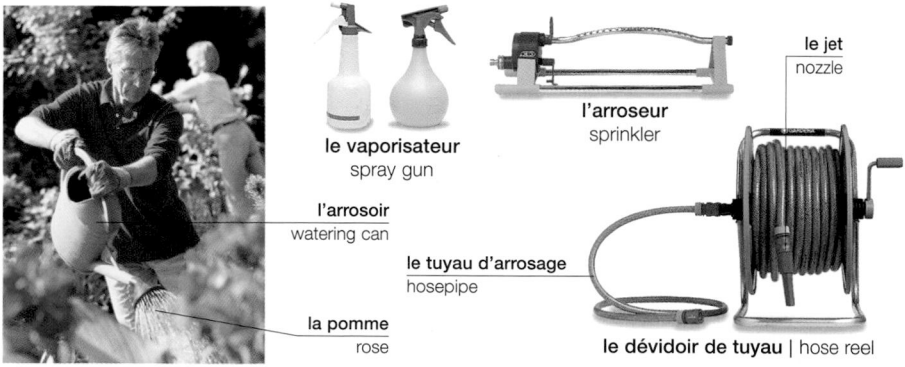

le jardinage • gardening

la pelouse
lawn

le parterre
flowerbed

la tondeuse
lawnmower

la haie
hedge

le tuteur
stake

tondre | mow (v)

gazonner
turf (v)

piquer
spike (v)

ratisser
rake (v)

tailler
trim (v)

bêcher
dig (v)

semer
sow (v)

fumer en surface
top dress (v)

arroser
water (v)

palisser
train (v)

enlever les fleurs fanées
deadhead (v)

asperger
spray (v)

greffer
graft (v)

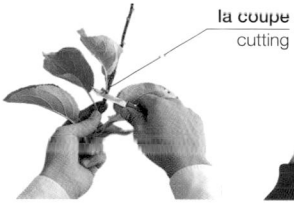

propager
propagate (v)

élaguer
prune (v)

mettre un tuteur
stake (v)

transplanter
transplant (v)

désherber
weed (v)

pailler
mulch (v)

récolter
harvest (v)

vocabulaire • vocabulary

cultiver cultivate (v)	**dessiner** landscape (v)	**fertiliser** fertilize (v)	**tamiser** sieve (v)	**biologique** organic	**le semis** seedling	**le sous-sol** subsoil
soigner tend (v)	**mettre en pot** pot up (v)	**cueillir** pick (v)	**retourner** aerate (v)	**le drainage** drainage	**l'engrais** fertilizer	**l'herbicide** weedkiller

2
JKL
5
TUV
8
7
0

les services
services

les services d'urgence • emergency services

l'ambulance • ambulance

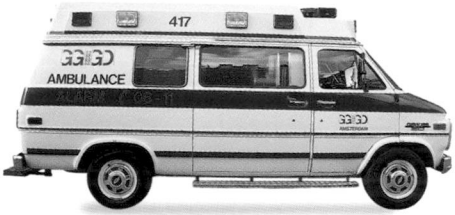

l'ambulance
ambulance

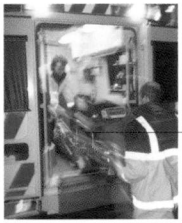

le brancard
stretcher

l'infirmier du SAMU
paramedic

la police • police

le badge
badge

l'uniforme
uniform

la sirène
siren

les feux
lights

la matraque
truncheon

le pistolet
gun

le policier
police officer

les menottes
handcuffs

la voiture de police
police car

le poste de police
police station

vocabulaire • vocabulary

l'inspecteur inspector	**le suspect** suspect	**la plainte** complaint	**l'arrestation** arrest
le crime crime	**l'agression** assault	**l'enquête** investigation	**la cellule** police cell
l'officier de police detective	**les empreintes** fingerprint	**le cambriolage** burglary	**l'accusation** charge

les pompiers • fire brigade

la casque
helmet

la fumée
smoke

le tuyau
hose

les sapeurs-pompiers
fire fighters

la nacelle
cradle

le jet d'eau
water jet

la flèche
boom

l'échelle
ladder

la cabine
cab

l'incendie | fire

le poste d'incendie
fire station

l'escalier de secours
fire escape

la voiture de pompiers
fire engine

le détecteur de fumée
smoke alarm

l'avertisseur d'incendie
fire alarm

la hache
axe

l'extincteur
fire extinguisher

la borne d'incendie
hydrant

La police/les pompiers/une ambulance, s'il vous plaît. I need the police/fire brigade/ambulance.	**Il y a un incendie à…** There's a fire at…	**Il y a eu un accident.** There's been an accident.	**Appelez la police!** Call the police!

la banque • bank

le client
customer

le guichet
window

le caissier
cashier

les dépliants
leaflets

le comptoir
counter

les fiches de versement
paying-in slips

la carte bancaire
debit card

le talon
stub

le numéro de compte
account number

la signature
signature

le montant
amount

le directeur d'agence
bank manager

la carte de crédit
credit card

le carnet de chèques
chequebook

le chèque
cheque

vocabulaire • vocabulary

l'épargne savings	**l'hypothèque** mortgage	**le paiement** payment	**verser** pay in (v)	**le compte courant** current account
l'impôt tax	**le découvert** overdraft	**le prélèvement** direct debit	**les frais bancaires** bank charge	**le compte d'épargne** savings account
le prêt loan	**le taux d'intérêt** interest rate	**la fiche de retrait** withdrawal slip	**le virement bancaire** bank transfer	**le code secret** pin number

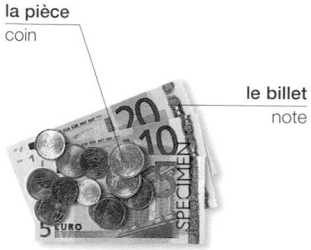

l'argent
money

le distributeur
cash machine

les devises étrangères • foreign currency

le bureau de change
bureau de change

le traveller
traveller's cheque

le taux de change
exchange rate

la finance • finance

la conseillère financière
financial advisor

la bourse | stock exchange

vocabulaire • vocabulary

encaisser
cash (v)

la valeur
dénomination

la commission
commission

l'investissement
investment

les titres
stocks

les actions
shares

les dividendes
dividends

le comptable
accountant

le portefeuille
portfolio

l'action
equity

Est-ce que je peux changer ça, s'il vous plaît?
Can I change this please?

Quel est le taux de change aujourd'hui?
What's today's exchange rate?

les communications • communications

la poste | post office

le facteur
postman

l'enveloppe | envelope

vocabulaire • vocabulary

la lettre letter	**l'expéditeur** return address	**la distribution** delivery	**fragile** fragile	**ne pas plier** do not bend (v)
par avion by airmail	**la signature** signature	**le mandat postal** postal order	**le sac postal** mailbag	**dessus** this way up
l'envoi en recommandé registered post	**la levée** collection	**le tarif d'affranchissement** postage	**le télégramme** telegram	**le fax** fax

la boîte aux lettres
postbox

la boîte aux lettres
letterbox

le colis
parcel

le service de messagerie
courier

le téléphone • telephone

le combiné
handset

la base
base station

le répondeur
answering machine

le téléphone sans fil
cordless phone

le visiophone
video phone

la cabine téléphonique
telephone box

le clavier
keypad

le portable
mobile phone

le combiné
receiver

les pièces rendues
coin return

le téléphone à pièces
coin phone

le téléphone à carte
card phone

vocabulaire • vocabulary

les renseignements
directory enquiries

le P.C.V.
reverse charge call

composer
dial (v)

répondre
answer (v)

le texto
text message

le message vocal
voice message

le téléphoniste
operator

occupé
engaged/busy

coupé
disconnected

Pouvez-vous me donner le numéro pour...?
Can you give me the number for...?

Quel est l'indicatif pour...?
What is the dialling code for...?

l'hôtel • hotel

le hall • lobby

le client
guest

la clef de la chambre
room key

les messages
messages

le casier
pigeonhole

la réceptionniste
receptionist

le registre
register

le comptoir
counter

la réception | reception

les bagages
luggage

le diable
trolley

le porteur
porter

l'ascenseur
lift

le numéro de chambre
room number

les chambres • rooms

la chambre simple
single room

la chambre double
double room

la chambre à deux lits
twin room

la salle de bain privée
private bathroom

les services • services

le service de ménage
maid service

le service de blanchisserie
laundry service

le plateau à petit déjeuner
breakfast tray

le service d'étage | room service

le minibar
mini bar

le restaurant
restaurant

la salle de sport
gym

la piscine
swimming pool

vocabulaire • vocabulary

la chambre avec le petit déjeuner
bed and breakfast

la pension complète
full board

la demi-pension
half board

Avez-vous une chambre de libre?
Do you have any vacancies?

J'ai une réservation.
I have a reservation.

Je voudrais une chambre simple.
I'd like a single room.

Je voudrais une chambre pour trois nuits.
I'd like a room for three nights.

C'est combien par nuit?
What is the charge per night?

Quand est-ce que je dois quitter la chambre?
When do I have to vacate the room?

les courses
shopping

le centre commercial • shopping centre

vocabulaire • vocabulary

le rayon enfants
children's department

le rayon bagages
luggage department

le rayon chaussures
shoe department

le guide
store directory

le vendeur
sales assistant

le service après-vente
customer services

les cabines d'essayage
changing rooms

les soins de bébés
baby changing facilities

les toilettes
toilets

C'est combien?
How much is this?

Est-ce que je peux changer ça?
May I exchange this?

le grand magasin • department store

les vêtements pour homme
men's wear

les vêtements pour femme
women's wear

la lingerie
lingerie

la parfumerie
perfumery

la beauté
beauty

le linge de maison
linen

l'ameublement
home furnishings

la mercerie
haberdashery

la vaisselle
kitchenware

la porcelaine
china

l'électroménager
electrical goods

l'éclairage
lighting

les articles de sport
sports

les jouets
toys

la papeterie
stationery

l'alimentation
food hall

le supermarché • supermarket

le tapis roulant
conveyer belt

le caissier
cashier

les promotions
offers

l'allée
aisle

l'étagère
shelf

la caisse | checkout

le client
customer

la caisse
till

la sac à provisions
shopping bag

les provisions
groceries

l'anse
handle

le code barres
bar code

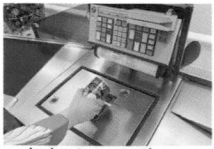

le caddie
trolley

le panier
basket

le lecteur optique
scanner

la boulangerie
bakery

la crémerie
dairy

les céréales
cereals

les conserves
tinned food

la confiserie
confectionery

les légumes
vegetables

les fruits
fruit

la viande et la volaille
meat and poultry

le poisson
fish

la charcuterie
deli

les produits surgelés
frozen food

les plats cuisinés
convenience food

les boissons
drinks

les produits d'entretien
household products

les articles de toilette
toiletries

les articles pour bébés
baby products

l'électroménager
electrical goods

la nourriture pour animaux
pet food

les magazines | magazines

la pharmacie • chemist

les soins dentaires
dental care

l'hygiène féminine
feminine hygiene

les déodorants
deodorants

les vitamines
vitamins

l'officine
dispensary

le pharmacien
pharmacist

le médicament pour la toux
cough medicine

l'herboristerie
herbal remedies

les soins de la peau
skin care

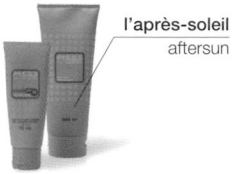

l'après-soleil
aftersun

l'écran solaire
sunscreen

l'écran total
sunblock

le produit anti-insecte
insect repellent

la lingette humide
wet wipe

le kleenex
tissue

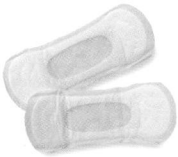

la serviette hygiénique
sanitary towel

le tampon
tampon

le protège-slip
panty liner

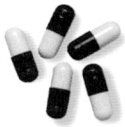

la gélule
capsule

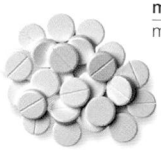

la pilule
pill

la cuiller pour mesurer
measuring spoon

le mode d'emploi
instructions

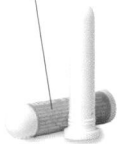

le sirop
syrup

l'inhalateur
inhaler

la crème
cream

la pommade
ointment

le gel
gel

le suppositoire
suppository

le compte-gouttes
dropper

les gouttes
drops

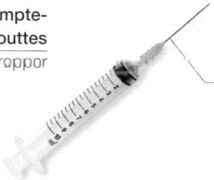

l'aiguille
needle

la seringue
syringe

le spray
spray

la poudre
powder

vocabulaire • vocabulary

le fer iron	**l'insuline** insulin	**jetable** disposable	**le médicament** medicine	**l'analgésique** painkiller
le calcium calcium	**les effets secondaires** side-effects	**soluble** soluble	**le laxatif** laxative	**le sédatif** sedative
le magnésium magnesium	**la date d'expiration** expiry date	**la posologie** dosage	**la diarrhée** diarrhoea	**le somnifère** sleeping pill
le médicament multivitamine multivitamins	**les cachets antinaupathiques** travel sickness pills	**la médication** medication	**la pastille pour la gorge** throat lozenge	**l'anti-inflammatoire** anti-inflammatory

le fleuriste • florist

les fleurs
flowers

le lis
lily

l'acacia
acacia

l'œillet
carnation

la plante en pot
pot plant

le glaïeul
gladiolus

l'iris
iris

la marguerite
daisy

le chrysanthème
chrysanthemum

la gypsophile
gypsophila

la giroflée
stocks

le gerbera
gerbera

le feuillage
foliage

la rose
rose

le freesia
freesia

le vase
vase

l'orchidée
orchid

la pivoine
peony

la botte
bunch

la tige
stem

la jonquille
daffodil

le bourgeon
bud

l'emballage
wrapping

la tulipe | tulip

les compositions florales • arrangements

le ruban
ribbon

le bouquet
bouquet

les fleurs séchées
dried flowers

le pot-pourri | pot-pourri

la couronne | wreath

la guirlande de fleurs
garland

Je peux y attacher un message?
Can I attach a message?

Est-ce qu'elles sentent bon?
Are they fragrant?

Pouvez-vous les emballer?
Can I have them wrapped?

Elles tiennent combien de temps?
How long will these last?

Pouvez-vous les envoyer à...?
Can you send them to....?

Je voudrais un bouquet de..., SVP.
Can I have a bunch of... please.

le marchand de journaux • newsagent

les cigarettes
cigarettes

le paquet de cigarettes
packet of cigarettes

les allumettes
matches

les billets de loterie
lottery tickets

les timbres
stamps

la carte postale
postcard

la bande dessinée
comic

le magazine
magazine

le journal
newspaper

fumer • smoking

le tabac
tobacco

le briquet
lighter

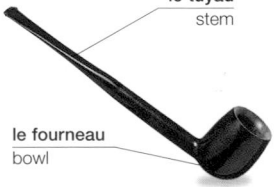

le tuyau
stem

le fourneau
bowl

la pipe
pipe

le cigare
cigar

le confiseur • confectioner

la boîte de chocolats
box of chocolates

la friandise
snack bar

les chips
crisps

la confiserie | sweet shop

vocabulaire • vocabulary

le chocolat au lait
milk chocolate

le caramel
caramel

le chocolat noir
plain chocolate

la truffe
truffle

le chocolat blanc
white chocolate

le biscuit
biscuit

les bonbons assortis
pick and mix

les bonbons
boiled sweets

la confiserie • confectionery

le chocolat
chocolate

la tablette de chocolat
chocolate bar

les bonbons
sweets

la sucette
lollipop

le caramel
toffee

le nougat
nougat

la guimauve
marshmallow

le bonbon à la menthe
mint

le chewing-gum
chewing gum

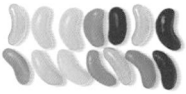

la dragée à la gelée
jellybean

le bonbon au fruit
fruit gum

le réglisse
licquorice

les autres magasins • other shops

la boulangerie
baker's

la pâtisserie
cake shop

la boucherie
butcher's

la poissonnerie
fishmonger's

le marchand de légumes
greengrocer's

l'épicerie
grocer's

le magasin de chaussures
shoe shop

la quincaillerie
hardware shop

le magasin d'antiquités
antiques shop

la boutique de cadeaux
gift shop

l'agence de voyage
travel agent's

la bijouterie
jeweller's

la librairie
book shop

le magasin de disques
record shop

le magasin de vins et spiritueux
off licence

l'animalerie
pet shop

le magasin de meubles
furniture shop

la boutique
boutique

le tailleur
tailor's

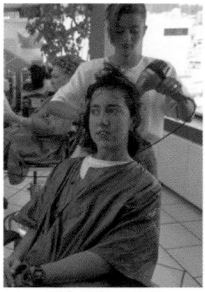

le salon de coiffure
hairdresser's

vocabulaire • vocabulary

l'agent immobilier
estate agent's

la pépinière
garden centre

le pressing
dry cleaner's

la laverie automatique
launderette

le magasin d'appareils photos
camera shop

le magasin bio
health food shop

la boutique d'art
art shop

le marchand d'occasion
second-hand shop

le marché | market

la nourriture
food

la viande • meat

vocabulaire • vocabulary

le porc pork	**la venaison** venison	**les abats** offal	**de ferme** free range	**la viande rouge** red meat
le bœuf beef	**le lapin** rabbit	**salé** cured	**naturel** organic	**la viande maigre** lean meat
le veau veal	**la langue de bœuf** tongue	**fumé** smoked	**la viande blanche** white meat	**la viande cuite** cooked meat

les morceaux de viande • cuts

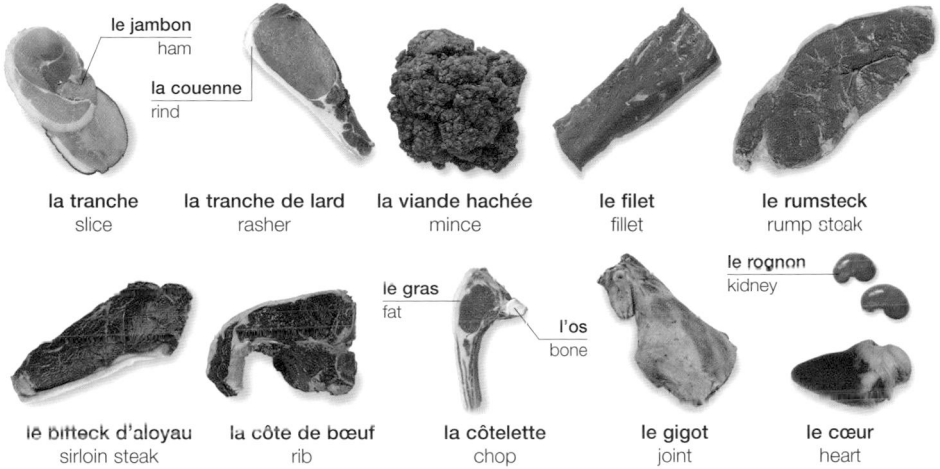

la volaille • poultry

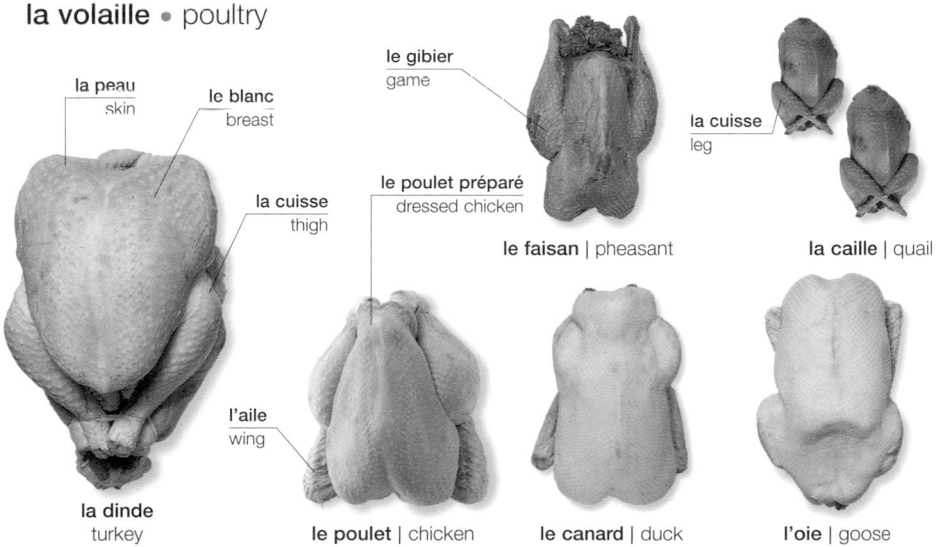

le poisson • fish

les crevettes décortiquées
peeled prawns

la glace
ice

le rouget barbet
red mullet

les filets de flétan
halibut fillets

la truite arc-en-ciel
rainbow trout

les ailes de raie
skate wings

la poissonnerie
fishmonger's

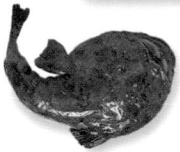

la lotte
monkfish

le maquereau
mackerel

la truite
trout

l'espadon
swordfish

la sole
Dover sole

la limande-sole
lemon sole

l'aiglefin
haddock

la sardine
sardine

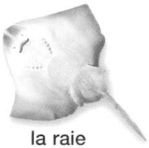

la raie
skate

le merlan
whiting

le bar
sea bass

le saumon | salmon

la morue
cod

la daurade
sea bream

le thon
tuna

les fruits de mer • seafood

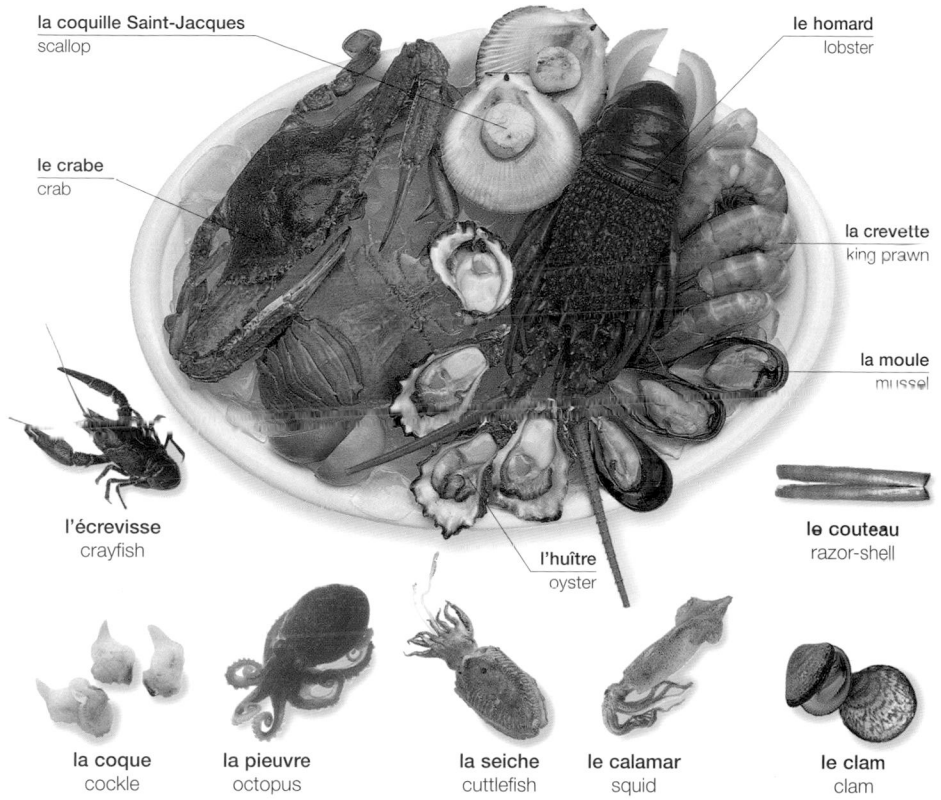

vocabulaire • vocabulary

surgelé frozen	**préparé** cleaned	**fumé** smoked	**écaillé** descaled	**le filet** fillet	**la longe** loin	**la queue** tail	**l'arête** bone	**l'écaille** scale
frais fresh	**salé** salted	**sans peau** skinned	**sans arêtes** boned	**en filets** filleted	**la tranche** steak	**Pouvez-vous le préparer pour moi?** Will you clean it for me?		

les légumes 1 • vegetables 1

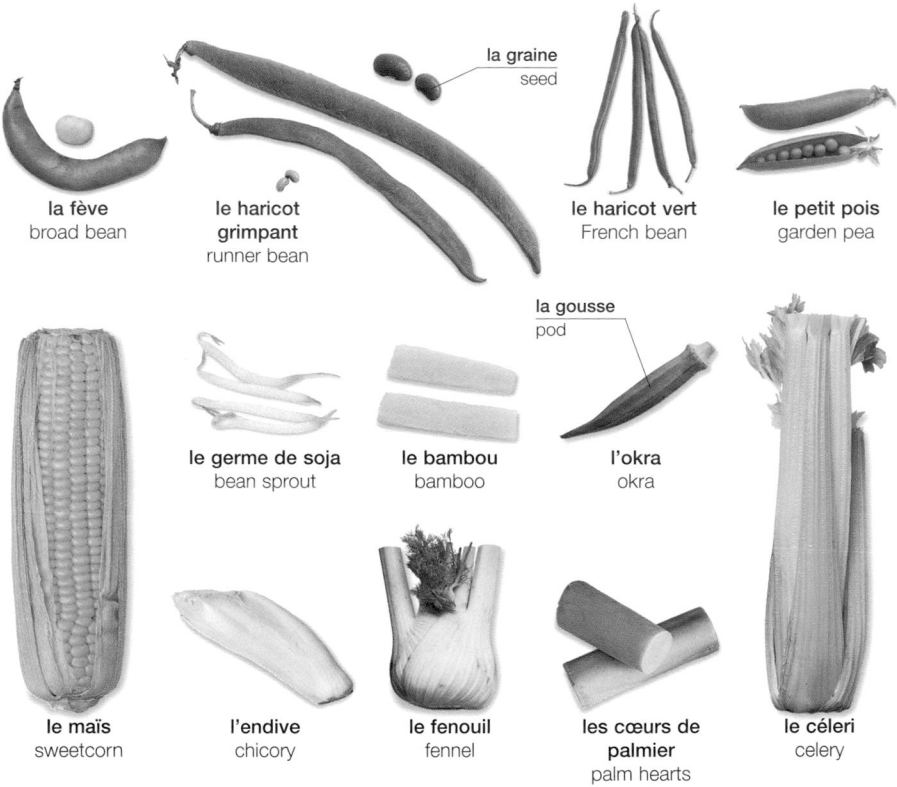

vocabulaire • vocabulary

la feuille leaf	**la fleurette** floret	**la pointe** tip	**biologique** organic
le trognon stalk	**le grain** kernel	**le cœur** heart	**le sac en plastique** plastic bag

Est-ce que vous vendez des légumes bios?
Do you sell organic vegetables?

Est-ce qu'ils sont cultivés dans la région?
Are these grown locally?

la roquette
rocket

le cresson
watercress

le radicchio
radicchio

le chou de Bruxelles
brussel sprout

la bette
swiss chard

le chou frisé
kale

l'oseille
sorrel

la chicorée
endive

le pissenlit
dandelion

les épinards
spinach

le chou-rave
kohlrabi

le chou chinois
pak-choi

la laitue
lettuce

le brocoli
broccoli

le chou
cabbage

le chou précoce
spring greens

les légumes 2 • vegetables 2

vocabulaire • vocabulary

la tomate cerise
cherry tomato

la carotte
carrot

le fruit de l'arbre à pain
breadfruit

la pomme de terre nouvelle
new potato

le céleri
celeriac

le taro
taro root

le manioc
cassava

la châtaigne d'eau
water chestnut

surgelé
frozen

cru
raw

épicé
hot (spicy)

sucré
sweet

amer
bitter

ferme
firm

la pulpe
flesh

la racine
root

Puis-je avoir un kilo de pommes de terre s'il vous plaît?
Can I have one kilo of potatoes please?

C'est combien le kilo?
What's the price per kilo?

Ils s'appellent comment?
What are those called?

la patate douce
sweet potato
l'igname
yam
la betterave
beetroot
le rutabaga
swede
le topinambour
Jerusalem artichoke
le raifort
horseradish
le panais
parsnip
le gingembre
ginger
l'aubergine
aubergine
la tomate
tomato
la ciboule
spring onion
le poireau
leek
l'échalote
shallot
la gousse
clove
l'ail
garlic
la truffe
truffle
le champignon
mushroom
le concombre
cucumber
la courgette
courgette
la courge musquée
butternut squash
la courge gland
acorn squash
la citrouille
pumpkin

le fruit 1 • fruit 1

les agrumes • citrus fruit

l'orange
orange

la clémentine
clementine

le tangelo
ugli fruit

la peau blanche
pith

le pamplemousse
grapefruit

la mandarine
tangerine

le quartier
segment

la satsuma
satsuma

le zeste
zest

le citron vert
lime

le citron
lemon

le kumquat
kumquat

les fruits à noyau • stoned fruit

la pêche
peach

la nectarine
nectarine

l'abricot
apricot

la prune
plum

la cerise
cherry

la poire
pear

la pomme
apple

la corbeille de fruits | basket of fruit

les fruits rouges et les melons • berries and melons

la fraise
strawberry

la framboise
raspberry

le melon
melon

les raisins
grapes

la mûre
blackberry

la groseille
redcurrant

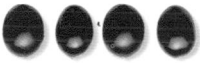

la canneberge
cranberry

le cassis
blackcurrant

la myrtille
blueberry

la groseille blanche
white currant

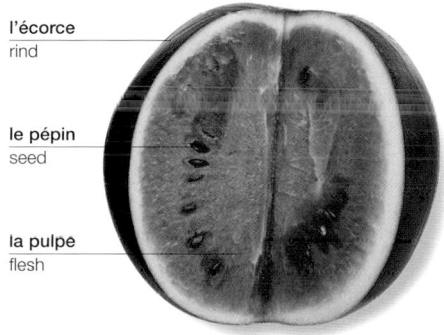

la pastèque
watermelon

la loganberry
loganberry

la groseille à maquereau
gooseberry

vocabulaire • vocabulary

la rhubarbe rhubarb	**aigre** sour	**croquant** crisp	**le jus** juice
la fibre fibre	**frais** fresh	**pourri** rotten	**le trognon** core
sucré sweet	**juteux** juicy	**la pulpe** pulp	**sans pépins** seedless

Est-ce qu'ils sont mûrs?
Are they ripe?

Je peux goûter?
Can I try one?

Ils se gardent combien de temps?
How long will they keep?

les fruits 2 • fruit 2

la mangue
mango

l'ananas
pineapple

l'avocat
avocado

la papaye
papaya

la pêche
peach

le litchi
lychee

le kiwi
kiwifruit

le physalis
cape gooseberry

le pépin
pip

la peau
skin

le coing
quince

le fruit de la passion
passion fruit

la banane
banana

la goyave
guava

la grenade
pomegranate

le kaki
persimmon

le feijoa
feijoa

la figue de Barbarie
prickly pear

la carambole
starfruit

le mangoustan
mangosteen

les noix et les fruits secs • nuts and dried fruit

le pignon
pine nut

la pistache
pistachio

la noix de cajou
cashewnut

la cacahouète
peanut

la noisette
hazelnut

la noix du Brésil
brazilnut

la noix pacane
pecan

l'amande
almond

la noix
walnut

le marron
chestnut

le macadamia
macadamia

la figue
fig

la datte
date

le pruneau
prune

le raisin de Smyrne
sultana

le raisin sec
raisin

le raisin de Corinthe
currant

la noix de coco
coconut

vocabulaire • vocabulary

vert green	**dur** hard	**l'amande** kernel	**salé** salted	**grillé** roasted	**décortiqué** shelled	**le fruit confit** candied fruit
mûr ripe	**mou** soft	**séché** desiccated	**cru** raw	**de saison** seasonal	**complet** whole	**les fruits tropicaux** tropical fruit

les céréales et les légumes secs • grains and pulses

les céréales • grains

le blé
wheat

l'avoine
oats

l'orge
barley

le millet
millet

le maïs
corn

le quinoa
quinoa

vocabulaire • vocabulary

la graine
seed

la balle
husk

le grain
kernel

sec
dry

frais
fresh

parfumé
fragranced

la céréale
cereal

complet
wholegrain

laisser tremper
soak (v)

facile à cuisiner
easy cook

à grains longs
long-grain

à grains ronds
short-grain

le riz • rice

le riz blanc
white rice

le riz complet
brown rice

le riz sauvage
wild rice

le riz rond
pudding rice

les céréales traitées • processed grains

le couscous
couscous

le blé écrasé
cracked wheat

la semoule
semolina

le son
bran

les haricots et les pois • beans and peas

les gros haricots blancs
butter beans

les haricots blancs
haricot beans

les haricots rouges
red kidney beans

les adzukis
aduki beans

les fèves
broad beans

les graines de soja
soya beans

les haricots à œil noir
black-eyed beans

les haricots pinto
pinto beans

les haricots mung
mung beans

les flageolets
flageolet beans

les lentilles
brown lentils

les lentilles rouges
red lentils

les petits pois
green peas

les pois chiches
chick peas

les pois cassés
split peas

les graines • seeds

la graine de potiron
pumpkin seed

le grain de moutarde
mustard seed

la graine de carvi
caraway

la graine de sésame
sesame seed

la graine de tournesol
sunflower seed

les herbes et les épices • herbs and spices

les épices • spices

la vanille
vanilla

la noix de muscade
nutmeg

le macis
mace

le curcuma
turmeric

le cumin
cumin

le bouquet garni
bouquet garni

le poivre de la Jamaïque
allspice

le grain de poivre
peppercorn

le fenugrec
fenugreek

le piment
chilli

le safran
saffron

la cardamome
cardamom

la poudre de curry
curry powder

en morceaux
whole

écrasé
crushed

en poudre
ground

en flocons
flakes

le paprika
paprika

l'ail
garlic

les herbes • herbs

les aliments en bouteilles • bottled foods

l'huile de noix
walnut oil

l'huile d'amande
almond oil

l'huile de pépins de raisin
grapeseed oil

le bouchon
cork

l'huile de tournesol
sunflower oil

l'huile de sésame
sesame seed oil

l'huile de noisette
hazelnut oil

l'huile d'olive
olive oil

les herbes
herbs

l'huile parfumée
flavoured oil

les huiles
oils

les produits à tartiner • sweet spreads

la pâte à tartiner au citron
lemon curd

la confiture de framboises
raspberry jam

la confiture d'oranges
marmalade

le miel liquide
clear honey

le sirop d'érable
maple syrup

les condiments • condiments and spreads

la mayonnaise
mayonnaise

le vinaigre de cidre
cider vinegar

le vinaigre balsamique
balsamic vinegar

la bouteille
bottle

le ketchup
ketchup

la moutarde anglaise
English mustard

la moutarde française
French mustard

le chutney
chutney

le vinaigre de malt
malt vinegar

le vinaigre de vin
wine vinegar

le vinaigre
vinegar

la sauce
sauce

la moutarde en grains
wholegrain mustard

le bocal scellé
sealed jar

le beurre de cacahouètes
peanut butter

la pâte à tartiner au chocolat
chocolate spread

les fruits en bocaux
preserved fruit

vocabulaire • vocabulary

l'huile de maïs
corn oil

l'huile de colza
rapeseed oil

l'huile d'arachide
groundnut oil

l'huile pressée à froid
cold-pressed oil

l'huile végétale
vegetable oil

les produits laitiers • dairy produce

le fromage • cheese

la croûte
rind

le fromage à pâte pressée non cuite
semi-hard cheese

le fromage râpé
grated cheese

le fromage à pâte pressée cuite
hard cheese

le fromage à pâte semi-molle
semi-soft cheese

le cottage
cottage cheese

le fromage à la crème
cream cheese

le bleu
blue cheese

le fromage à pâte molle
soft cheese

le fromage frais | fresh cheese

le lait • milk

le lait entier
whole milk

le lait demi-écrémé
semi-skimmed milk

le lait écrémé
skimmed milk

le carton de lait
milk carton

le lait de chèvre
goat's milk

le lait condensé
condensed milk

le lait de vache | cow's milk

le beurre
butter

la margarine
margarine

la crème
cream

la crème allégée
single cream

la crème épaisse
double cream

la crème fouettée
whipped cream

la crème fraîche
sour cream

le yaourt
yoghurt

la glace
ice cream

les œufs • eggs

l'œuf à la coque
boiled egg

l'œuf d'oie
goose egg

l'œuf de poule
hen's egg

l'œuf de cane
duck egg

l'œuf de caille
quail egg

vocabulaire • vocabulary

pasteurisé pasteurized	**le milk-shake** milkshake	**salé** salted	**le lait de brebis** sheep's milk	**le lactose** lactose	**homogénéisé** homogenised
non pasteurisé unpasteurized	**le yaourt surgelé** frozen yoghurt	**non salé** unsalted	**le babeurre** buttermilk	**sans matières grasses** fat free	**le lait en poudre** powdered milk

les pains et la farine • breads and flours

le pain tranché
sliced bread

les graines de pavot
poppy seeds

le pain de seigle
rye bread

la baguette
baguette

la boulangerie | bakery

faire du pain • making bread

la farine blanche
white flour

la farine complète
brown flour

la farine brute
wholemeal flour

la levure
yeast

tamiser | sift (v)

mélanger | mix (v)

la pâte
dough

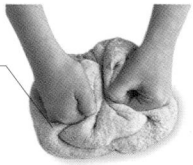

faire cuire au four | bake (v)

le pain blanc
white bread

le pain bis
brown bread

le pain de son
wholemeal bread

le pain complet
granary bread

le pain de maïs
corn bread

le pain au bicarbonate de soude
soda bread

le pain au levain
sourdough bread

le pain plat
flatbread

le petit pain américain
bagel

le petit pain rond
bap

le petit pain
roll

le pain aux raisins secs
fruit bread

le pain aux graines
seeded bread

le naan
naan bread

le pita
pitta bread

le biscuit scandinave
crispbread

vocabulaire • vocabulary

la farine traitée
strong flour

la farine avec la levure
self-raising flour

se lever
rise (v)

la farine sans levure
plain flour

lever
prove (v)

glacer
glaze (v)

la chapelure
breadcrumbs

la flûte
flute

la machine à couper
slicer

le boulanger
baker

les gâteaux et les desserts • cakes and desserts

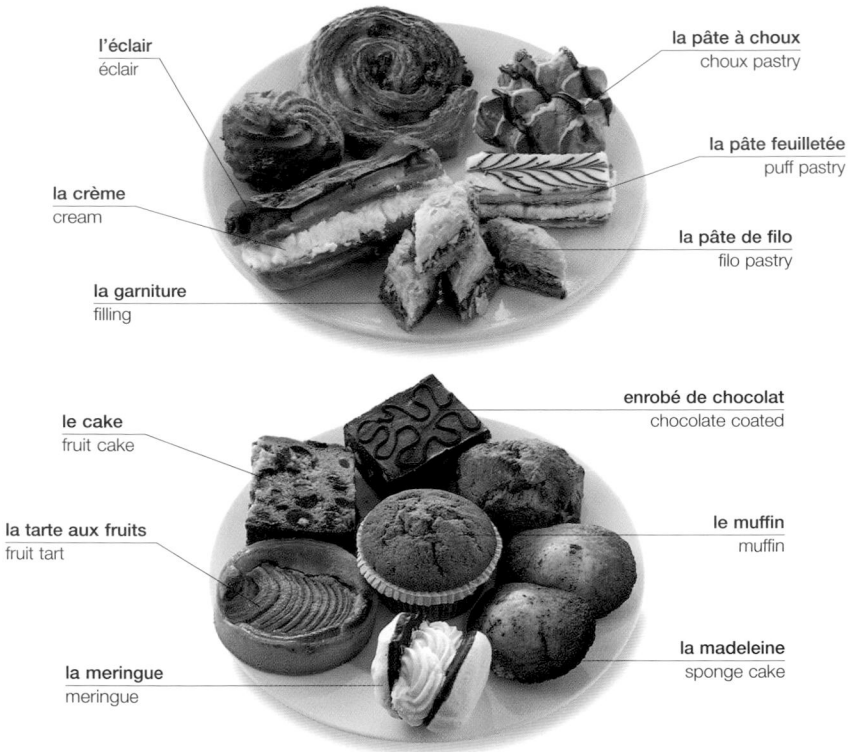

les gâteaux | cakes

vocabulaire • vocabulary

la crème pâtissière
crème patisserie

le petit gâteau
bun

la pâte
pastry

le riz au lait
rice pudding

Est-ce que je peux avoir une tranche s'il vous plaît?
May I have a slice please?

le gâteau au chocolat
chocolate cake

la crème anglaise
custard

la tranche
slice

la fête
celebration

les pépites de chocolat
chocolate chip

les boudoirs
sponge fingers

le florentine
florentine

le diplomate
trifle

les biscuits | biscuits

la mousse
mousse

le sorbet
sorbet

la tarte à la crème
cream pie

la crème caramel
crème caramel

les gâteaux de fête • celebration cakes

l'étage supérieur
top tier

le ruban
ribbon

l'étage inférieur
bottom tier

le glaçage
icing

la pâte d'amandes
marzipan

le gâteau de mariage | wedding cake

la décoration
decoration

les bougies d'anniversaire
birthday candles

souffler
blow out (v)

le gâteau d'anniversaire | birthday cake

la charcuterie • delicatessen

le saucisson piquant
spicy sausage

l'huile
oil

le salami
salami

le pepperoni
pepperoni

le vinaigre
vinegar

la quiche
flan

la viande non cuite
uncooked meat

le comptoir
counter

le pâté
pâté

la mozzarella
mozzarella

le brie
brie

le fromage de chèvre
goat's cheese

le cheddar
cheddar

le parmesan
parmesan

le camembert
camembert

la croûte
rind

l'édam
edam

le manchego
manchego

les pâtés en croûte
pies

l'olive noire
black olive

le piment
chili

la sauce
sauce

le petit pain
broad roll

la viande cuite
cooked meat

l'olive verte
green olive

le jambon
ham

le comptoir sandwichs
sandwich counter

le poisson fumé
smoked fish

les câpres
capers

le chorizo
chorizo

le prosciutto
prosciutto

l'olive fourrée
stuffed olive

vocabulaire • vocabulary

à l'huile in oil	**mariné** marinated	**fumé** smoked
en saumure in brine	**salé** salted	**séché** cured

Prenez un numéro, s'il vous plaît.
Take a number please.

Est-ce que je peut goûter un peu de ça, s'il vous plaît?
Can I try some of that please?

Je voudrais six tranches, s'il vous plaît.
May I have six slices of that please?

les boissons • drinks

l' eau • water

les boissons chaudes • hot drinks

les boissons non alcoolisées • soft drinks

les boissons alcoolisées • alcoholic drinks

sortir manger
eating out

le café • café

le store
awning

le menu
menu

la terrasse de café | pavement café

le parasol
umbrella

la terrasse de café
terrace café

le serveur
waiter

le percolateur
coffee machine

la table
table

le snack | snack bar

le café • coffee

le crème
white coffee

le noir
black coffee

le chocolat en poudre
cocoa powder

la mousse
froth

le café filtre
filter coffee

l'expresso
espresso

le cappuccino
cappuccino

le café glacé
iced coffee

le thé • tea

les jus et milk-shakes • juices and milkshakes

la nourriture • food

le bar • bar

les verres
glasses

la mesure
optic

la caisse
till

le barman
bartender

la pompe à bière
beer tap

le percolateur
coffee machine

le seau à glace
ice bucket

le tabouret de bar
bar stool

le cendrier
ashtray

le dessous de verre
coaster

le comptoir
bar counter

l'ouvre-bouteille
bottle opener

le levier
lever

le tire-bouchon | corkscrew

les pinces
tongs

l'agitateur
stirrer

le verre gradué
measure

le shaker à cocktails | cocktail shaker

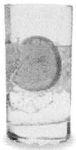

le gin tonic
gin and tonic

le scotch à l'eau
scotch and water

le rhum coca
rum and coke

la vodka à l'orange
vodka and orange

le martini
martini

le cocktail
cocktail

le vin
wine

la bière | beer

un coup
a shot

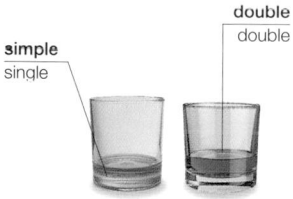

la mesure
measure

sans glaçons
without ice

avec des glaçons
with ice

les amuse-gueule • bar snacks

les chips | crisps

les noix | nuts

les olives | olives

le restaurant • restaurant

la partie non-fumeurs
non-smoking section

la serviette
napkin

le commis
commis chef

le couvert
table setting

le chef de cuisine
chef

le verre
glass

le plateau
tray

la cuisine
kitchen

le garçon
waiter

vocabulaire • vocabulary

le menu du soir evening menu	**les spécialités** specials	**le prix** price	**le pourboire** tip	**le buffet** buffet	**le client** customer
la carte des vins wine list	**à la carte** à la carte	**l'addition** bill	**service compris** service included	**le bar** bar	**le sel** salt
le menu du déjeuner lunch menu	**le plateau de desserts** sweet trolley	**le reçu** receipt	**service non compris** service not included	**la partie fumeurs** smoking section	**le poivre** pepper

la carte
menu

le menu d'enfant
child's meal

commander
order (v)

payer
pay (v)

les plats • courses

l'apéritif
apéritif

l'entrée
starter

la soupe
soup

le plat principal
main course

l'accompagnement
side order

la fourchette
fork

la cuiller à café
coffee spoon

le dessert | dessert

le café | coffee

Une table pour deux, s'il vous plaît.
A table for two please.

La carte/la carte des vins, s'il vous plaît.
Can I see the menu/winelist please?

Avez-vous un menu à prix fixe?
Is there a fixed price menu?

Avez vous des plats végétariens?
Do you have any vegetarian dishes?

L'addition/un reçu, s'il vous plaît.
Could I have the bill/a receipt please?

Pouvons-nous payer chacun notre part?
Can we pay separately?

Où sont les toilettes, s'il vous plaît?
Where are the toilets, please?

la restauration rapide • fast food

le hamburger avec des frites
burger meal

la livraison à domicile
home delivery

le marchand de hot-dogs
street stall

vocabulaire • vocabulary

la pizzeria
pizza parlour

le restaurant rapide
burger bar

la carte
menu

manger sur place
eat-in

à emporter
take-away

réchauffer
re-heat (v)

le ketchup
tomato sauce

À emporter, s'il vous plaît.
Can I have that to go please?

Est-ce que vous livrez à domicile?
Do you deliver?

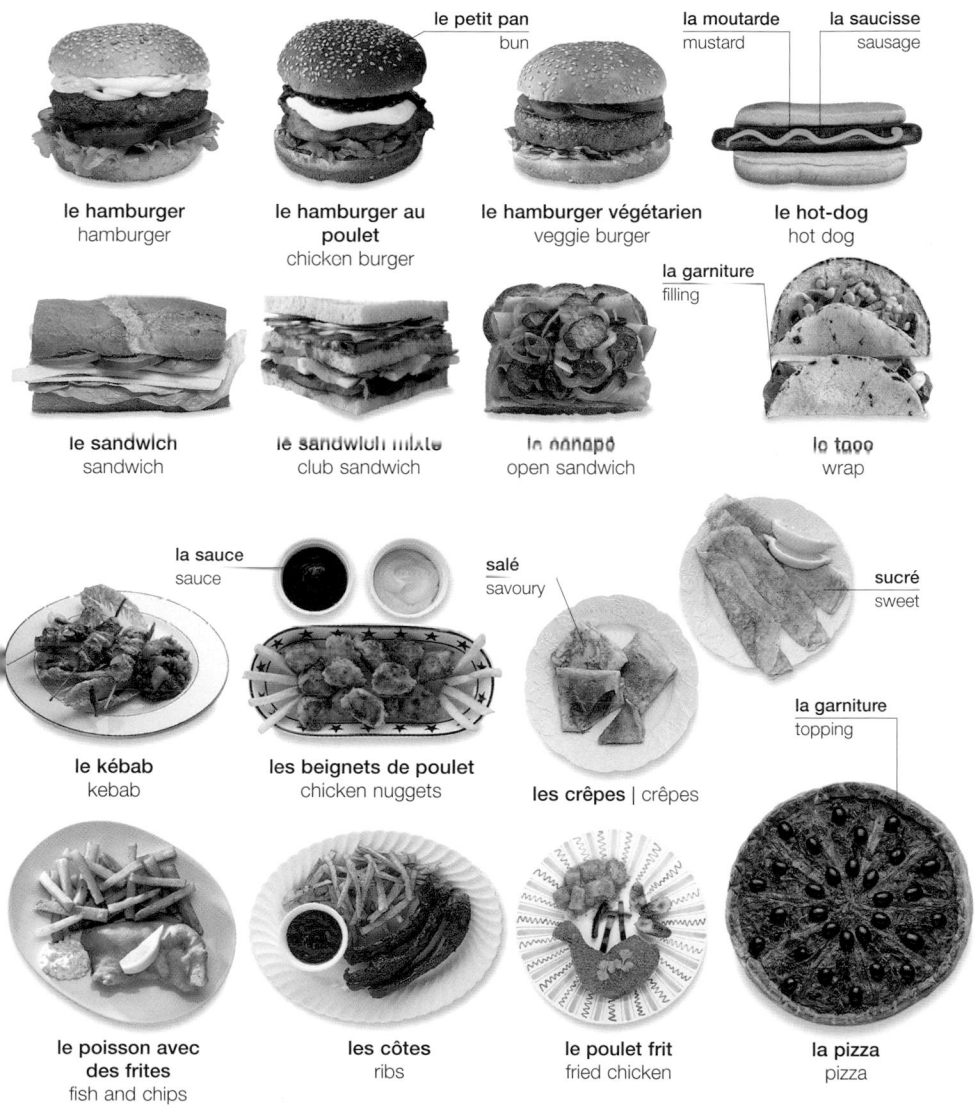
le petit pan
bun
la moutarde
mustard
la saucisse
sausage
le hamburger
hamburger
le hamburger au poulet
chicken burger
le hamburger végétarien
veggie burger
le hot-dog
hot dog
la garniture
filling
le sandwich
sandwich
le sandwich mixte
club sandwich
le canapé
open sandwich
le tacos
wrap
la sauce
sauce
salé
savoury
sucré
sweet
la garniture
topping
le kébab
kebab
les beignets de poulet
chicken nuggets
les crêpes | crêpes
le poisson avec des frites
fish and chips
les côtes
ribs
le poulet frit
fried chicken
la pizza
pizza

le petit déjeuner • breakfast

le lait
milk

les céréales
cereal

la confiture
jam

les fruit secs
dried fruit

le jambon
ham

le fromage
cheese

le biscuit scandinave
crispbread

le buffet du petit déjeuner
breakfast buffet

la confiture d'oranges
marmalade

le pâté
pâté

le beurre
butter

le jus de fruit
fruit juice

le café
coffee

le chocolat chaud
hot chocolate

le croissant
croissant

le thé
tea

la table du petit déjeuner | breakfast table

les boissons | drinks

la brioche
brioche

le pain
bread

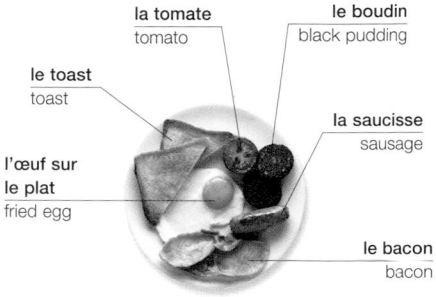

le petit déjeuner anglais
English breakfast

les kippers
kippers

le pain perdu
french toast

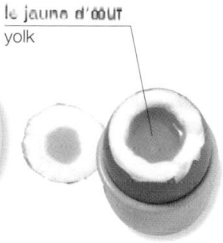

l'œuf à la coque
boiled egg

les œufs brouillés
scrambled eggs

les crêpes
pancakes

les gaufres
waffles

le porridge
porridge

les fruits
fresh fruit

le repas • dinner

le potage | soup

le bouillon | broth

le ragoût | stew

le curry | curry

le rôti
roast

la tourte
pie

le soufflé
soufflé

le chiche-kébab
kebab

les boulettes de viande
meatballs

l'omelette
omelette

le sauté | stir fry

les nouilles
noodles

les pâtes | pasta

le riz
rice

la salade composée
mixed salad

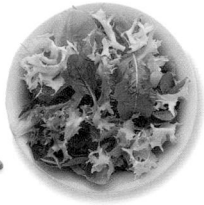

la salade verte
green salad

la vinaigrette
dressing

la préparation • techniques

farci | stuffed

en sauce | **in sauce**

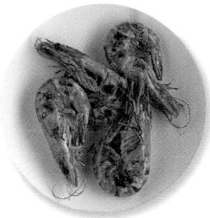

grillé | grilled

mariné | marinated

poché | poached

en purée | mashed

cuit | baked

sauté | pan fried

frit
fried

macéré
pickled

fumé
smoked

frit
deep fried

au sirop
in syrup

assaisonné
dressed

cuit à la vapeur
steamed

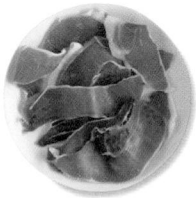

séché
cured

l'étude
study

l'école • school

l'institutrice
teacher

le tableau
blackboard

la salle de classe | classroom

l'écolier
schoolboy

l'élève
pupil

l'uniforme
school uniform

le pupitre
desk

le cartable
school bag

la craie
chalk

l'écolière
schoolgirl

vocabulaire • vocabulary

l'histoire history	**les sciences** science	**la physique** physics
les langues languages	**l'art/le dessin** art	**la chimie** chemistry
la littérature literature	**la musique** music	**la biologie** biology
la géographie geography	**les mathématiques** maths	**l'éducation physique** physical education

les activités • activities

lire | read (v)

écrire | write (v)

épeler
spell (v)

dessiner
draw (v)

le rétroprojecteur
overhead projector

la plume
nib

le stylo
pen

le crayon de couleur
colouring pencil

le taille-crayon
pencil sharpener

le crayon
pencil

la gomme
rubber

le cahier
notebook

le livre | textbook

la trousse
pencil case

la règle
ruler

questionner
question (v)

répondre
answer (v)

discuter
discuss (v)

apprendre
learn (v)

vocabulaire • vocabulary

le directeur head teacher	**la réponse** answer	**la note** grade
la leçon lesson	**les devoirs** homework	**la classe** year
la question question	**l'examen** examination	**le dictionnaire** dictionary
prendre des notes take notes (v)	**la rédaction** essay	**l'encyclopédie** encyclopedia

les mathématiques • maths

les formes • shapes

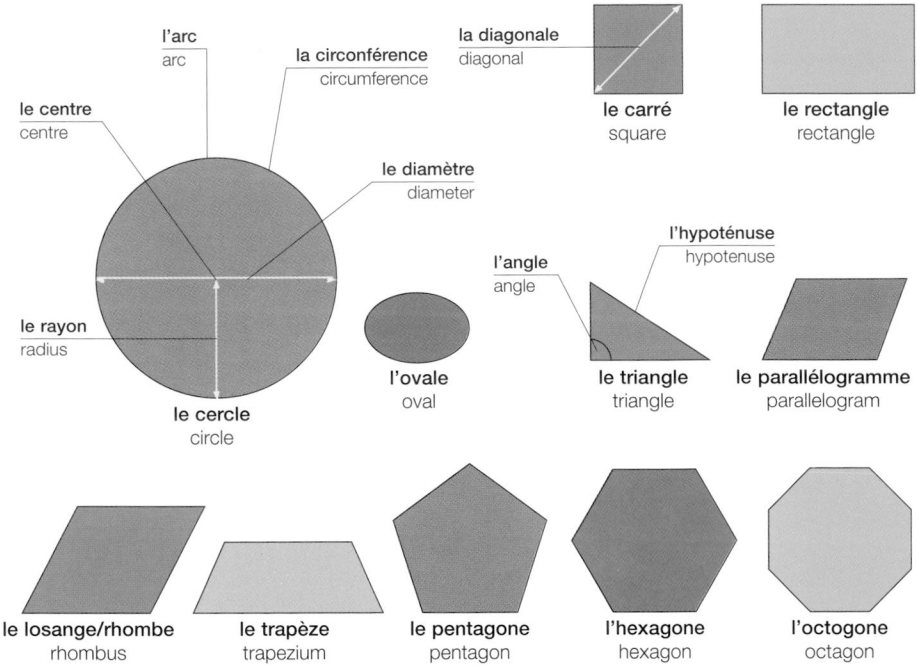

les solides • solids

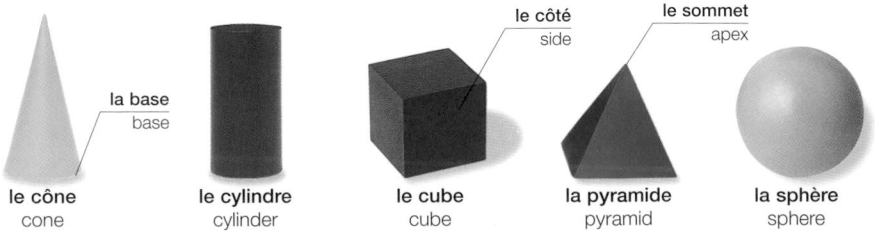

les lignes • lines

droit
straight

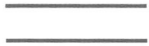

parallèle
parallel

perpendiculaire
perpendicular

courbe
curved

les mesures • measurements

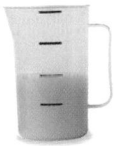

le volume
volume

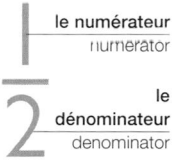

la fraction
fraction

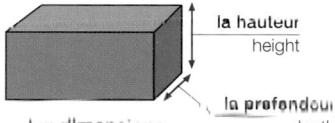

les dimensions
dimensions

l'aire
area

l'équipement • equipment

l'équerre
set square

le rapporteur
protractor

la règle
ruler

le compas
compass

la calculatrice
calculator

vocabulaire • vocabulary

la géométrie geometry	**plus** plus	**fois** times	**égale(nt)** equals	**additionner** add (v)	**multiplier** multiply (v)	**l'équation** equation
l'arithmétique arithmetic	**moins** minus	**divisé par** divided by	**compter** count (v)	**soustraire** subtract (v)	**diviser** divide (v)	**le pourcentage** percentage

la science • science

le laboratoire
laboratory

la balance
scales

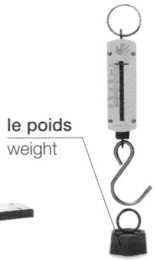

la balance à ressort
spring balance

le trépied
tripod

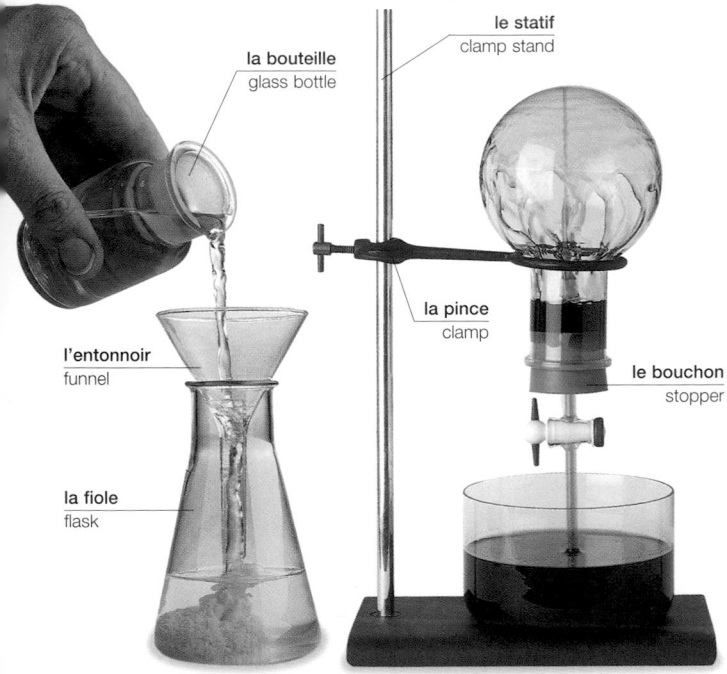

l'expérience | experiment

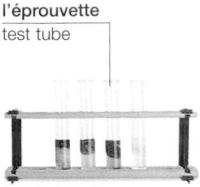

le support
rack

le chronomètre
timer

la boîte de Pétri
petri dish

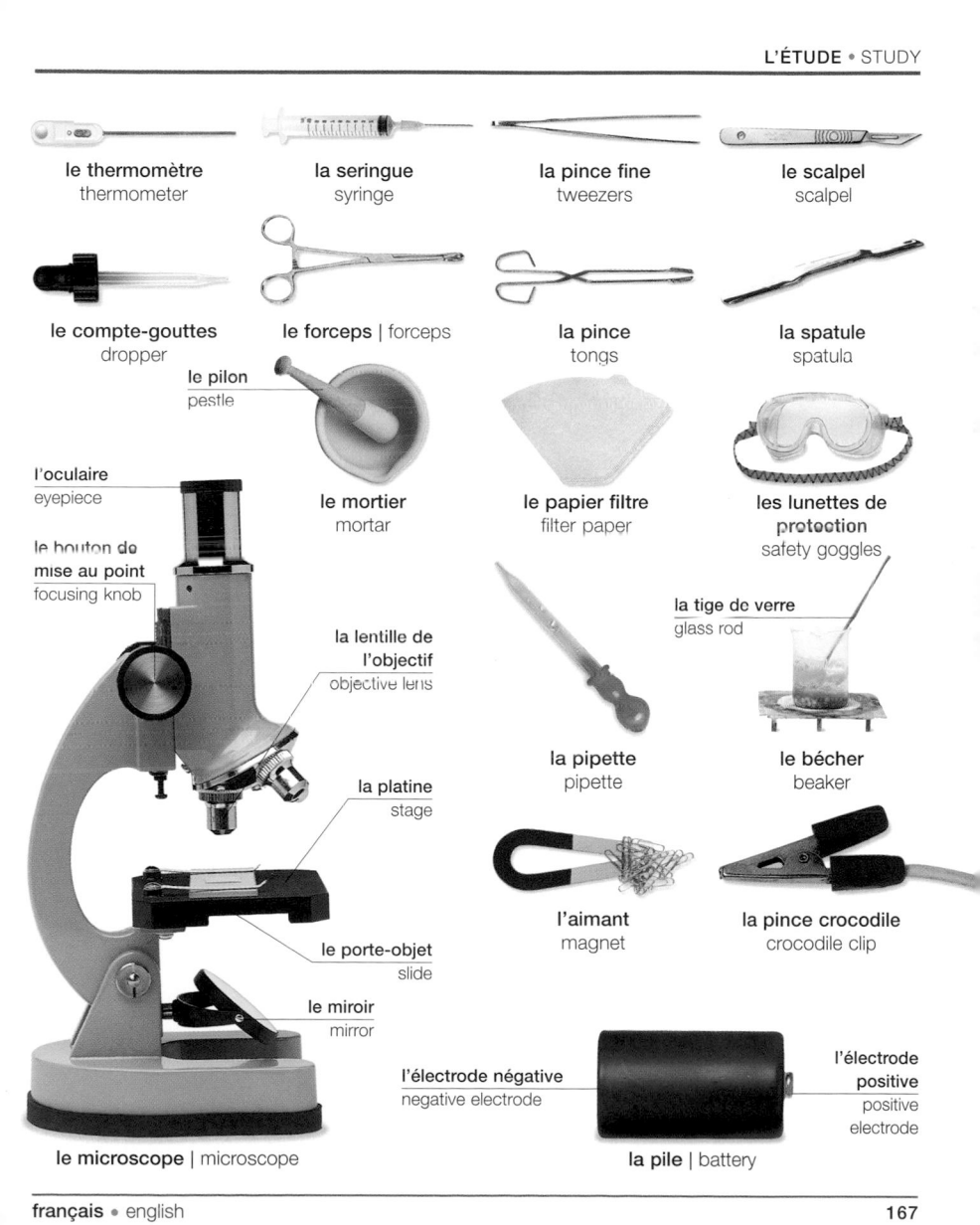
le thermomètre
thermometer
la seringue
syringe
la pince fine
tweezers
le scalpel
scalpel
le compte-gouttes
dropper
le forceps | forceps
la pince
tongs
la spatule
spatula
le pilon
pestle
le mortier
mortar
le papier filtre
filter paper
les lunettes de protection
safety goggles
l'oculaire
eyepiece
le bouton de mise au point
focusing knob
la lentille de l'objectif
objective lens
la tige de verre
glass rod
la pipette
pipette
le bécher
beaker
la platine
stage
le porte-objet
slide
le miroir
mirror
l'aimant
magnet
la pince crocodile
crocodile clip
l'électrode négative
negative electrode
l'électrode positive
positive electrode
le microscope | microscope
la pile | battery

l'enseignement supérieur • college

le secrétariat
admissions

le restaurant universitaire
refectory

le service de santé
health centre

le terrain de sport
sports field

la résidence universitaire
hall of residence

le catalogue
catalogue

le campus | campus

la bibliothécaire
librarian

le service de prêt
loans desk

les rayons
bookshelf

le périodique
periodical

la revue
journal

la bibliothèque | library

vocabulaire • vocabulary

la carte de lecteur library card	**les renseignements** enquiries	**le prêt** loan
la salle de lecture reading room	**emprunter** borrow (v)	**le livre** book
les ouvrages recommandés reading list	**réserver** reserve (v)	**le titre** title
la date de retour return date	**renouveler** renew (v)	**le couloir** aisle

la salle de cours
lecture theatre

la cérémonie de la remise des diplômes
graduation ceremony

les écoles • schools

l'école des beaux arts
art college

le Conservatoire
music school

l'école de danse
dance academy

vocabulaire • vocabulary

la bourse scholarship	**la recherche** research	**la dissertation** dissertation	**la médecine** medicine	**la philosophie** philosophy
le diplôme diploma	**la maîtrise** masters	**l'U.F.R.** department	**la zoologie** zoology	**la littérature** literature
la licence degree	**le doctorat** doctorate	**le droit** law	**la physique** physics	**l'histoire d'art** history of art
de troisième cycle postgraduate	**la thèse** thesis	**les études d'ingénieur** engineering	**les sciences politiques** politics	**les sciences économiques** economics

le travail
work

le bureau 1 • office 1

le bureau • office

le moniteur
monitor

le porte-crayons
desktop organizer

le classeur
file

la corbeille arrivée
in-tray

l'ordinateur
computer

la corbeille départ
out-tray

le clavier
keyboard

le téléphone
telephone

le carnet
notebook

l'étiquette
label

le bureau
desk

la corbeille à papier
wastebasket

la chaise tournante
swivel chair

le meuble à tiroirs
drawer unit

le tiroir
drawer

le meuble-classeur
filing cabinet

l'équipement de bureau • office equipment

l'imprimante | printer

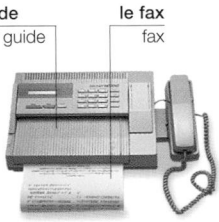

le fax | fax machine

vocabulaire • vocabulary

imprimer
print (v)

agrandir
enlarge (v)

photocopier
copy (v)

réduire
reduce (v)

J'ai besoin de faire des photocopies.
I need to make some copies.

les fournitures de bureau • office supplies

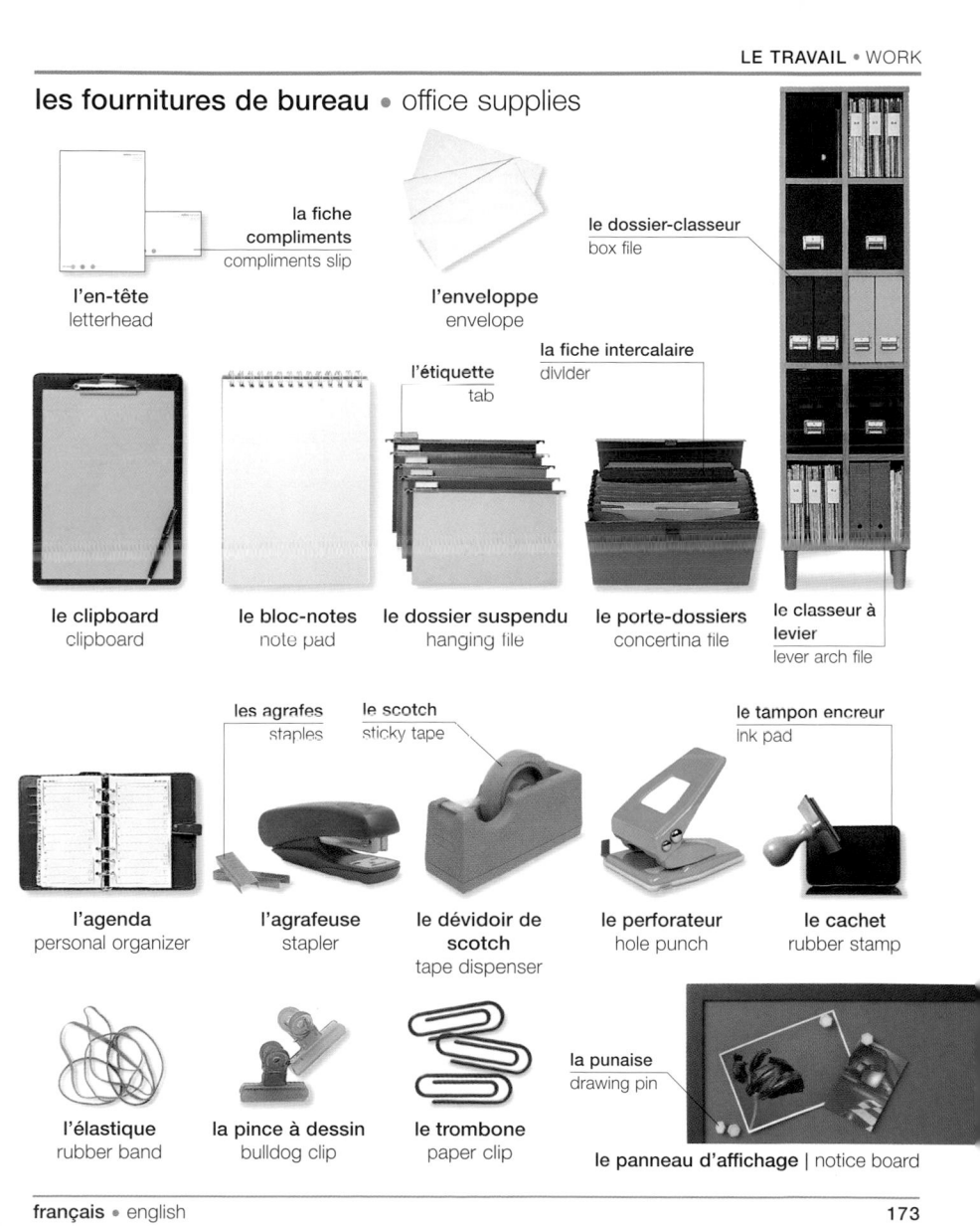

le bureau 2 • office 2

le tableau à feuilles mobiles
flipchart

le chevalet
easel

la proposition
proposal

le directeur
manager

le rapport
report

le compte rendu
minutes

le cadre
executive

le réunion | meeting

vocabulaire • vocabulary

la salle de conférence
meeting room

assister à
attend (v)

l'ordre du jour
agenda

présider
chair (v)

La conférence est à quelle heure?
What time is the meeting?

Quelles sont vos heures de bureau?
What are your office hours?

la présentation | presentation

les affaires • business

le portable
laptop

les notes
notes

l'homme d'affaires
businessman

la femme d'affaires
businesswoman

le déjeuner d'affaires
business lunch

le voyage d'affaires
business trip

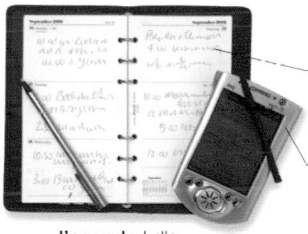

le rendez-vous
appointment

l'ordinateur de poche
palmtop

l'agenda | diary

le client
client

le directeur général
managing director

le contrat
business deal

vocabulaire • vocabulary

la société
company

le siège social
head office

la succursale
branch

le personnel
staff

le salaire
salary

le livre de paie
payroll

la comptabilité
accounts department

le service marketing
marketing department

le service des ventes
sales department

le service du contentieux
legal department

le service après-vente
customer service department

le service de ressources humaines
personnel department

l'ordinateur • computer

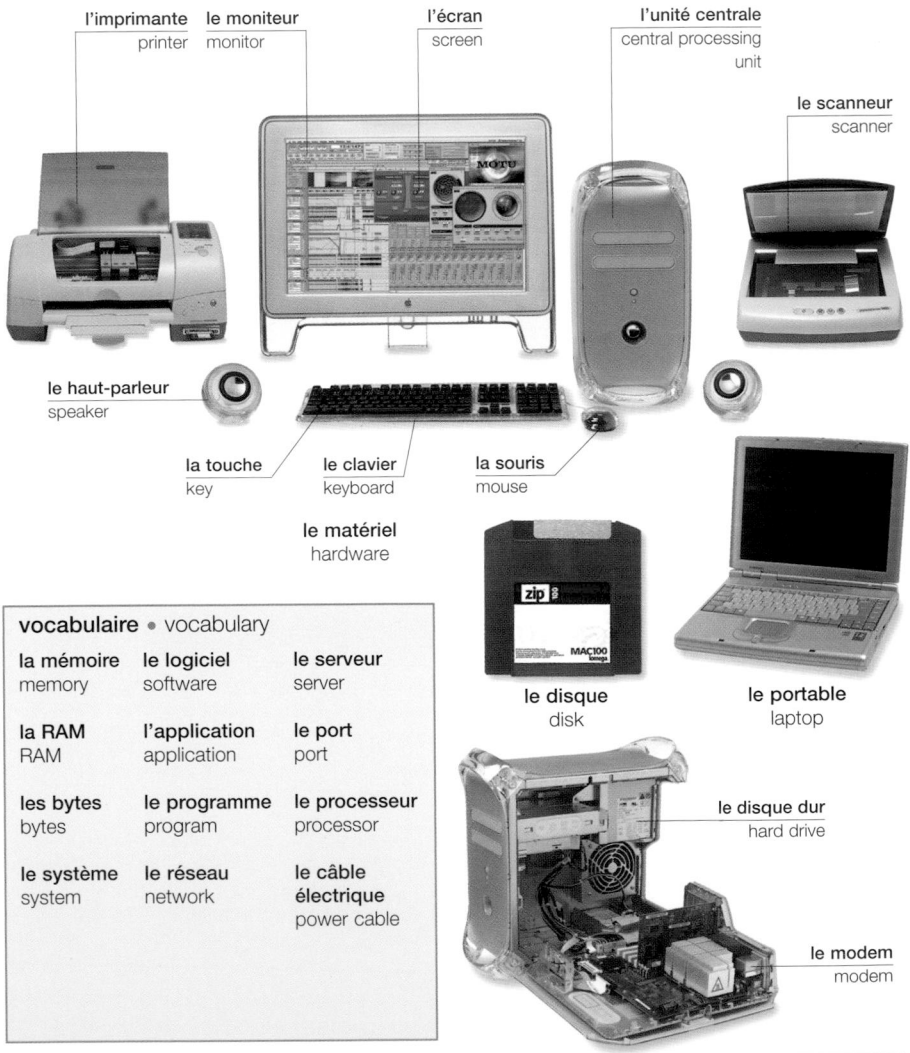

vocabulaire • vocabulary

la mémoire memory	**le logiciel** software	**le serveur** server
la RAM RAM	**l'application** application	**le port** port
les bytes bytes	**le programme** program	**le processeur** processor
le système system	**le réseau** network	**le câble électrique** power cable

le bureau • desktop

la barre de menus
menubar

la barre d'outils
toolbar

le papier peint
wallpaper

la police
font

l'icône
icon

la barre de défilement
scrollbar

la fenêtre
window

le fichier
file

le dossier
folder

la poubelle
trash

l'internet • internet

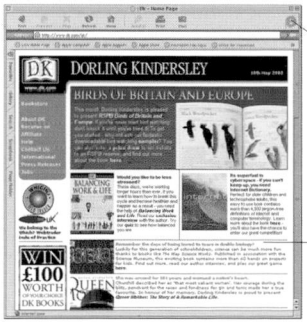

le navigateur
browser

la boîte de réception
inbox

le site web
website

naviguer
browse (v)

le courrier électronique • email

l'adresse de courrier électronique
email address

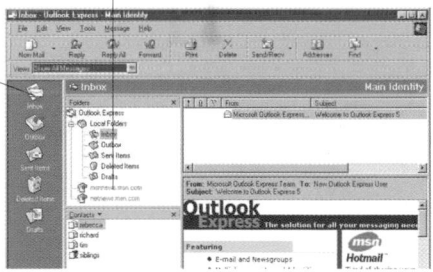

vocabulaire • vocabulary

connecter connect (v)	**le fournisseur d'accès** service provider	**entrer** log on (v)	**télécharger** download (v)	**envoyer** send (v)	**sauvegarder** save (v)
installer instal (v)	**le compte de courrier électronique** email account	**en ligne** on-line	**la pièce jointe** attachment	**recevoir** receive (v)	**chercher** search (v)

les médias • media

le studio de télévision • television studio

vocabulaire • vocabulary

la chaîne channel	**les nouvelles** news	**la presse** press	**le feuilleton** soap	**le dessin animé** cartoon	**en direct** live
la programmation programming	**le documentaire** documentary	**la série télévisée** television series	**le jeu télévisé** game show	**en différé** prerecorded	**émettre** broadcast (v)

l'interviewer
interviewer

la reporter
reporter

le télésouffleur
autocue

la présentatrice
newsreader

les acteurs
actors

la perche
sound boom

la claquette
clapper board

le décor de cinéma
film set

la radio • radio

le pupitre de mixage
mixing desk

le microphone
microphone

l'ingénieur du son
sound technician

le studio d'enregistrement | recording studio

vocabulaire • vocabulary

la station de radio
radio station

le D.J.
DJ

l'émission
broadcast

la longueur d'ondes
wavelength

les grandes ondes
long wave

la fréquence
frequency

le volume
volume

régler
tune (v)

les ondes courtes
short wave

les ondes moyennes
medium wave

le droit • law

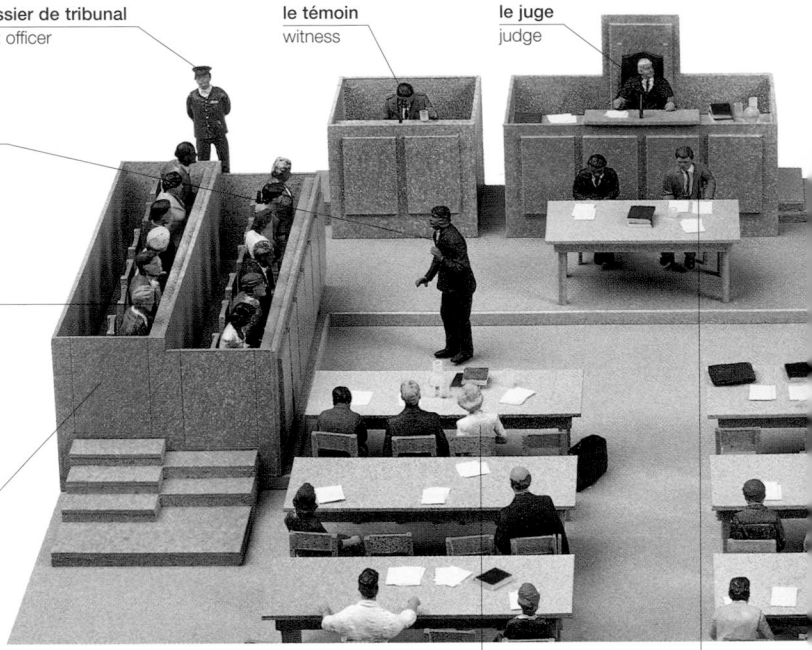

vocabulaire • vocabulary

le cabinet lawyer's office	**l'assignation** summons	**l'acte judiciaire** writ	**la cause** court case
le conseil juridique legal advice	**la déposition** statement	**la date du procès** court date	**l'accusation** charge
le client client	**le mandat** warrant	**le plaidoyer** plea	**l'accusé** accused

le sténographe
stenographer

le suspect
suspect

le criminel
criminal

l'accusé
defendant

la défense
defence

le portrait-robot
photofit

le casier judiciaire
criminal record

le gardien de prison
prison guard

la cellule
cell

la prison
prison

vocabulaire • vocabulary

la preuve
evidence

le verdict
verdict

innocent
innocent

coupable
guilty

acquitté
acquitted

la condamnation
sentence

la caution
bail

l'appel
appeal

la liberté conditionnelle
parole

Je voudrais voir un avocat.
I want to see a lawyer.

Où est le palais de justice?
Where is the courthouse?

Est-ce que je peux verser la caution?
Can I post bail?

la ferme 1 • farm 1

les terres cultivées
farmland

la cour de ferme
farmyard

la dépendence
outbuilding

la maison d'habitation
farmhouse

le champ
field

l'agriculteur/le fermier
farmer

la grange
barn

le potager
vegetable plot

la haie
hedge

la barrière
gate

la clôture
fence

le pré
pasture

le bétail
livestock

le cultivateur
cultivator

le tracteur | tractor

la moissonneuse-batteuse | combine harvester

les exploitations agricoles • types of farm

la ferme de culture
arable farm

la ferme laitière
dairy farm

la ferme d'élevage de moutons
sheep farm

la ferme d'aviculture
poultry farm

la ferme d'élevage porcin
pig farm

le centre de pisciculture
fish farm

l'exploitation fruitière
fruit farm

la vigne
vineyard

les activités • actions

labourer
plough (v)

semer
sow (v)

traire
milk (v)

donner à manger
feed (v)

arroser | water (v)

récolter | harvest (v)

vocabulaire • vocabulary

l'herbicide herbicide	**le troupeau** herd	**l'auge** trough
le pesticide pesticide	**le silo** silo	**planter** plant (v)

la ferme 2 • farm 2

les cultures • crops

le blé
wheat

le maïs
corn

l'orge
barley

le colza
rapeseed

le tournesol
sunflower

le foin
hay

la luzerne
alfalfa

le tabac
tobacco

le riz
rice

le thé
tea

le café
coffee

l'épouvantail
scarecrow

le lin
flax

la canne à sucre
sugarcane

le coton
cotton

le bétail • livestock

le cochon
pig

la vache
cow

le taureau
bull

le mouton
sheep

l'agneau
lamb

la chèvre
goat

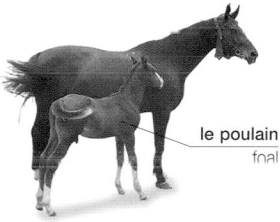

le cheval
horse

l'âne
donkey

le poulet
chicken

le coq
cockerel

le dindon
turkey

le canard
duck

l'écurie
stable

l'enclos
pen

le poulailler
chicken coop

la porcherie
pigsty

la construction • construction

l'échafaudage
scaffolding

l'échelle
ladder

la fenêtre
window

le chevron
rafter

la palette
pallet

le chantier
building site

le chariot de levage
fork-lift truck

le linteau
lintel

le mur
wall

la ceinture à outils
toolbelt

la poutre
beam

la poutre
girder

le casque de sécurité
hard hat

le ciment
cement

construire
build (v)

le maçon
builder

la bétonnière
cement mixer

les matériaux • materials

la brique
brick

le bois
timber

la tuile
roof tile

le bloc de béton
concrete block

les outils • tools

le mortier
mortar

la truelle
trowel

le niveau à bulle
spirit level

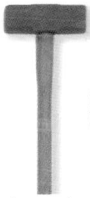

le marteau de forgeron
sledgehammer

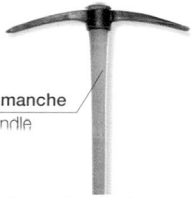

le manche
handle

la pioche
pickaxe

la pelle
shovel

les machines • machinery

le rouleau compresseur
roller

le tombereau
dumper truck

le support
support

le crochet
hook

la grue | crane

les travaux • roadworks

le macadam goudronné
tarmac

le cône
cone

le marteau-piqueur
pneumatic drill

le revêtement
resurfacing

la pelle mécanique
mechanical digger

les professions 1 • occupations 1

le menuisier
carpenter

l'électricien
electrician

le plombier
plumber

le maçon
builder

le jardinier
gardener

le nettoyeur
cleaner

le mécanicien
mechanic

le boucher
butcher

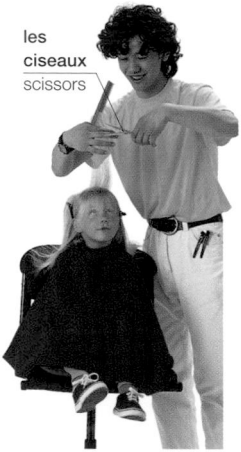

le coiffeur
hairdresser

la marchande de poissons
fishmonger

le marchand de légumes
greengrocer

la fleuriste
florist

le coiffeur
barber

le bijoutier
jeweller

l'employée de magasin
shop assistant

l'agent immobilier
estate agent

l'opticien
optician

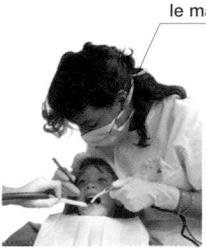

le masque
mask

la dentiste
dontist

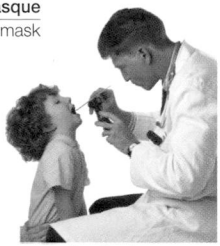

le docteur
doctor

la pharmacienne
pharmacist

l'infirmière
nurse

la vétérinaire
vet

le fermier
farmer

le pêcheur
fisherman

la mitrailleuse
machine-gun

le soldat
soldier

l'uniforme
uniform

le policier
policeman

le badge
identity badge

le garde
security guard

le marin
sailor

le pompier
fireman

les professions 2 • occupations 2

l'avocat
lawyer

le comptable
accountant

l'architecte
architect

le scientifique
scientist

l'institutrice
teacher

le bibliothécaire
librarian

la réceptionniste
receptionist

le facteur
postman

le conducteur de bus
bus driver

le camionneur
lorry driver

le chauffeur de taxi
taxi driver

le pilote
pilot

l'hôtesse de l'air
air stewardess

l'agent de voyages
travel agent

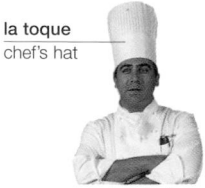

le chef
chef

le musicien
musician

la danseuse
dancer

le comédien
actor

la chanteuse
singer

la serveuse
waitress

le barman
barman

le sportif
sportsman

le sculpteur
sculptor

la peintre
painter

le photographe
photographer

le présentateur
newsreader

le journaliste
journalist

la rédactrice
editor

la dessinatrice
designer

la couturière
seamstress

le couturier
tailor

le transport
transport

les routes • roads

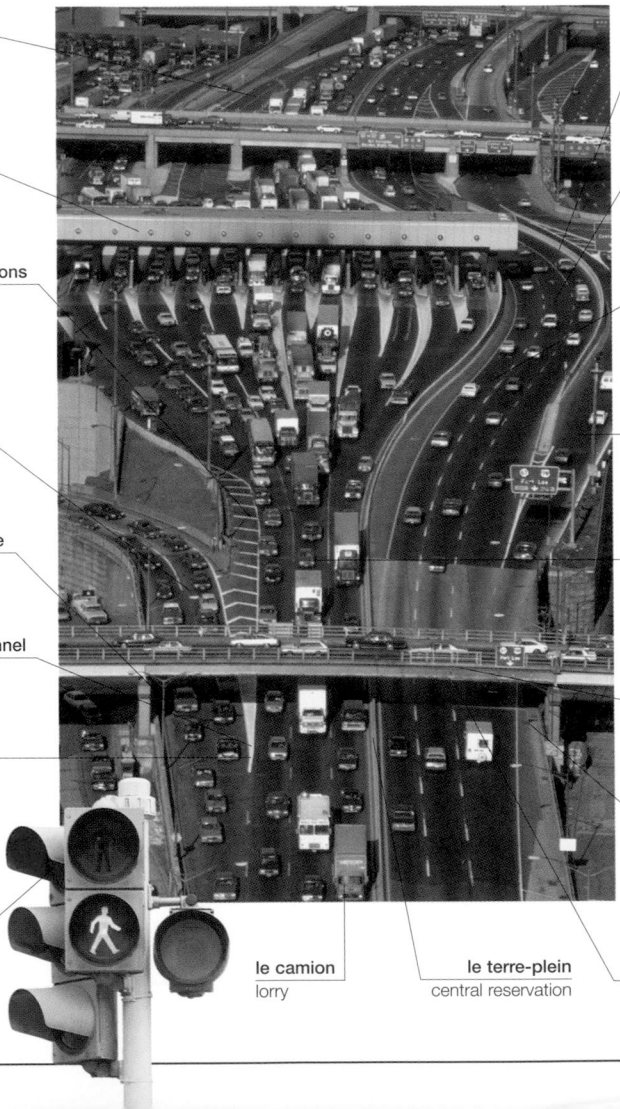

le passage cloutés
pedestrian crossing

le téléphone de secours
emergency phone

le parking réservé aux personnes handicapées
disabled parking

l'embouteillage
traffic jam

vocabulaire • vocabulary

le rond-point roundabout	**garer** park (v)	**remorquer** tow away (v)
la déviation diversion	**doubler** overtake (v)	**la route à quatre voies** dual carriageway
les travaux roadworks	**conduire** drive (v)	**C'est la route pour...?** Is this the road to...?
la glissière de sécurité crash barrier	**faire marche arrière** reverse (v)	**Où peut-on se garer?** Where can I park?

les panneaux routiers • road signs

sens interdit
no entry

la limitation de vitesse
speed limit

danger
hazard

arrêt interdit
no stopping

interdit de tourner à droite
no right turn

le bus • bus

le siège du conducteur
driver's seat

la poignée
handrail

la porte automatique
automatic door

la roue avant
front wheel

le compartiment à bagages
luggage hold

la porte | door

le car | coach

les types de bus • types of buses

le numéro de bus
route number

le conducteur
driver

le bus à deux étages
double-decker bus

le tramway
tram

le trolleybus
trolley bus

le bus scolaire | school bus

la roue arrière
rear wheel

la fenêtre
window

le bouton d'arrêt
stop button

le ticket
bus ticket

la sonnette
bell

la gare routière
bus station

l'arrêt de bus
bus stop

vocabulaire • vocabulary

le prix du ticket
fare

l'accès aux handicapés
wheelchair access

l'horaire
timetable

l'abribus
bus shelter

Vous stoppez à...?
Do you stop at...?

C'est quel bus pour aller à...?
Which bus goes to...?

le minibus
minibus

le bus de touristes | tourist bus

la navette | shuttle bus

la voiture 1 • car 1

l'extérieur • exterior

le rétroviseur
wing mirror

le pare-brise
windscreen

le rétroviseur
rearview mirror

l'essuie-glace
windscreen wiper

la porte
door

le capot
bonnet

le coffre
boot

le clignotant
indicator

le pare-chocs
bumper

le phare
headlight

la roue
wheel

le pneu
tyre

la plaque d'immatriculation
licence plate

les bagages
luggage

la galerie
roofrack

le hayon
tailgate

la ceinture de sécurité
seat belt

le siège d'enfant
child seat

les modèles • types

la petite voiture
small car

la berline à hayon
hatchback

la berline
saloon

le break
estate

la décapotable
convertible

le cabriolet sport
sports car

la voiture à six places
people carrier

la quatre-quatre
four-wheel drive

la voiture d'époque
vintage

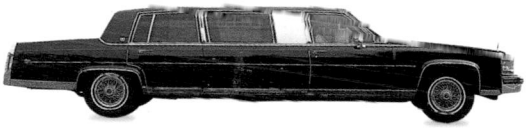

la limousine
limousine

la station-service • petrol station

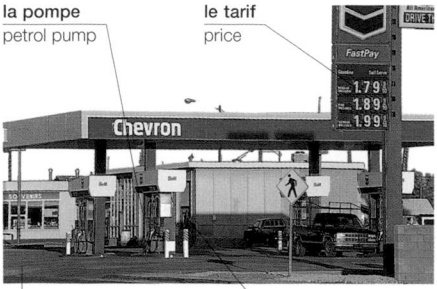

vocabulaire • vocabulary

l'huile oil	**avec plomb** leaded	**le lave-auto** car wash
l'essence petrol	**le diesel** diesel	**l'antigel** antifreeze
sans plomb unleaded	**le garage** garage	**le lave-glace** screenwash

Le plein, s'il vous plaît.
Fill the tank, please.

la voiture 2 • car 2

l'intérieur • interior

vocabulaire • vocabulary

à deux portes two-door	**à quatre portes** four-door	**automatique** automatic	**le frein** brake	**l'accélérateur** accelerator
à trois portes three-door	**manuel** manual	**l'allumage** ignition	**l'embrayage** clutch	**la climatisation** air conditioning

Pouvez-vous m'indiquer la route pour...?
Can you tell me the way to...?

Où est le parking?
Where is the car park?

On peut se garer ici?
Can I park here?

les commandes • controls

le volant
steering wheel

le klaxon
horn

le tableau de bord
dashboard

les feux de détresse
hazard lights

le navigateur par satellite
satellite navigation

la conduite à gauche | left-hand drive

le thermomètre
temperature gauge

le compte-tours
rev counter

le compteur
speedometer

la jauge d'essence
fuel gauge

la stéréo
car stereo

l'interrupteur feux
lights switch

l'odomètre
odometer

la manette de chauffage
heater controls

l'airbag
air bag

le levier de vitesses
gearstick

la conduite à droite | right-hand drive

la voiture 3 • car 3

la mécanique • mechanics

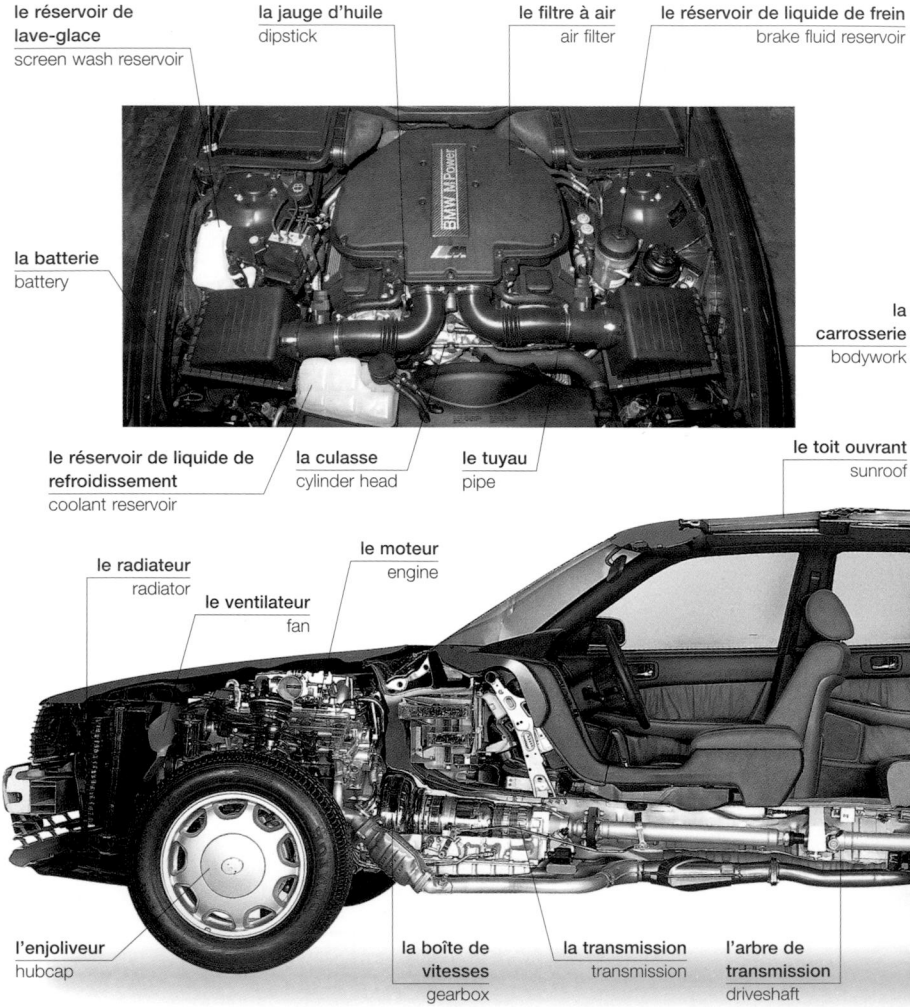

la crevaison • puncture

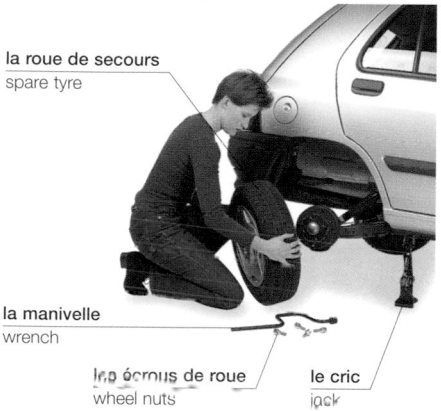

changer une roue
change a wheel (v)

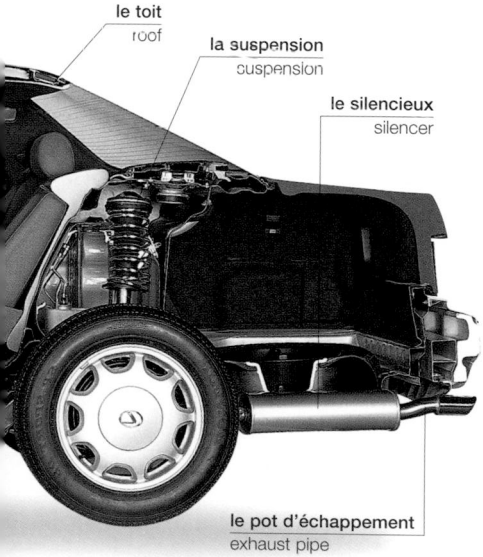

vocabulaire • vocabulary

l'accident de voiture
car accident

la panne
breakdown

l'assurance
insurance

la dépanneuse
tow truck

le mécanicien
mechanic

la pression des pneus
tyre pressure

le porte-fusibles
fuse box

la bougie
spark plug

la courroie de ventilateur
fan belt

le réservoir d'essence
petrol tank

le réglage de l'allumage
timing

le turbocompresseur
turbocharger

le distributeur
distributor

le châssis
chassis

le frein à main
handbrake

l'alternateur
alternator

la courroie de cames
cam belt

Ma voiture est en panne.
I've broken down.

Ma voiture ne démarre pas.
My car won't start.

Faites-vous les réparations?
Do you do repairs?

Le moteur chauffe
The engine is overheating

la moto • motorbike

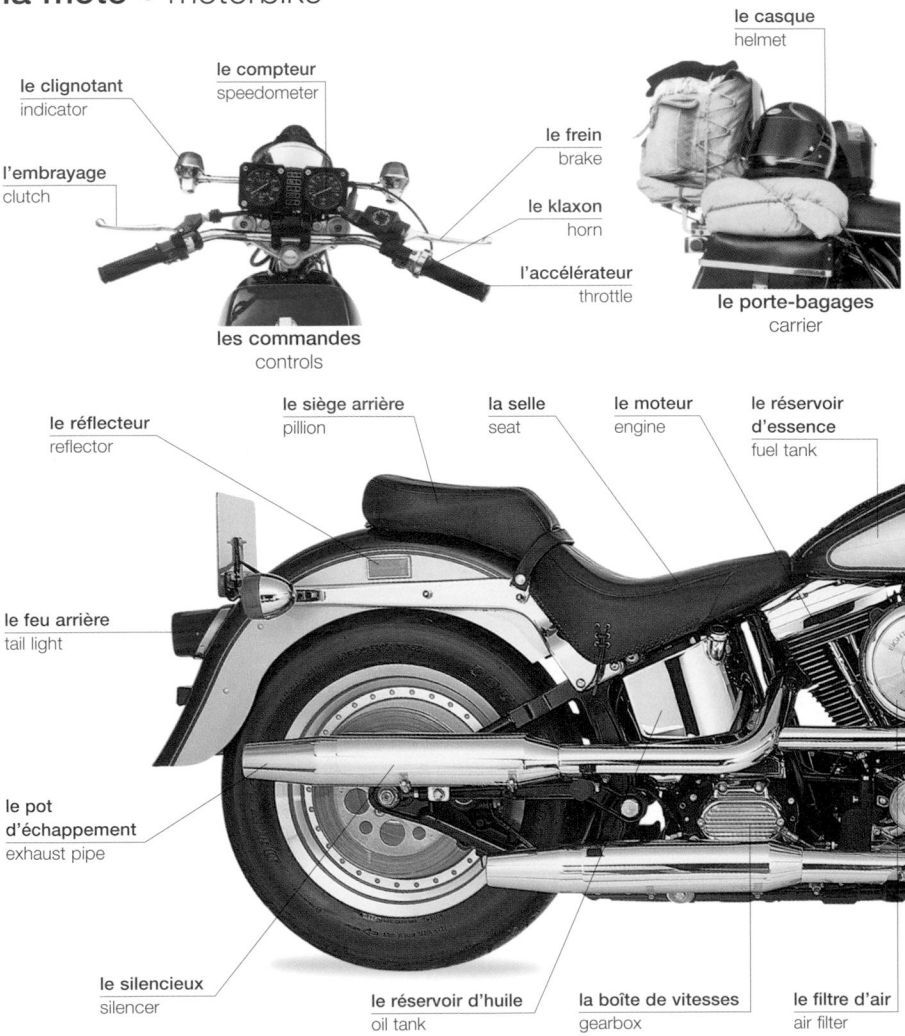

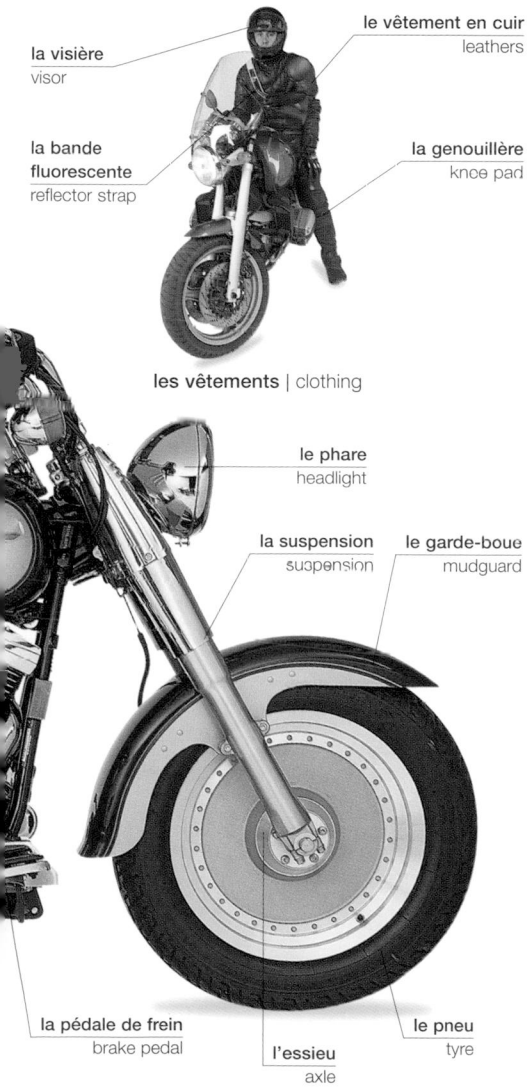

les types • types

la moto de course | racing bike

la moto routière | tourer

la moto tout-terrain | dirt bike

le scooter | scooter

la bicyclette • bicycle

le tandem
tandem

le vélo de course
racing bike

le vélo tout-terrain
mountain bike

la selle
saddle

le tube porte-selle
seat post

la bouteille d'eau
water bottle

le cadre
frame

le frein
brake

le moyeu
hub

les vitesses
gears

la jante
rim

le pneu
tyre

la chaîne
chain

la roue dentée
cog

la pédale
pedal

le vélo de randonnée
touring bike

le casque
helmet

le vélo de ville
road bike

la piste cyclable | cycle lane

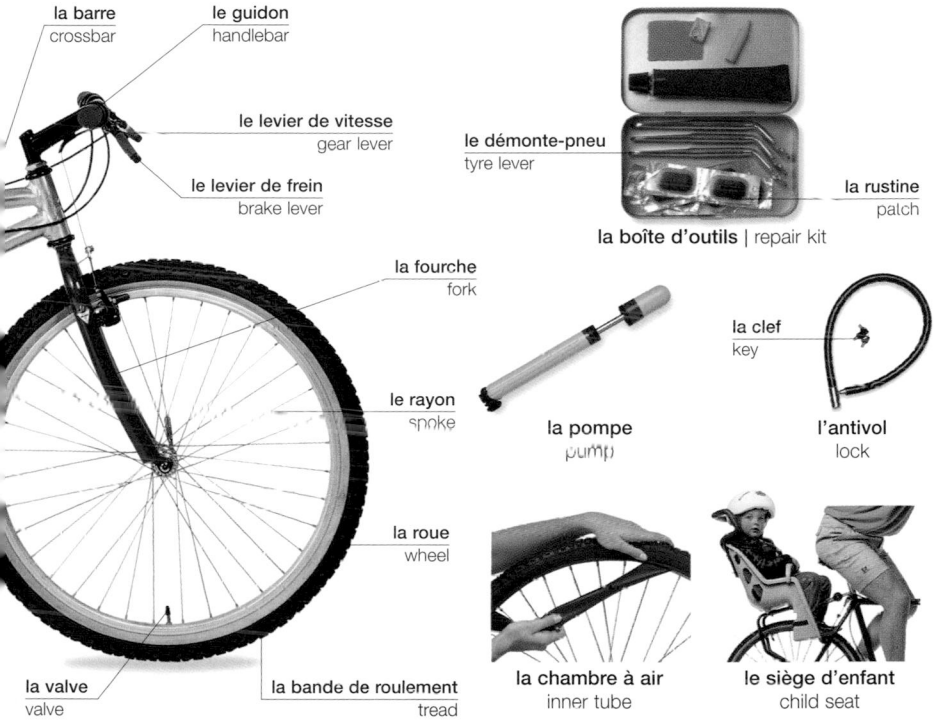

vocabulaire • vocabulary

le phare lamp	**la béquille** kickstand	**le patin de frein** brake block	**le panier** basket	**le cale-pied** toe clip	**freiner** brake (v)
le feu arrière rear light	**la galerie à vélo** bike rack	**le câble** cable	**la dynamo** dynamo	**la lanière** toe strap	**faire du vélo** cycle (v)
le cataphote reflector	**les roues d'entraînement** stabilisers	**le pignon** sprocket	**la crevaison** puncture	**pédaler** pedal (v)	**changer de vitesse** change gear (v)

le train • train

la gare | train station

les types de trains • types of train

le train à vapeur
steam train

le train diesel | diesel train

le train électrique
electric train

le train à grande vitesse
high-speed train

le monorail
monorail

le métro
underground train

le tram
tram

le train de marchandises
freight train

le porte-bagages
luggage rack

la fenêtre
window

la voie ferrée
track

la porte
door

le siège
seat

le compartiment
compartment

le portillon
ticket barrier

le billet
ticket

la voiture restaurant | dining car

le haut-parleur
public address system

l'horaire
timetable

le hall de gare | concourse

le compartiment-couchettes
sleeping compartment

vocabulaire • vocabulary

le réseau ferroviaire rail network	**le plan de métro** underground map	**le guichet** ticket office	**le rail conducteur** live rail
le rapide inter-city train	**le retard** delay	**le contrôleur** ticket inspector	**le signal** signal
l'heure de pointe rush hour	**le prix** fare	**changer** change (v)	**la manette de secours** emergency lever

l'avion • aircraft

l'avion de ligne • airliner

le nez
nose

le cockpit
cockpit

le réacteur
engine

le fuselage
fuselage

l'aile
wing

la queue
tail

la gouverne
rudder

la sortie
exit

la roue de nez
nosewheel

le train d'atterrissage
landing gear

l'aileron
aileron

la dérive
fin

l'empennage
tailplane

la cabine • cabin

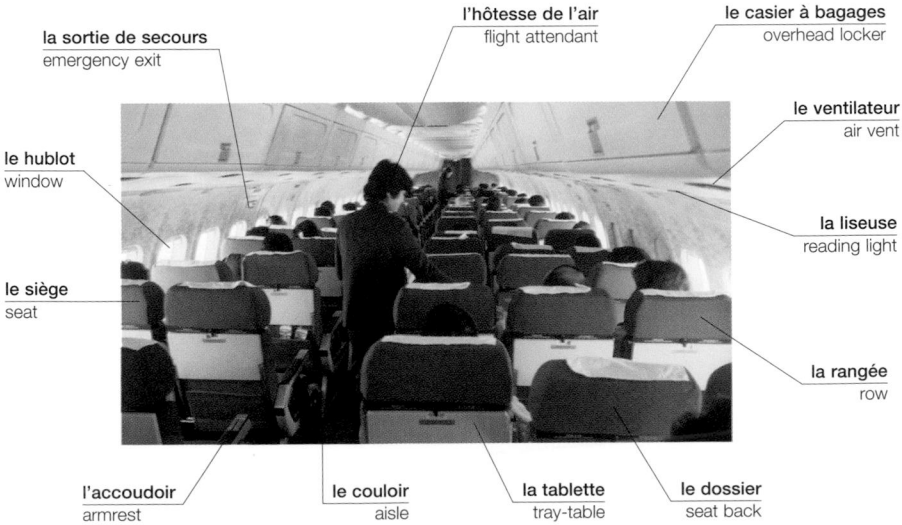

la montgolfière
hot-air balloon

l'U.L.M.
microlight

le planeur
glider

le biplan
biplane

l'hélice
propeller

l'avion léger
light aircraft

l'hydravion
sea plane

le jet privé
private jet

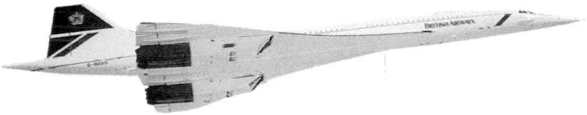

l'avion supersonique
supersonic jet

la pale de rotor
rotor blade

l'hélicoptère
helicopter

le bombardier
bomber

le missile
missile

le chasseur
fighter plane

vocabulaire • vocabulary

le pilote pilot	**décoller** take off (v)	**atterrir** land (v)	**la classe économique** economy class	**les bagages à main** hand luggage
le copilote co-pilot	**voler** fly (v)	**l'altitude** altitude	**la classe affaires** business class	**la ceinture de sécurité** seat belt

l'aéroport • airport

l'avion de ligne | airliner

vocabulaire • vocabulary

la piste
runway

le vol international
international flight

le vol domestique
domestic flight

la correspondance
connection

le numéro de vol
flight number

l'immigration
immigration

la douane
customs

l'excédent de bagages
excess baggage

le tapis roulant
carousel

la sécurité
security

la machine de rayons x
X-ray machine

la brochure de vacances
holiday brochure

les vacances
holiday

enregistrer
check in (v)

la tour de contrôle
control tower

faire une réservation de vol
book a flight (v)

les bagages à main
hand luggage

les bagages
luggage

le chariot
trolley

l'enregistrement des bagages
check in desk

le visa
visa

le passeport | passport

le contrôle de passeports
passport control

la carte d'embarquement
boarding pass

le billet
ticket

le numéro de la porte d'embarquement
gate number

la salle de départ
departure lounge

la destination
destination

les arrivées
arrivals

les départs
departures

l'écran d'information
information screen

la boutique hors taxes
duty-free shop

le retrait des bagages
baggage reclaim

la station de taxis
taxi rank

la location de voitures
car hire

le navire • ship

le radar
radar

l'antenne radio
radio antenna

le pont
deck

la cheminée
funnel

le pont arrière
quarterdeck

la proue
prow

la marque de flottaison
Plimsoll line

le hublot
porthole

la coque
hull

le canot de sauvetage
lifeboat

la quille
keel

l'hélice
propeller

le paquebot
ocean liner

la passerelle de commandement
bridge

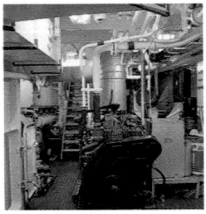

la salle des moteurs
engine room

la cabine
cabin

la cuisine
galley

vocabulaire • vocabulary

le dock
dock

le port
port

la passerelle
gangway

l'ancre
anchor

le bollard
bollard

le guindeau
windlass

le capitaine
captain

le runabout
speedboat

la barque
rowing boat

le canoë
canoe

autres bateaux • other ships

le ferry
ferry

le canot pneumatique
inflatable dinghy

l'hydroptère
hydrofoil

le yacht
yacht

le catamaran
catamaran

le remorqueur
tug boat

l'aéroglisseur
hovercraft

le navire porte-conteneurs
container ship

le voilier
sailboat

le cargo
freighter

le pétrolier
oil tanker

le porte-avions
aircraft carrier

le navire de guerre
battleship

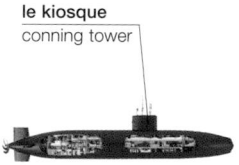

le sous-marin
submarine

le port • port

l'entrepôt
warehouse

la grue
crane

le chariot élévateur
fork-lift truck

la route d'accès
access road

le bureau des douanes
customs house

le dock
dock

le quai
quay

la cargaison
cargo

le conteneur
container

le port de conteneurs | container port

le terminal de ferrys
ferry terminal

le ferry
ferry

le guichet
ticket office

le passager
passenger

le port de passagers | passenger port

le filet
net

le bateau de pêche
fishing boat

les amarres
mooring

le port de pêche
fishing port

la marina
marina

le port
harbour

l'embarcadère
pier

la jetée
jetty

le chantier naval
shipyard

le feu
lamp

le phare
lighthouse

la bouée
buoy

vocabulaire • vocabulary

le garde-côte coastguard	**la cale sèche** dry dock	**embarquer** board (v)
le capitaine de port harbour master	**mouiller** moor (v)	**débarquer** disembark (v)
jeter l'ancre drop anchor (v)	**se mettre à quai** dock (v)	**prendre la mer** set sail (v)

ULTRA
3
DUNLOP
DDH 10
4
TOUR
EDITION
1
PROSTAFF
4
SAN SPRINGS
GOLF CLUB
4
TOP-FLITE
HOT XL
ProStaff
4
RAM TOUR
1
MAXFLI
TOP-FLITE
STRATA
3
DISTANCE

les sports
sports

le football américain • American football

le poteau
goalpost

la ligne de touche
sideline

le juge de ligne
line judge

la ligne de but
goal line

le terrain
football field

la zone de fond
end zone

le ballon
football

les protections
pads

le casque
helmet

la chaussure
boot

le joueur de football
football player

tacler
tackle (v)

faire une passe
pass (v)

attraper
catch (v)

vocabulaire • vocabulary

le temps mort
time out

la prise de ballon maladroite
fumble

l'équipe
team

l'attaque
attack

la défense
defence

le score
score

la majorette
cheerleader

le but
touchdown

Où en est le match?
What is the score?

Qui est-ce qui gagne?
Who is winning?

le rugby • rugby

le but
goal

la surface de but
in-goal area

la ligne de touche
touch line

le drapeau
flag

la ligne de ballon mort
dead ball line

le terrain de rugby | rugby pitch

le ballon
ball

le maillot de rugby
rugby strip

botter
kick (v)

faire une passe
pass (v)

tacler
tackle (v)

l'essai
try

lancer
throw (v)

le joueur
player

la mêlée ouverte | ruck

la mêlée | scrum

le football • soccer

le ballon
football

le gardien de but
goalkeeper

la tenue
football strip

le joueur de foot
footballer

l'avant
forward

l'arbitre
referee

le cercle central
centre circle

le terrain
football pitch

le poteau
goalpost

le filet
net

la barre transversale
crossbar

le but | goal

dribbler | dribble (v)

faire une tête
head (v)

le mur
wall

le coup franc | free kick

la surface de réparation
penalty area

la ligne de but
goal line

la surface de but
goal area

le but
goal

le défenseur
defender

le juge de ligne
linesman

le drapeau de coin
corner flag

la rentrée en touche
throw-in

botter
kick (v)

la chaussure
boot

faire une passe
pass (v)

shooter
shoot (v)

sauver
save (v)

tacler
tackle (v)

vocabulaire • vocabulary

le stade stadium	**la faute** foul	**le carton jaune** yellow card	**le championnat** league	**la prolongation** extra time
marquer un but score a goal (v)	**le corner** corner	**l'hors-jeu** off-side	**l'égalité** draw	**le remplaçant** substitute
le penalty penalty	**le carton rouge** red card	**l'expulsion** send off	**la mi-temps** half time	**le remplacement** substitution

le hockey • hockey

le hockey sur glace • ice hockey

la zone de défense
defending zone

la ligne de but
goal line

la zone d'attaque
attack zone

la zone neutre
neutral zone

le gardien de but
goalkeeper

le but
goal

le cercle de mise en jeu
face-off circle

le cercle central
centre circle

la patinoire
ice hockey rink

la protection
pad

le gant
glove

le patin à glace
ice-skate

la crosse
stick

le palet
puck

le hockeyeur | ice hockey player

le hockey • field hockey

patiner
skate (v)

frapper
hit (v)

le cricket • cricket

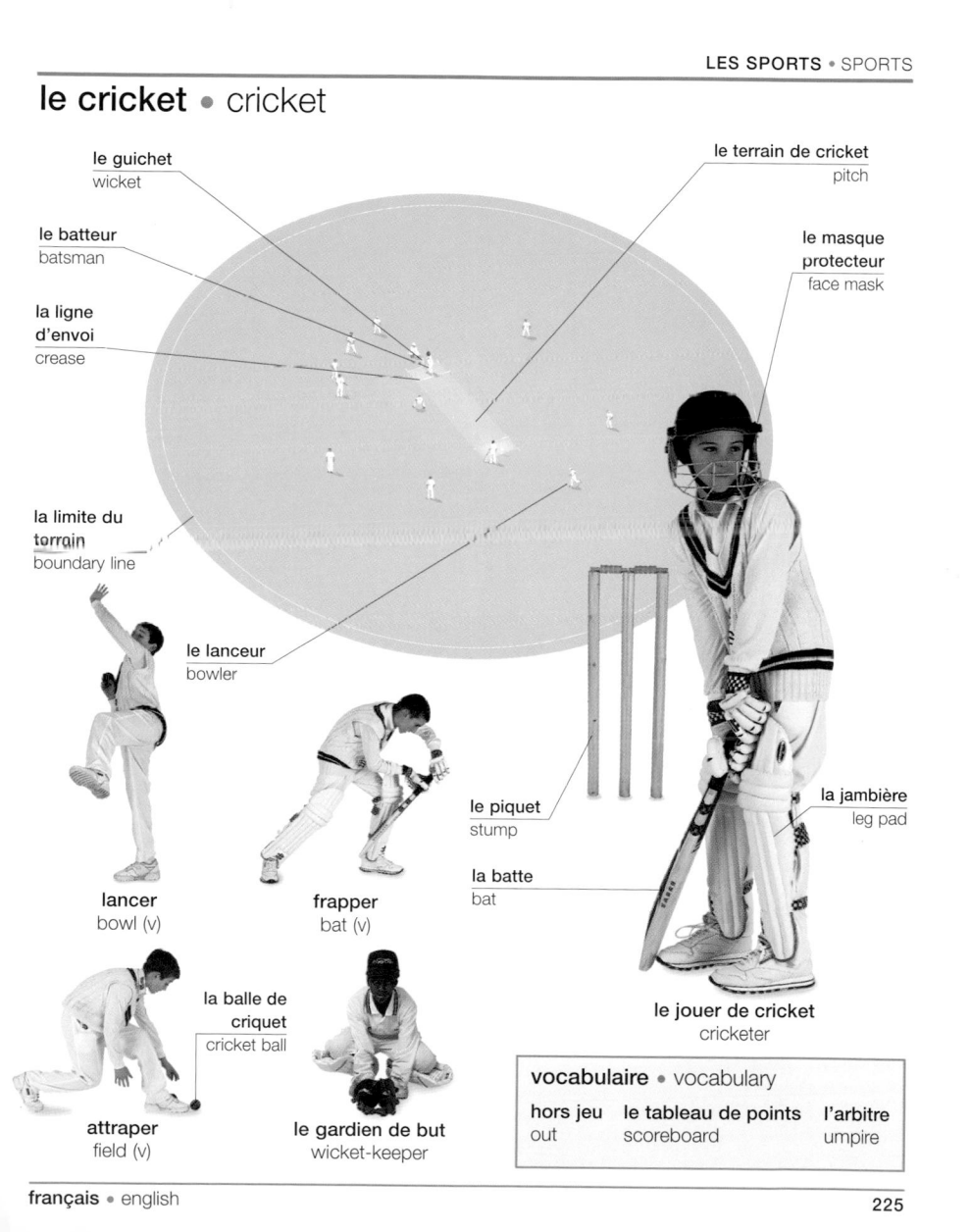

vocabulaire • vocabulary

hors jeu out	**le tableau de points** scoreboard	**l'arbitre** umpire

le basket • basketball

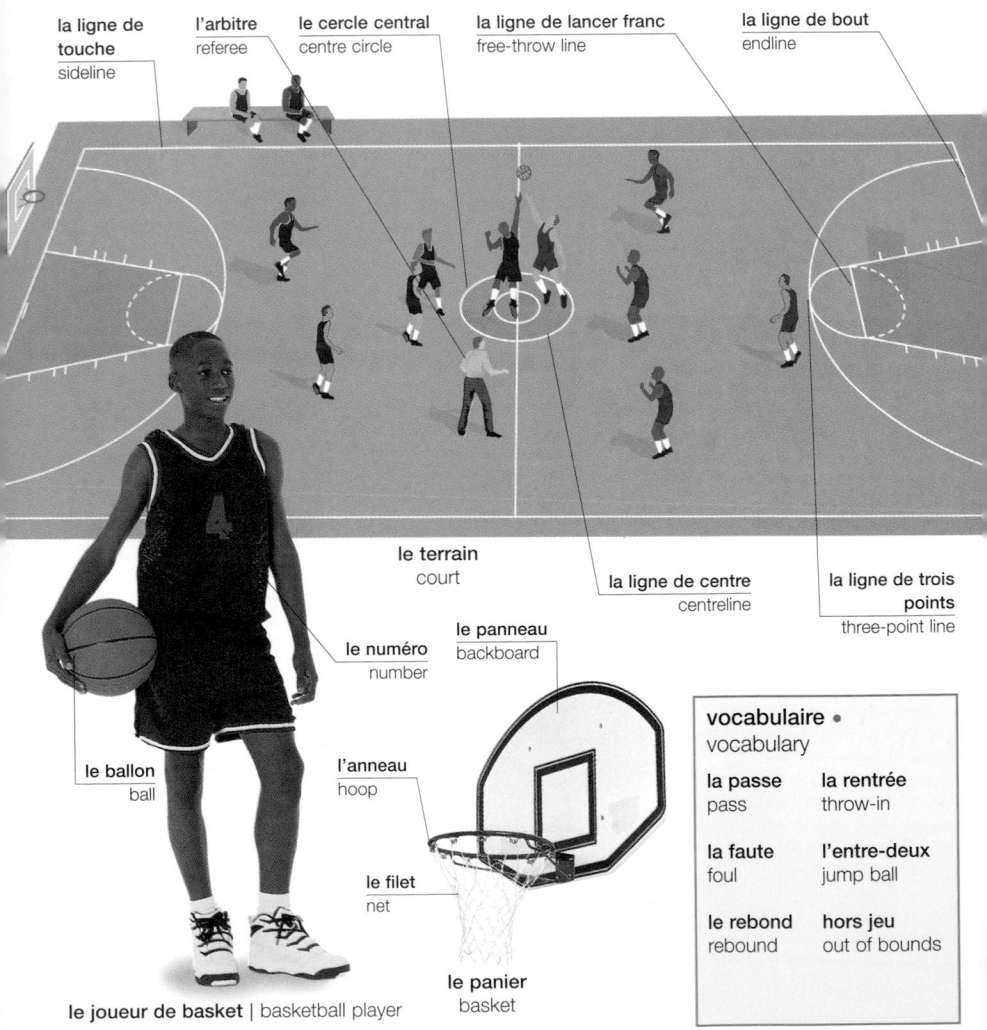

vocabulaire • vocabulary

la passe pass	**la rentrée** throw-in
la faute foul	**l'entre-deux** jump ball
le rebond rebound	**hors jeu** out of bounds

les actions • actions

lancer
throw (v)

attraper
catch (v)

tirer
shoot (v)

sauter
jump (v)

marquer
mark (v)

bloquer
block (v)

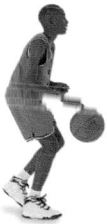

faire rebondir
bounce (v)

faire un dunk
dunk (v)

le volley • volleyball

bloquer
block (v)

le filet
net

faire une manchette
dig (v)

l'arbitre
referee

la genouillère
knee support

le terrain | court

le baseball • baseball

le terrain • field

le champ gauche
left field

le champ intérieur
infield

le champ central
centre field

la batte
bat

le casque
helmet

l'homme de base
baseman

le mont du lanceur
pitcher's mound

la base du batteur
home plate

le batteur | batter

vocabulaire • vocabulary

le tour de batte inning	**sauf** safe	**la fausse balle** foul ball
le point run	**hors jeu** out	**le coup manqué** strike

la balle
ball

le gant
mitt

le masque
mask

le champ extérieur
outfield

le champ droit
right field

la ligne de pénalité
foul line

l'équipe
team

le banc de touche
dugout

le receveur
catcher

le lanceur
pitcher

les actions • actions

lancer | throw (v)

attraper | catch (v)

courir
run (v)

être en défense
field (v)

glisser
slide (v)

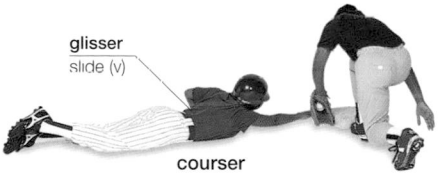

courser
tag (v)

lancer
pitch (v)

batter
bat (v)

l'arbitre
umpire

jouer | play (v)

le tennis • tennis

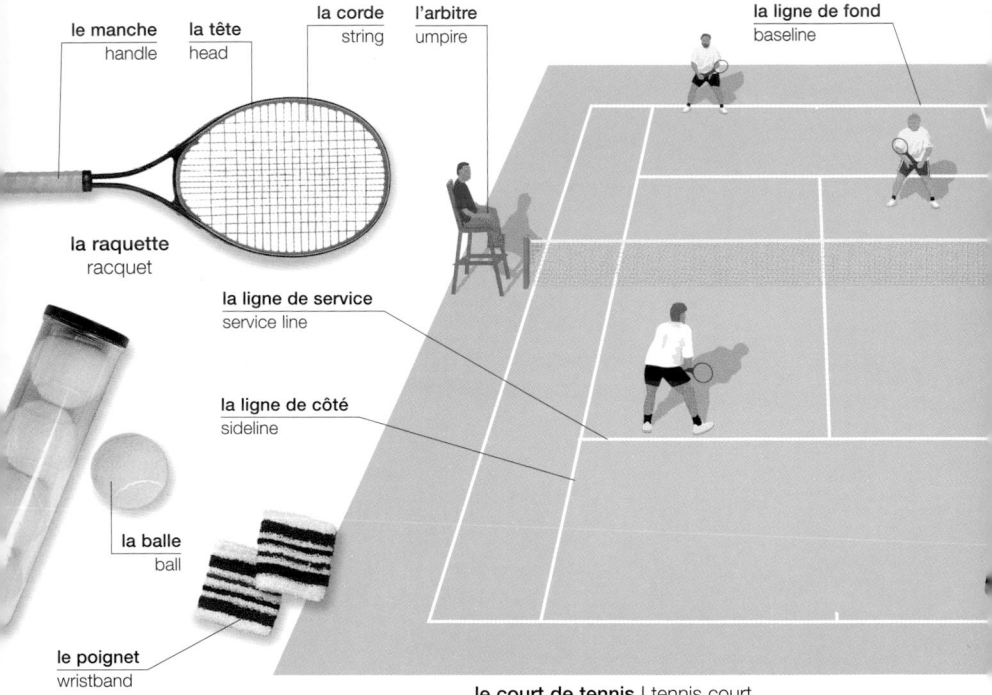

le court de tennis | tennis court

vocabulaire • vocabulary

le simple singles	**le set** set	**l'égalité** deuce	**la faute** fault	**le slice** slice	**l'effet** spin
le double doubles	**le match** match	**l'avantage** advantage	**l'as** ace	**l'échange** rally	**le juge de ligne** linesman
le jeu game	**le tiebreak** tiebreak	**zéro** love	**l'amorti** dropshot	**net!** let!	**le championnat** championship

le filet
net

le smash
smash

le ramasseur de balles
ballboy

servir
serve (v)

les tennis
tennis shoes

le joueur
player

les coups • strokes

le service
serve

la vollée
volley

le retour
return

le lob
lob

le coup droit
forehand

le revers
backhand

les jeux de raquette • racquet games

le volant
shuttlecock

la raquette
bat

le badminton
badminton

le tennis de table
table tennis

le squash
squash

le racquetball
racquetball

le golf • golf

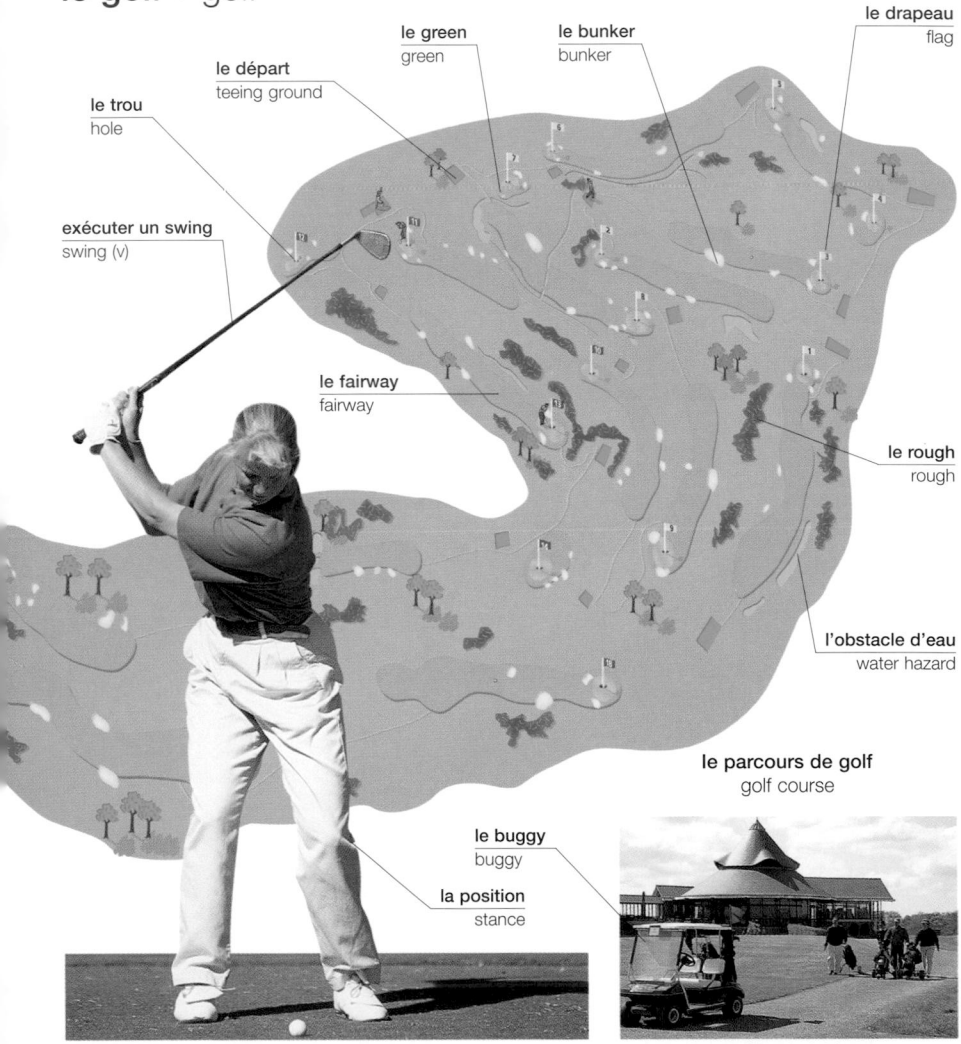

le joueur de golf | golfer

le pavillon | clubhouse

l'équipement • equipment

la balle de golf
golf ball

le parapluie
umbrella

le sac de golf
golf bag

le tee
tee

les pointes
spikes

le gant
glove

le caddie
golf trolley

la chaussure de golf
golf shoe

les actions • actions

partir du tee
tee-off (v)

driver
drive (v)

putter
putt (v)

cocher
chip (v)

les clubs de golf • golf clubs

le bois
wood

le putter
putter

le fer
iron

la cale
wedge

vocabulaire • vocabulary

le par par	**le over par** over par	**le handicap** handicap	**le caddie** caddy	**le swing en arrière** backswing	**le coup** stroke
le under par under par	**le trou en un** hole in one	**le tournoi** tournament	**les spectateurs** spectators	**le swing d'essai** practice swing	**la ligne de jeu** line of play

l'athlétisme • athletics

le couloir
lane

la piste
track

la ligne d'arrivée
finishing line

la ligne de départ
starting line

le terrain
field

l'athlète
athlete

le bloc de départ
starting blocks

le sprinter
sprinter

le disque
discus

le lancement du poids
shotput

le javelot
javelin

vocabulaire • vocabulary

la course race	**le record** record	**le photo-finish** photo finish	**le saut à la perche** pole vault
le temps time	**battre un record** break a record (v)	**le marathon** marathon	**le record personnel** personal best

le chronomètre
stopwatch

le relais
relay race

le saut en hauteur
high jump

le saut en longueur
long jump

les haies
hurdles

la gymnastique • gymnastics

le saut
vault

le salto
somersault

les exercises au sol
floor exercises

la poutre
beam

la cabriole
tumble

la gymnastique rythmique
rhythmic gymnastics

vocabulaire • vocabulary

la barre fixe horizontal bar	**le cheval d'arçons** pommel horse	**les anneaux** rings	**les médailles** medals	**l'argent** silver
les barres parallèles parallel bars	**les barres asymétriques** asymmetric bars	**le podium** podium	**l'or** gold	**le bronze** bronze

les sports de combat • combat sports

l'adversaire
opponent

le protège-tête
guard

le gant
glove

la ceinture
belt

le taekwondo
tae-kwon-do

le karaté
karate

le masque
mask

le sabre
sword

le judo
judo

l'aïkido
aikido

le kendo
kendo

le kung-fu
kung fu

la boxe thaïlandaise
kickboxing

la lutte
wrestling

la boxe
boxing

les actions • actions

la chute
fall

la prise
hold

la projection
throw

l'immobilisation
pin

le coup de pied
kick

le coup de poing
punch

le coup
strike

le saut
jump

le blocage
block

le coup
chop

vocabulaire • vocabulary

le ring boxing ring	**le round** round	**le poing** fist	**la ceinture noire** black belt	**la capoeira** capoeira
les gants de boxe boxing gloves	**le combat** bout	**le knock-out** knock out	**l'autodéfense** self defence	**le sumo** sumo wrestling
le protège-dents mouth guard	**l'entraînement** sparring	**le punching-bag** punch bag	**les arts martiaux** martial arts	**le taï chi** tai-chi

la natation • swimming

l'équipement • equipment

la brassière
armband

les lunettes protectrices
goggles

la pince pour le nez
nose clip

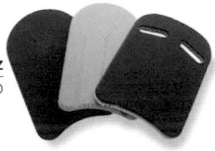

la planche
float

le maillot de bain
swimsuit

le couloir
lane

l'eau
water

le plot de départ
starting block

le bonnet de natation
cap

le slip de bain
trunks

la piscine
swimming pool

le nageur | swimmer

le tremplin
springboard

le plongeur
diver

plonger | dive (v)

nager | swim (v)

le tour | turn

les styles • styles

le crawl
front crawl

la brasse
breaststroke

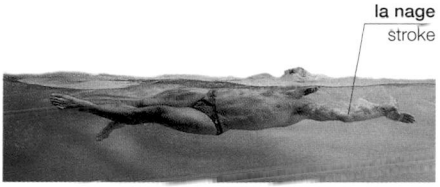

le dos crawlé | backstroke

le papillon | butterfly

la plongée • scuba diving

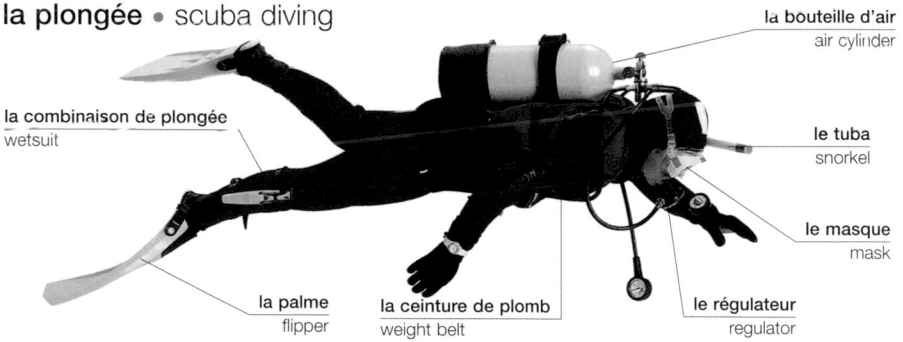

vocabulaire • vocabulary

le plongeon
dive

nager sur place
tread water (v)

les casiers
lockers

le water-polo
water polo

le petit bassin
shallow end

la crampe
cramp

le plongeon de haut vol
high dive

le départ plongé
racing dive

le maître nageur
lifeguard

le grand bassin
deep end

la nage synchronisée
synchronized swimming

se noyer
drown (v)

la voile • sailing

le compas
compass

l'ancre
anchor

le mât
mast

le gréement
rigging

la grand-voile
mainsail

la voile d'avant
headsail

le taquet
cleat

le pont de côté
sidedeck

la bôme
boom

l'avant
bow

l'arrière
stern

la barre
tiller

la coque
hull

naviguer | navigate (v)

le yacht | yacht

la sécurité • safety

la fusée éclairante
flare

la bouée de sauvetage
lifebuoy

le gilet de sauvetage
life jacket

le radeau de sauvetage
life raft

les sports aquatiques • watersports

ramer | row (v)

le canoë
canoeing

la planche à voile | windsurfing

le surf
surfing

le ski nautique
waterskiing

le motonautisme
speed boating

le rafting
rafting

le jet-ski
jet skiing

vocabulaire • vocabulary

le skieur nautique waterskier	**l'équipage** crew	**le vent** wind	**l'écume** surf	**l'écoute** sheet	**la dérive** centreboard
le surfeur surfer	**louvoyer** tack (v)	**la vague** wave	**les rapides** rapids	**le gouvernail** rudder	**chavirer** capsize (v)

l'équitation • horse riding

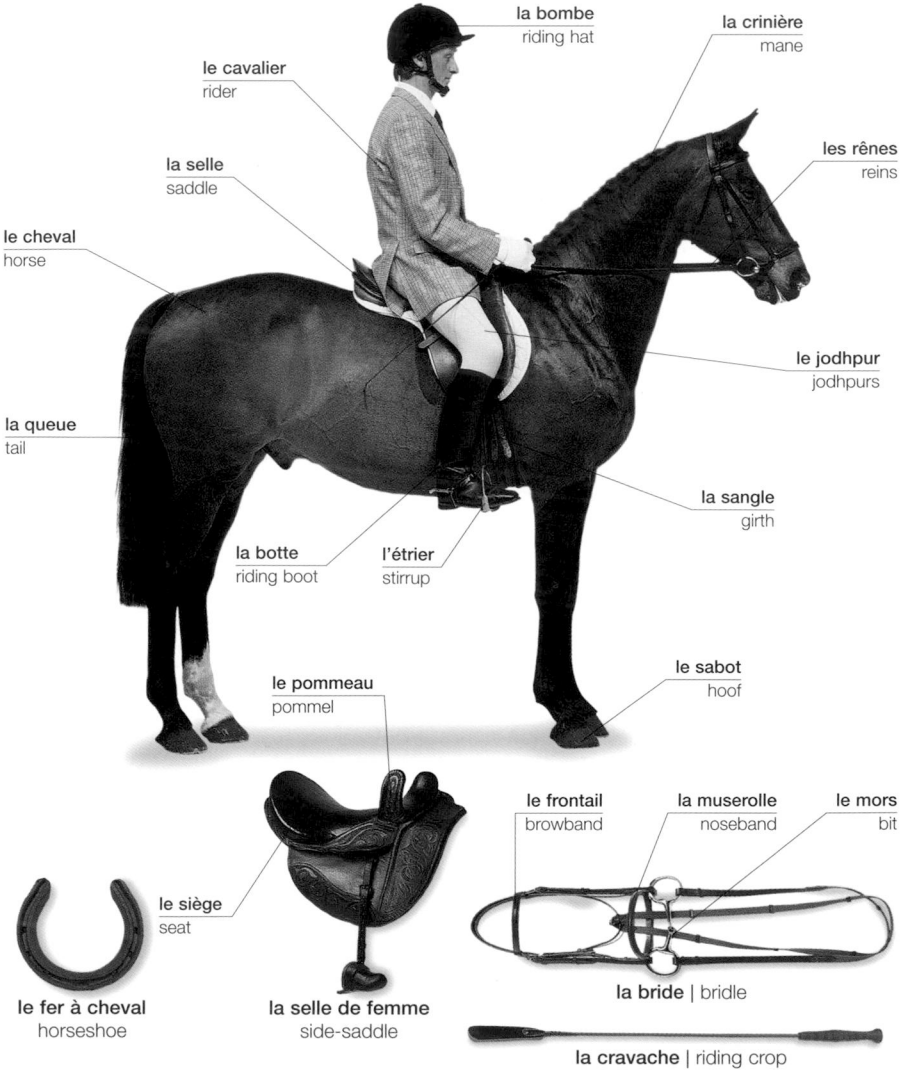

les courses • events

la course de chevaux
horse race

le steeple
steeplechase

la course de trot
harness race

le rodéo
rodeo

le jumping
showjumping

la course attelée
carriage race

la randonnée
trekking

le dressage
dressage

le polo
polo

vocabulaire • vocabulary

le pas walk	**le petit galop** canter	**le saut** jump	**le licou** halter	**l'enclos** paddock	**la course de plat** flat race
le trot trot	**le galop** gallop	**le valet d'écurie** groom	**l'écurie** stable	**l'arène** arena	**le champs de courses** racecourse

la pêche • fishing

le plomb | weight

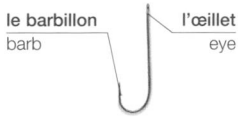

l'hameçon
fishhook

l'amorce | bait

l'épuisette
landing net

le flotteur
float

l'appât
lure

la mouche
fly

la boîte d'équipement
tackle box

la bourriche
keep net

le pêcheur | angler

les genres de pêche • types of fishing

la pêche en eau douce
freshwater fishing

la pêche à la mouche
fly fishing

la pêche sportive
sport fishing

la pêche hauturière
deep sea fishing

la pêche au lancer en mer
surfcasting

les activités • activities

lancer
cast (v)

attraper
catch (v)

ramener
reel in (v)

prendre au filet
net (v)

lâcher
release (v)

vocabulaire • vocabulary

amorcer bait (v)	**le matériel de pêche** tackle	**l'imperméable** waterproofs	**le permis de pêche** fishing permit	**le panier de pêche** creel
mordre bite (v)	**le tambour** spool	**la perche** pole	**la pêche maritime** marine fishing	**la pêche sous-marine** spearfishing

le ski • skiing

les épreuves • events

la descente
downhill skiing

le slalom
slalom

le saut
ski jump

le ski de randonnée
cross-country skiing

les sports d'hiver • winter sports

l'escalade en glace
ice climbing

le patinage
ice-skating

le patinage artistique
figure skating

le surf des neiges
snowboarding

le bobsleigh
bobsleigh

la luge
luge

l'autoneige
snowmobile

la luge
sledding

vocabulaire • vocabulary

le ski alpin
alpine skiing

le slalom géant
giant slalom

hors piste
off-piste

le curling
curling

le traîneau à chiens
dog sledding

le patinage de vitesse
speed skating

le biathlon
biathlon

l'avalanche
avalanche

les autres sports • other sports

le planeur
glider

le deltaplane
hang-glider

le vol plané
gliding

le deltaplane
hang-gliding

le parachute
parachute

la corde
rope

l'escalade
rock climbing

le parachutisme
parachuting

le parapente
paragliding

le saut en chute libre
skydiving

le rappel
abseiling

le saut à l'élastique
bungee jumping

le rallye
rally driving

le coureur automobile
racing driver

la course automobile
motor racing

le motocross
motorcross

la course de moto
motorbike racing

la planche à roulettes
skateboard

le patin à roulettes
roller skate

la planche à roulettes
skateboarding

le patinage à roulettes
roller skating

la crosse
stick

le lacrosse
lacrosse

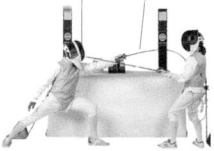

le masque
mask

le fleuret
foil

l'escrime
fencing

la quille
pin

le bowling
bowling

la flèche
arrow

le carquois
quiver

la boule de bowling
bowling ball

l'arc
bow

le tir à l'arcx
archery

la cible
target

le tir à cible
target shooting

le billard américain
pool

le billard
snooker

le conditionnement physique • fitness

le vélo d'entraînement
exercise bike

l'appareil de gym
gym machine

le banc
bench

les poids
free weights

la barre
bar

le gymnase
gym

la machine à ramer
rowing machine

la tapis roulant
treadmill

la machine de randonnée
cross trainer

l'entraîneuse individuelle
personal trainer

l'escalier d'entraînement
step machine

la piscine
swimming pool

le sauna
sauna

les exercices • exercises

l'étirement
stretch

la fente en avant
lunge

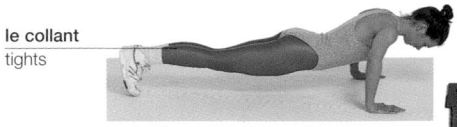

la traction
press-up

la flexion de jambes
squat

le redressement assis
sit-up

l'exercise pour les biceps
bicep curl

la traction pour les jambes
leg press

l'exercice pour la poitrine
chest press

l'entraînement poids et haltères
weight training

le jogging
jogging

l'aérobic
aerobics

vocabulaire • vocabulary

s'entraîner train (v)	**jogger sur place** jog on the spot (v)	**étendre** extend (v)	**les exercices Pilates** Pilates	**l'entraînement en circuit** circuit training
s'échauffer warm up (v)	**fléchir** flex (v)	**tirer** pull up (v)	**l'aéroboxe** boxercise	**le saut à la corde** skipping

le temps libre
leisure

le théâtre • theatre

le rideau
curtain

les coulisses
wings

le décor
set

le public
audience

l'orchestre
orchestra

la scène | stage

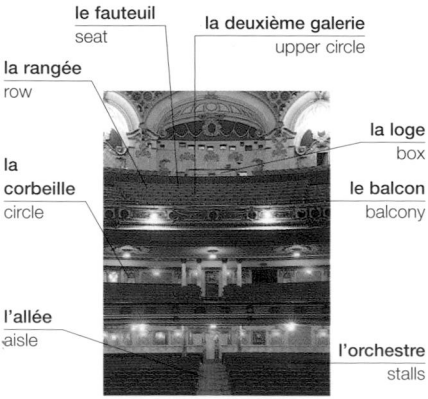

les places | seating

vocabulaire • vocabulary

la distribution cast	**le texte** script	**la première** first night
l'acteur actor	**la toile de fond** backdrop	**l'entracte** interval
l'actrice actress	**le metteur en scène** director	**le programme** programme
la pièce de théâtre play	**le metteur en scène** producer	**la fosse d'orchestre** orchestra pit

le concert
concert

la comédie musicale
musical

le ballet
ballet

vocabulaire • vocabulary

le placeur
usher

la musique classique
classical music

la partition
musical score

la bande sonore
soundtrack

applaudir
applaud (v)

le bis
encore

Ça commence à quelle heure?
What time does it start?

Je voudrais deux billets pour la représentation de ce soir.
I'd like two tickets for tonight's performance.

l'opéra
opera

le cinéma • cinema

la salle de cinéma
cinema hall

l'écran
screen

vocabulaire • vocabulary

la comédie
comedy

le thriller
thriller

le film d'horreur
horror film

le western
western

la comédie romantique
romance

le film de science-fiction
science fiction film

le film d'aventures
adventure

le film d'animation
animated film

l'orchestre • orchestra

les cordes • strings

le piano | piano

la notation | notation

vocabulaire • vocabulary

l'ouverture overture	**la sonate** sonata	**le silence** rest	**le dièse** sharp	**le bécarre** natural	**la gamme** scale
la symphonie symphony	**les instruments** instruments	**le ton** pitch	**le bémol** flat	**la barre de mesure** bar	**la baguette** baton

les bois • woodwind

le piccolo
piccolo

la flûte traversière
flute

le hautbois
oboe

le cor anglais
cor anglais

le saxophone
saxophone

la clarinette
clarinet

la clarinette
bass clarinet

le basson
bassoon

le contrebasson
double bassoon

la percussion • percussion

la timbale
kettledrum

le gong
gong

les bongos
bongos

la caisse claire
snare drum

les cymbales
cymbals

le tambour
tambourine

le vibraphone
vibraphone

le triangle
triangle

les maracas
maracas

les cuivres • brass

la trompette
trumpet

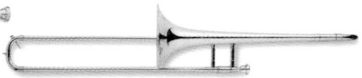

le trombone
trombone

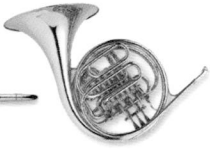

le cor
French horn

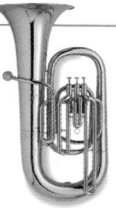

le tuba
tuba

le concert • concert

le microphone
microphone

le guitariste
guitarist

les fans
fans

le bassiste
bass guitarist

le chanteur
lead singer

le batteur
drummer

le haut-parleur
speaker

le concert de rock | rock concert

les instruments • instruments

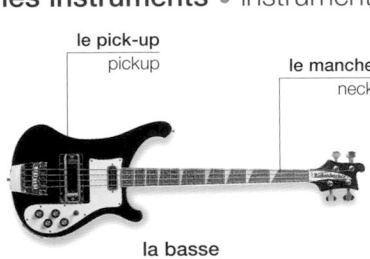

la basse
bass guitar

le piano électronique
keyboard

la guitare électrique
electric guitar

la batterie
drum kit

les styles de musique • musical styles

le jazz
jazz

le blues
blues

la musique punk
punk

la musique folk
folk music

la pop
pop

la dance
dance

le rap
rap

la heavy métal
heavy metal

la musique classique
classical music

vocabulaire • vocabulary

la chanson	les paroles	la mélodie	le beat	le reggae	la country	le projecteur
song	lyrics	melody	beat	reggae	country	spotlight

le tourisme • sightseeing

l'attraction touristique | tourist attraction

le bus touristique | tour bus

la visite guidée
guided tour

les souvenirs
souvenirs

vocabulaire • vocabulary

ouvert open	**le guide** guide book	**le caméscope** camcorder	**à gauche** left	**Où est...?** Where is...?
fermé closed	**la pellicule** film	**l'appareil photo** camera	**à droite** right	**Je me suis perdu.** I'm lost.
le prix d'entrée entrance fee	**les piles** batteries	**les directions** directions	**tout droit** straight on	**Pour aller à..., s'il vous plaît?** Can you tell me the way to....?

les attractions • attractions

le musée d'art
art gallery

le monument
monument

le musée
museum

le monument historique
historic building

le casino
casino

le parc
gardens

le parc national
national park

l'information • information

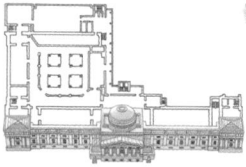

le plan
floor plan

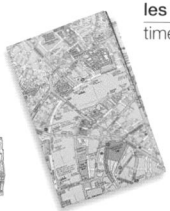

le plan
map

l'horaire
timetable

l'information touristique
tourist information

les activités de plein air • outdoor activities

le sentier
footpath

le cadran solaire
sundial

le café
café

le parc | park

la pelouse
grass

le banc
bench

les jardins à la française
formal gardens

les montagnes russes
roller coaster

la foire
fairground

le parc d'attractions
theme park

la réserve
safari park

le zoo
zoo

les activités • activites

le vélo
cycling

le jogging
jogging

la planche à roulette
skateboarding

le roller
rollerblading

la piste cavalière
bridle path

l'observation des oiseaux
bird watching

l'équitation
horse riding

la randonnée
hiking

le panier à pique-nique
hamper

le pique-nique
picnic

le terrain de jeux • playground

le bac à sable
sandpit

la pataugeoire
paddling pool

la balançoire
swings

la cage à poules
climbing frame

la bascule | seesaw

le toboggan
slide

la plage • beach

prendre un bain de soleil | sunbathe (v)

le maître nageur
lifeguard

la tour de surveillance
lifeguard tower

le pare-vent
windbreak

la promenade
promenade

le transat
deck chair

les lunettes de soleil
sunglasses

le chapeau de plage
sunhat

la lotion solaire
suntan lotion

l'écran total
sunblock

le ballon de plage
beach ball

la bouée
rubber ring

la serviette de plage
beach towel

le maillot de bain
swimsuit

la pelle
spade

le seau
bucket

le château de sable
sandcastle

le coquillage
shell

le camping • camping

le terrain de camping
campsite

vocabulaire • vocabulary

camper
camp (v)

le bureau du chef
site manager's office

les emplacements libres
pitches available

complet
full

l'emplacement
pitch

monter une tente
pitch a tent (v)

le mât
tent pole

le lit de camp
camp bed

le banc à pique-nique
picnic bench

le hamac
hammock

le camping-car
camper van

la remorque
trailer

le charbon de bois
charcoal

l'allume-feu
firelighter

allumer un feu
light a fire (v)

le feu de camp
campfire

le cadre
frame

le tapis de sol
ground sheet

le sac à dos
backpack

le thermos
vacuum flask

la bouteille d'eau
water bottle

la tente
tent

le spray contre les insects
insect repellent

la lampe torche
torch

la moustiquaire
mosquito net

les sous-vêtements thermiques
thermals

les chaussures de marche
walking boots

l'imperméable
waterproofs

le sac de couchage
sleeping bag

le tapis de sol
sleeping mat

le réchaud
camping stove

le barbecue
barbecue

le matelat pneumatique | air mattress

les distractions à la maison • home entertainment

le baladeur CD
personal CD player

l'enregistreur minidisk
mini disk recorder

le baladeur MP3
MP3 player

le lecteur DVD
DVD player

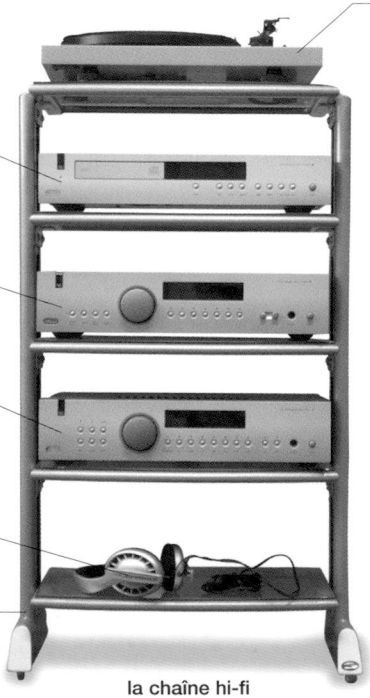

la chaîne hi-fi
hi-fi system

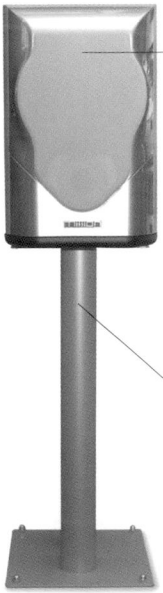

le magnétoscope
video recorder

le caméscope
camcorder

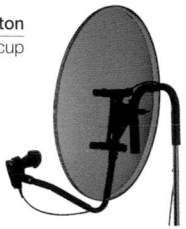

l'antenne parabolique
satellite dish

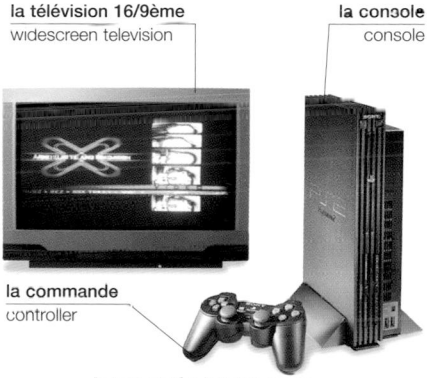

le jeu vidéo | video game

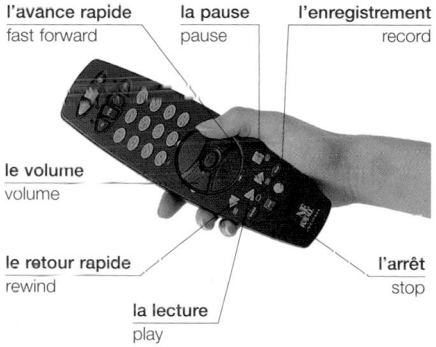

la télécommande
remote control

vocabulaire • vocabulary

le CD compact disc	**le film** feature film	**le programme** programme	**la chaîne à péage** pay per view channel	**regarder la télévision** watch television (v)
la cassette cassette tape	**la publicité** advertisement	**stéréo** stereo	**changer de chaîne** change channel (v)	**éteindre la télévision** turn the television off (v)
le lecteur cassettes cassette player	**numérique** digital	**la télévision par câble** cable television	**allumer la télévision** turn the television on (v)	**régler la radio** tune the radio (v)

la photographie • photography

le compteur de vues
frame counter

le flash
flash

le réglage de l'ouverture
aperture dial

le déclencheur
shutter release

le réglage du temps de pose
shutter-speed dial

l'objectif
lens

l'appareil réflex mono-objectif | SLR camera

le filtre
filter

le bouchon d'objectif
lens caps

le flash compact
flash gun

le posemètre
lightmeter

le zoom
zoom lens

le trépied
tripod

les types d'appareils photo • types of camera

l'appareil numérique
digital camera

l'appareil photo APS
APS camera

l'appareil instantané
instant camera

l'appareil jetable
disposable camera

photographier • photograph (v)

le rouleau de pellicule
film spool

la pellicule
film

mettre au point
focus (v)

développer
develop (v)

le négatif
negative

paysage
landscape

portrait
portrait

la photo | photograph

l'album de photos
photo album

le cadre de photo
photo frame

les problèmes • problems

sous-exposé
underexposed

surexposé
overexposed

flou
out of focus

la tache rouge
red eye

vocabulaire • vocabulary

le viseur
viewfinder

le sac d'appareil photo
camera case

la pose
exposure

la chambre noire
darkroom

l'épreuve
print

mat
mat

brilliant
gloss

l'agrandissement
enlargement

Pourriez-vous faire développer cette pellicule?
I'd like this film processed

les jeux • games

l'échiquier
chessboard

noir
black

blanc
white

la dame
queen

le roi
king

le fou
bishop

le pion
pawn

la tour
rook

le cavalier
knight

les échecs
chess

la case
square

le pion
piece

les dames
draughts

la pièce
tile

le scrabble
scrabble

le dé
dice

le jeton
counter

le monopoly
monopoly

le trictrac | backgammon

les jeux de société | board games

la philatélie
stamp collecting

le puzzle
jigsaw puzzle

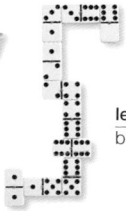

les dominos
dominoes

la cible
dartboard

le mille
bullseye

les flóchettes
darts

le joker
joker

le valet
jack

la dame
queen

le roi
king

l'as
ace

le carreau
diamond

le pique
spade

le cœur
heart

le trèfle
club

les cartes
cards

battre | shuffle (v)

donner | deal (v)

vocabulaire • vocabulary

le coup move	**gagner** win (v)	**le perdant** loser	**le point** point	**le bridge** bridge
jouer play (v)	**le gagnant** winner	**le jeu** game	**la marque** score	**le jeu de cartes** pack of cards
le joueur player	**perdre** lose (v)	**le pari** bet	**le poker** poker	**la couleur** suit

Jette le dé.
Roll the dice.

C'est à qui de jouer?
Whose turn is it?

C'est à toi de jouer.
It's your move.

les arts et métiers 1 • arts and crafts 1

l'artiste peintre
artist

le tableau
painting

le chevalet
easel

la toile
canvas

le pinceau
brush

la palette
palette

la peinture | painting

les couleurs • colours

rouge
red

bleu
blue

jaune
yellow

vert
green

orange
orange

violet
purple

blanc
white

noir
black

gris
grey

rose
pink

marron
brown

indigo
indigo

les couleurs • paints

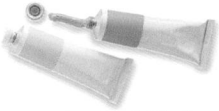

les peintures à l'huile
oil paints

l'aquarelle
watercolour paint

les pastels
pastels

l'acrylique
acrylic paint

la gouache
poster paint

les autres arts • other crafts

le carnet à croquis
sketch pad

le croquis
sketch

le crayon
pencil

le fusain
charcoal

le dessin | drawing

l'encre
ink

l'Imprimerie
printing

la gravure
engraving

la pierre
stone

le maillet
mallet

la sculpture
sculpting

le burin
chisel

le bois
wood

la sculpture sur bois
woodworking

la spatule
modelling tool

le tour de potier
potter's wheel

l'argile
clay

la poterie
pottery

la colle
glue

le carton
cardboard

le collage | collage

la joaillerie
jewellery making

le papier mâché
papier-mâché

l'origami
origami

le modélisme
model making

les arts et métiers 2 • arts and crafts 2

le guide de fil
thread guide

la bobine de fil
thread reel

l'aiguille
needle

le balancier
balance wheel

le pied-de-biche
presser foot

le sélecteur de point
stitch selector

la platine
needle plate

la machine à coudre | sewing machine

les ciseaux
scissors

le patron
pattern

la pelote à épingles
pincushion

l'épingle
pin

la corbeille à couture | sewing basket

le centimètre
tape measure

le tissu
material

le mannequin
tailor's dummy

le fil
thread

l'œillet
eye

la bobine
bobbin

l'agrafe
hook

le dé à coudre
thimble

la craie de tailleur
tailor's chalk

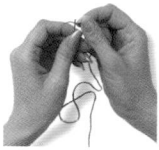

enfiler
thread (v)

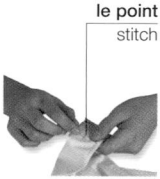

le point
stitch

coudre
sew (v)

repriser
darn (v)

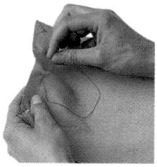

bâtir
tack (v)

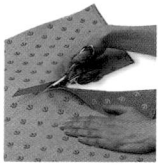

couper
cut (v)

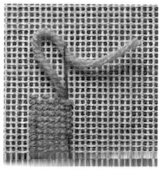

la tapisserie
needlepoint

la broderie
embroidery

le crochet
crochet hook

le crochet
crochet

le macramé
macramé

le patchwork
patchwork

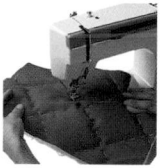

le ouatage
quilting

le fuseau
lace bobbin

la dentelle
lace-making

le métier à tisser
loom

le tissage
weaving

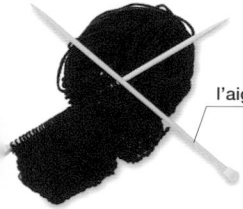

l'aiguille à tricoter
knitting needle

le tricot | knitting

la laine
wool

l'écheveau | skein

vocabulaire • vocabulary

défaire unpick (v)	**le nylon** nylon
le tissu fabric	**la soie** silk
le coton cotton	**le styliste** designer
le lin linen	**la mode** fashion
le polyester polyester	**la fermeture éclair** zip

l'environnement
environment

l'espace • space

Mercure Mercury
la Terre Earth
Mars Mars
Jupiter Jupiter
Uranus Uranus
Neptune Neptune
Pluton Pluto
Vénus Venus
le soleil Sun
la lune Moon
Saturne Saturn

le sytème solaire | solar system

la queue tail
l'étoile star

la galaxie
galaxy

la nébuleuse
nebula

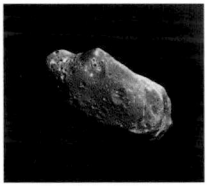

l'astéroïde
asteroid

la comète
comet

vocabulaire • vocabulary

l'univers universe	**le trou noir** black hole	**la pleine lune** full moon
l'orbite orbit	**la planète** planet	**la nouvelle lune** new moon
la pesanteur gravity	**le météore** meteor	**le croissant de lune** crescent moon

l'éclipse | eclipse

l'exploration spatiale • space exploration

la navette spatiale
space shuttle

l'accélérateur
booster

le scaphandre spatial
space suit

la fusée d'orientation
thruster

le radar
radar

le sas d'équipage
crew hatch

l'astronaute | astronaut

le module lunaire | lunar module

la rampe de lancement
launch pad

le lancement
launch

le satellite
satellite

la station spatiale
space station

l'astronomie • astronomy

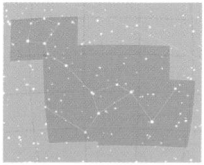

la constellation
constellation

les jumelles
binoculars

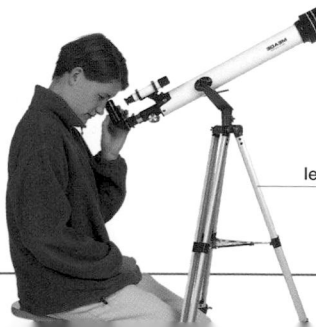

le télescope
telescope

le trépied
tripod

la terre • Earth

le pôle
pole

la terre
land

l'océan
ocean

la chaîne de montagnes
mountain range

la mer
sea

la péninsule
peninsula

le continent
continent

l'île
island

la planète | planet

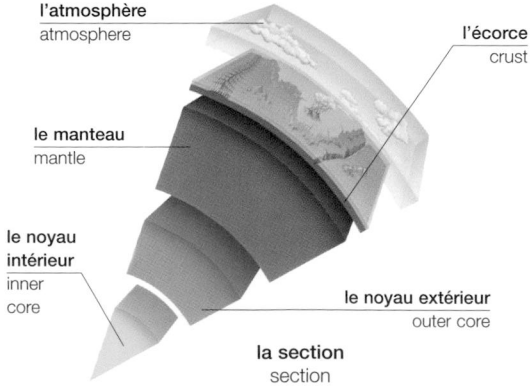

la section
section

le cercle polaire arctique
Arctic circle

le pôle nord
North pole

le tropique du cancer
tropic of Cancer

l'hémisphère nord
northern hemisphere

la longitude
longitude

la latitude
latitude

les tropiques
tropics

l'hémisphère sud
southern hemisphere

l'équateur
equator

le tropique du capricorne
tropic of Capricorn

les zones | zones

la lave
lava

la cheminée
vent

la cendre
ash

la chambre
chamber

le magma
magma

le volcan | volcano

le cratère | crater

vocabulaire
• vocabulary

le tremblement de terre
earthquake

la plaque
plate

entrer en éruption
erupt (v)

le tremblement
tremor

le paysage • landscape

la montagne
mountain

la pente
slope

la rive
bank

la rivière
river

les rapides
rapids

les rochers
rocks

le glacier
glacier

la vallée | valley

la colline
hill

le plateau
plateau

la gorge
gorge

la caverne
cave

la plaine | plain

le désert | desert

la forêt | forest

le bois | wood

la forêt tropicale
rainforest

le marais
swamp

le pré
meadow

la prairie
grassland

la cascade
waterfall

le ruisseau
stream

le lac
lake

le geyser
geyser

la côte
coast

la falaise
cliff

le récif de corail
coral reef

l'estuaire
estuary

le temps • weather

l'exosphère
exosphere

l'aurore
aurora

la thermosphère
thermosphere

la mésosphère
mesosphere

l'ionosphère
ionosphere

les rayons ultraviolets
ultraviolet rays

la stratosphère
stratosphere

la couche d'ozone
ozone layer

la troposphère
troposphere

l'atmosphère | atmosphere

le soleil
sunshine

le vent
wind

vocabulaire • vocabulary

la neige fondue sleet	**l'averse** shower	**(très) chaud** hot	**sec** dry	**venteux** windy	**J'ai chaud/froid.** I'm hot/cold.
la grêle hail	**ensoleillé** sunny	**froid** cold	**humide** wet	**la tempête** gale	**Il pleut.** It's raining.
le tonnerre thunder	**nuageux** cloudy	**chaud** warm	**lourd** humid	**la température** temperature	**Il fait … degrés.** It's … degrees.

le nuage
cloud

la pluie
rain

l'éclair
lightning

l'orage
storm

la brume
mist

le brouillard
fog

l'arc-en-ciel
rainbow

la neige
snow

le givre
frost

le glaçon
icicle

la glace
ice

le gel
freeze

l'ouragan
hurricane

la tornade
tornado

la mousson
monsoon

l'inondation
flood

les roches • rocks

igné • igneous

le granit
granite

l'obsidienne
obsidian

le basalte
basalt

la pierre ponce
pumice

sédimentaire • sedimentary

le grès
sandstone

le calcaire
limestone

la craie
chalk

le silex
flint

le conglomérat
conglomerate

le charbon
coal

métamorphique • metamorphic

l'ardoise
slate

le schiste
schist

le gneiss
gneiss

le marbre
marble

les gemmes • gems

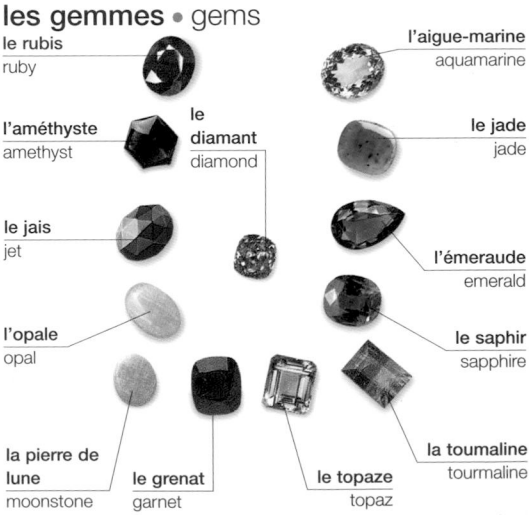

les minéraux • minerals

le quartz
quartz

le mica
mica

le soufre
sulphur

l'hématite
hematite

la calcite
calcite

la malachite
malachite

la turquoise
turquoise

l'onyx
onyx

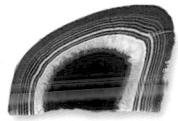

l'agate
agate

le graphite
graphite

les métaux • metals

l'or
gold

l'argent
silver

le platine
platinum

le nickel
nickel

le fer
iron

le cuivre
copper

l'étain
tin

l'aluminium
aluminium

le mercure
mercury

le zinc
zinc

les animaux 1 • animals 1

les mammifères • mammals

le lapin
rabbit

le hamster
hamster

la souris
mouse

le rat
rat

le hérisson
hedgehog

l'écureuil
squirrel

la chauve-souris
bat

le raton laveur
raccoon

le renard
fox

le loup
wolf

le chiot
puppy

le chien
dog

le chaton
kitten

le chat
cat

la loutre
otter

le bébé-phoque
pup

le phoque
seal

l'otarie
sea lion

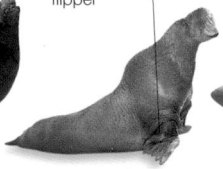

la nageoire
flipper

le morse
walrus

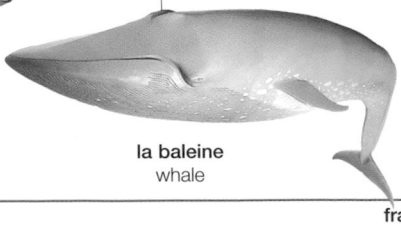

l'évent
blowhole

la baleine
whale

le dauphin
dolphin

la ramure
antler
la crinière
mane
le sabot
hoof
la bosse
hump
le cerf
deer
le zèbre
zebra
la girafe
giraffe
le chameau
camel
la trompe
trunk
la défense
tusk
la corne
horn
l'hippopotame
hippopotamus
l'éléphant
elephant
le rhinocéros
rhinoceros
le tigre
tiger
la crinière
mane
le lion
lion
le singe
monkey
le gorille
gorilla
le koala
koala
la poche
pouch
le kangourou
kangaroo
l'ours
bear
la griffe
claw
l'ours blanc
polar bear
le panda
panda

les animaux 2 • animals 2

les oiseaux • birds

l'oie | goose
le cygne
swan
le paon
peacock
le faisan
pheasant
le dindon
turkey
le bec
bill
la plume
feather
l'aile
wing
le cacatoès
cockatoo
la griffe
claw
le perroquet
parrot
les reptiles • reptiles
les écailles
scales
l'alligator
alligator
le lézard
lizard
l'iguane
iguana
la carapace
shell
la tortue marine
turtle
la tortue
tortoise
le serpent
snake
le museau
snout
le crocodile
crocodile

les animaux 3 • animals 3

les amphibiens • amphibians

la grenouille
frog

le crapaud
toad

le têtard
tadpole

la salamandre
salamander

les poissons • fish

l'anguille
eel

le requin
shark

l'hippocampe
sea horse

la raie
skate

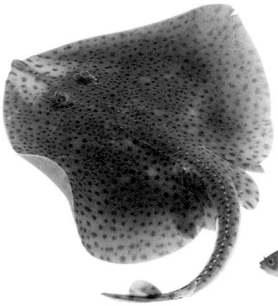

la raie
ray

le poisson rouge
goldfish

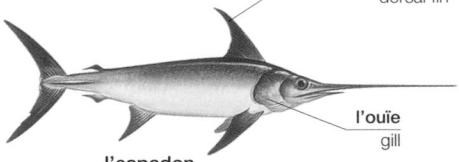

l'espadon
swordfish

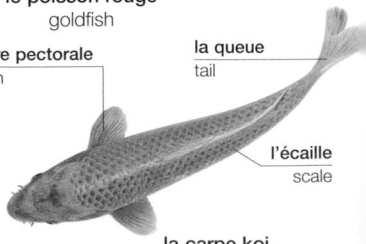

la carpe koi
koi carp

les invertébrés • invertebrates

la fourmi
ant

la termite
termite

l'abeille
bee

la guêpe
wasp

le scarabée
beetle

le cafard
cockroach

le papillon
moth

le papillon
butterfly

le cocon
cocoon

la chenille
caterpillar

le grillon
cricket

la sauterelle
grasshopper

la mante religieuse
praying mantis

le scorpion
scorpion

le mille-pattes
centipede

la libellule
dragonfly

la mouche
fly

le moustique
mosquito

la coccinelle
ladybird

l'araignée
spider

la limace
slug

l'escargot
snail

le ver
worm

l'étoile de mer
starfish

la moule
mussel

le crabe
crab

le homard
lobster

la pieuvre
octopus

le calmar
squid

la méduse
jellyfish

les plantes • plants

l'arbre • tree

le chêne
oak

le saule
willow

le peuplier
poplar

l'eucalyptus
eucalyptus

le mélèze
larch

le hêtre
beech

le bouleau
birch

le pin
pine

le cèdre
cedar

l'érable
maple

l'orme
elm

le tilleul
lime

le houx
holly

le palmier
palm

la plante à fleurs • flowering plant

la fleur
flower

l'étamine
stamen

le pétale
petal

le calice
calyx

la tige
stalk

la tige
stem

le bouton
bud

la renoncule
buttercup

la pâquerette
daisy

le chardon
thistle

le pissenlit
dandelion

la bruyère
heather

le coquelicot
poppy

la digitale
foxglove

le chèvrefeuille
honeysuckle

le tournesol
sunflower

le trèfle
clover

les jacinthes des bois
bluebells

la primevère
primrose

les lupins
lupins

l'ortie
nettle

la ville • town

les bâtiments • buildings

la mairie
town hall

la bibliothèque
library

le cinéma
cinema

le théâtre
theatre

l'université
university

l'école
school

le gratte-ciel
skyscraper

les environs • areas

la zone industrielle
industrial estate

la ville
city

la banlieue
suburb

le village
village

vocabulaire • vocabulary

la zone piétonnière pedestrian zone	**la rue transversale** side street	**la bouche d'égout** manhole	**le caniveau** gutter	**l'église** church
l'avenue avenue	**la place** square	**l'arrêt de bus** bus stop	**l'usine** factory	**l'égout** drain

l'architecture • architecture

les bâtiments et structures • buildings and structures

le gratte-ciel
skyscraper

le château
castle

l'église
church

la mosquée
mosque

le temple
temple

la synagogue
synagogue

le barrage
dam

le pont
bridge

la tourelle
turret

la douve
moat

le dôme
dome

la voûte
vault

la corniche
cornice

la colonne
pillar

le fleuron
finial

la flèche
spire

le pignon
gable

la tour
tower

la cathédrale | cathedral

les styles • styles

gothique
gothic

l'architrave
architrave

Renaissance
Renaissance

baroque
baroque

l'arc
arch

la frise
frieze

le chœur
choir

rococo
rococo

le fronton
pediment

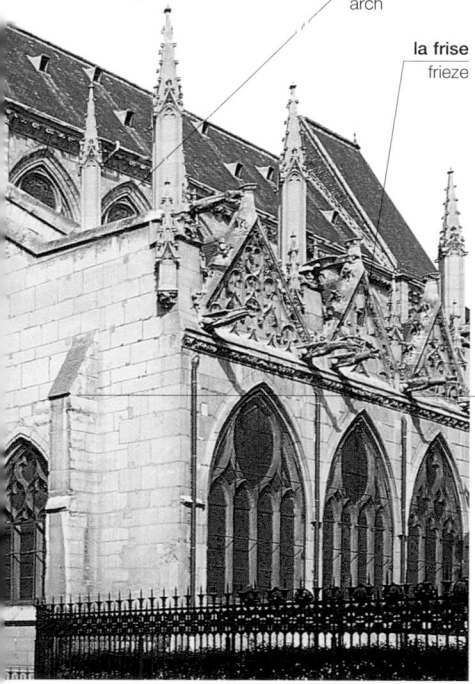

le contrefort
buttress

néoclassique
neoclassical

art nouveau
art nouveau

art déco
art deco

l'information
reference

l'heure • time

la grande aiguille
minute hand

la petite aiguille
hour hand

l'horloge
clock

vocabulaire • vocabulary

la seconde
second

la minute
minute

l'heure
hour

maintenant
now

plus tard
later

une demi-heure
half an hour

un quart d'heure
a quarter of an hour

vingt minutes
twenty minutes

quarante minutes
forty minutes

Quelle heure est-il?
What time is it?

Il est trois heures.
It's three o'clock.

une heure cinq
five past one

une heure dix
ten past one

une heure et quart
quarter past one

une heure vingt
twenty past one

la trotteuse
second hand

une heure vingt-cinq
twenty five past one

une heure trente
one thirty

deux heures moins vingt-cinq
twenty five to two

deux heures moins vingt
twenty to two

deux heures moins le quart
quarter to two

deux heures moins dix
ten to two

deux heures moins cinq
five to two

deux heures
two o'clock

la nuit et le jour • night and day

minuit
midnight

le lever du soleil
sunrise

l'aube
dawn

le matin
morning

le coucher du soleil
sunset

(le) midi
midday

le crépuscule
dusk

le soir
evening

l'après-midi
afternoon

vocabulaire • vocabulary

tôt
early

à l'heure
on time

tard
late

Tu es en avance.
You're early.

Tu es en retard.
You're late.

J'y arriverai bientôt.
I'll be there soon.

Sois à l'heure, s'il te plaît.
Please be on time.

À tout à l'heure.
I'll see you later.

Ça commence à quelle heure?
What time does it start?

Ça finit à quelle heure?
What time does it finish?

Il se fait tard.
It's getting late.

Ça dure combien de temps?
How long will it last?

le calendrier • calendar

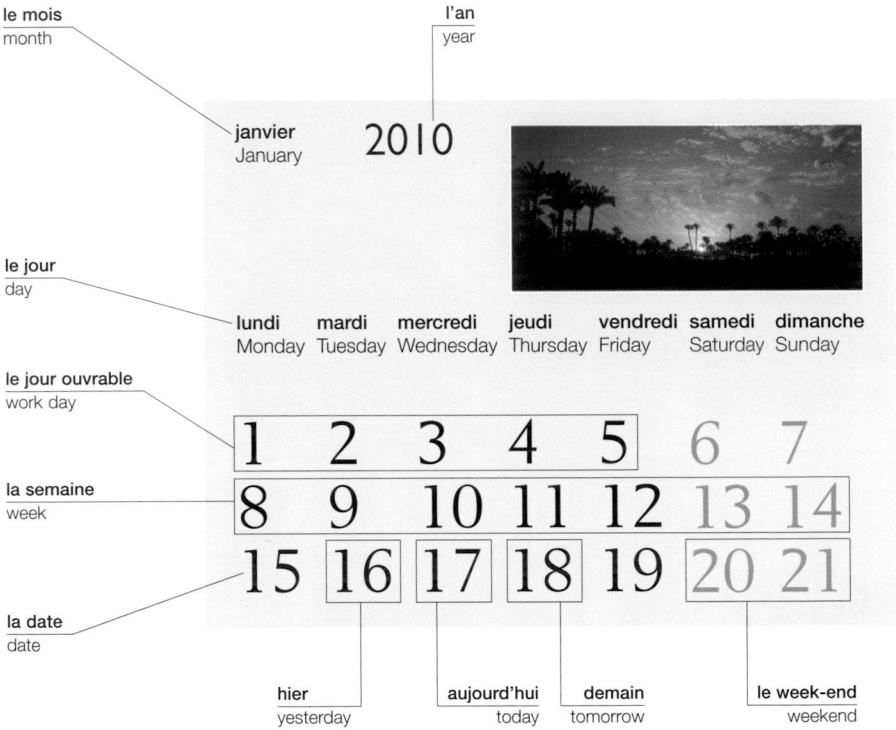

vocabulaire • vocabulary

janvier January	**mars** March	**mai** May	**juillet** July	**septembre** September	**novembre** November
février February	**avril** April	**juin** June	**août** August	**octobre** October	**décembre** December

les ans • years

1900 **mille neuf cents** • nineteen hundred

1901 **mille neuf cent un** • nineteen hundred and one

1910 **mille neuf cent dix** • nineteen ten

2000 **deux mille** • two thousand

2001 **deux mille un** • two thousand and one

les saisons • seasons

le printemps
spring

l'été
summer

l'automne
autumn

l'hiver
winter

vocabulaire • vocabulary

le siècle
century

la décennie
decade

le millénaire
millennium

quinze jours
fortnight

cette semaine
this week

la semaine dernière
last week

la semaine prochaine
next week

avant-hier
the day before yesterday

après-demain
the day after tomorrow

hebdomadaire
weekly

mensuel
monthly

annuel
annual

Quelle est la date aujourd'hui?
What's the date today?

C'est le sept février deux mille deux.
It's February seventh, two thousand and two.

les nombres • numbers

0	**zéro** • zero
1	**un** • one
2	**deux** • two
3	**trois** • three
4	**quatre** • four
5	**cinq** • five
6	**six** • six
7	**sept** • seven
8	**huit** • eight
9	**neuf** • nine
10	**dix** • ten
11	**onze** • eleven
12	**douze** • twelve
13	**treize** • thirteen
14	**quatorze** • fourteen
15	**quinze** • fifteen
16	**seize** • sixteen
17	**dix-sept** • seventeen
18	**dix-huit** • eighteen
19	**dix-neuf** • nineteen
20	**vingt** • twenty
21	**vingt et un** • twenty-one
22	**vingt-deux** • twenty-two
30	**trente** • thirty
40	**quarante** • forty
50	**cinquante** • fifty
60	**soixante** • sixty
70	**soixante-dix** • seventy
80	**quatre-vingts** • eighty
90	**quatre-vingt-dix** • ninety
100	**cent** • one hundred
110	**cent dix** • one hundred and ten
200	**deux cents** • two hundred
300	**trois cents** • three hundred
400	**quatre cents** • four hundred
500	**cinq cents** • five hundred
600	**six cents** • six hundred
700	**sept cents** • seven hundred
800	**huit cents** • eight hundred
900	**neuf cents** • nine hundred

1000	**mille** • one thousand
10,000	**dix mille** • ten thousand
20,000	**vingt mille** • twenty thousand
50,000	**cinquante mille** • fifty thousand
55,500	**cinqante-cinq mille cinq cents** • fifty-five thousand five hundred
100,000	**cent mille** • one hundred thousand
1,000,000	**un million** • one million
1,000,000,000	**un milliard** • one billion

quatrième • fourth

cinquième • fifth

sixième • sixth

septième • seventh

huitième • eighth

neuvième • ninth

dixième • tenth

onzième • eleventh

douzième • twelfth

treizième • thirteenth

quatorzième • fourteenth

quinzième • fifteenth

seizième • sixteenth

dix-septième • seventeenth

dix-huitième • eighteenth

dix-neuvième • nineteenth

vingtième • twentieth

vingt et unième • twenty-first

vingt-deuxième • twenty-second

vingt-troisième • twenty-third

trentième • thirtieth

quarantième • fortieth

cinquantième • fiftieth

soixantième • sixtieth

soixante-dixième • seventieth

quatre-vingtième • eightieth

quatre-vingt-dixième • ninetieth

centième • one hundredth

les poids et mesures • weights and measures

la superficie • area

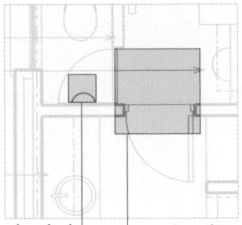

la distance • distance

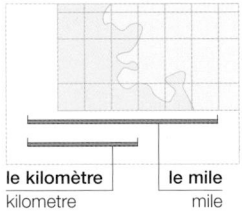

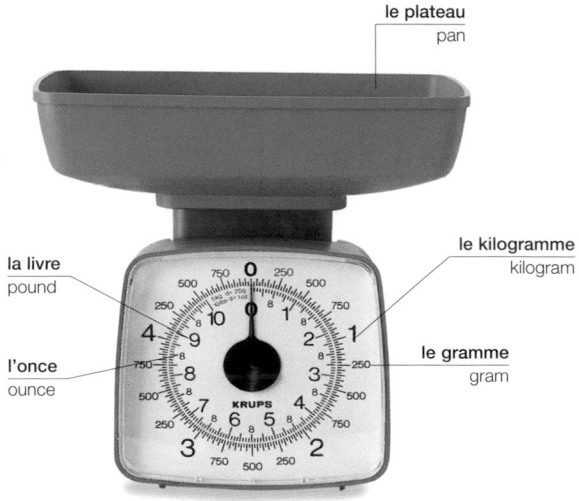

la balance | scales

vocabulaire • vocabulary

le yard yard	**la tonne** tonne	**mesurer** measure (v)
le mètre metre	**le milligramme** milligram	**peser** weigh (v)

la longueur • length

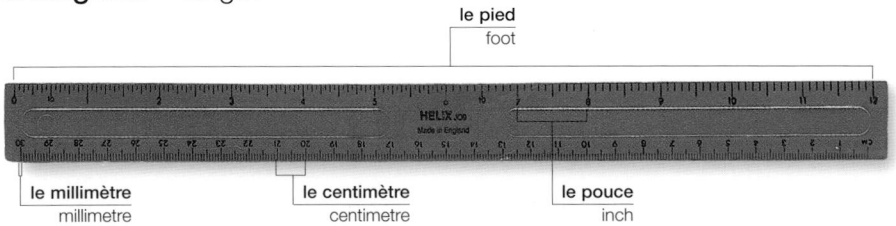

la capacité • capacity

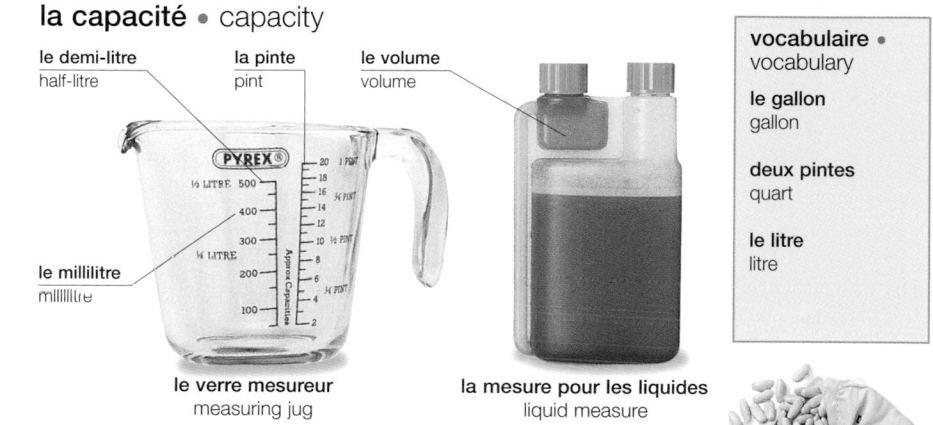

vocabulaire • vocabulary

le gallon
gallon

deux pintes
quart

le litre
litre

le récipient • container

la brique
carton

le paquet
packet

la bouteille
bottle

le sac
bag

le pot | tub

le pot | jar

la boîte | tin

le pulvérisateur
liquid dispenser

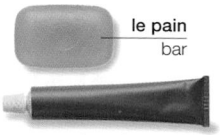

le tube
tube

le rouleau
roll

le paquet
pack

la bombe
spray can

la carte du monde • world map

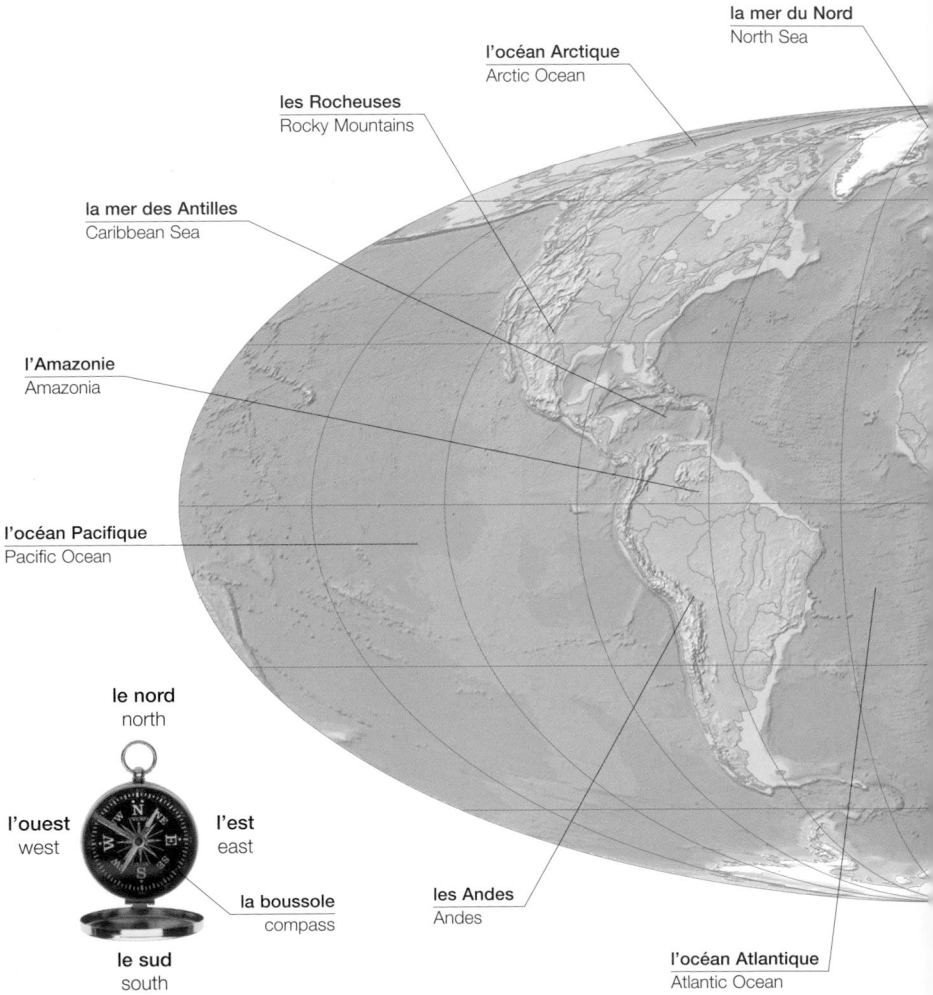

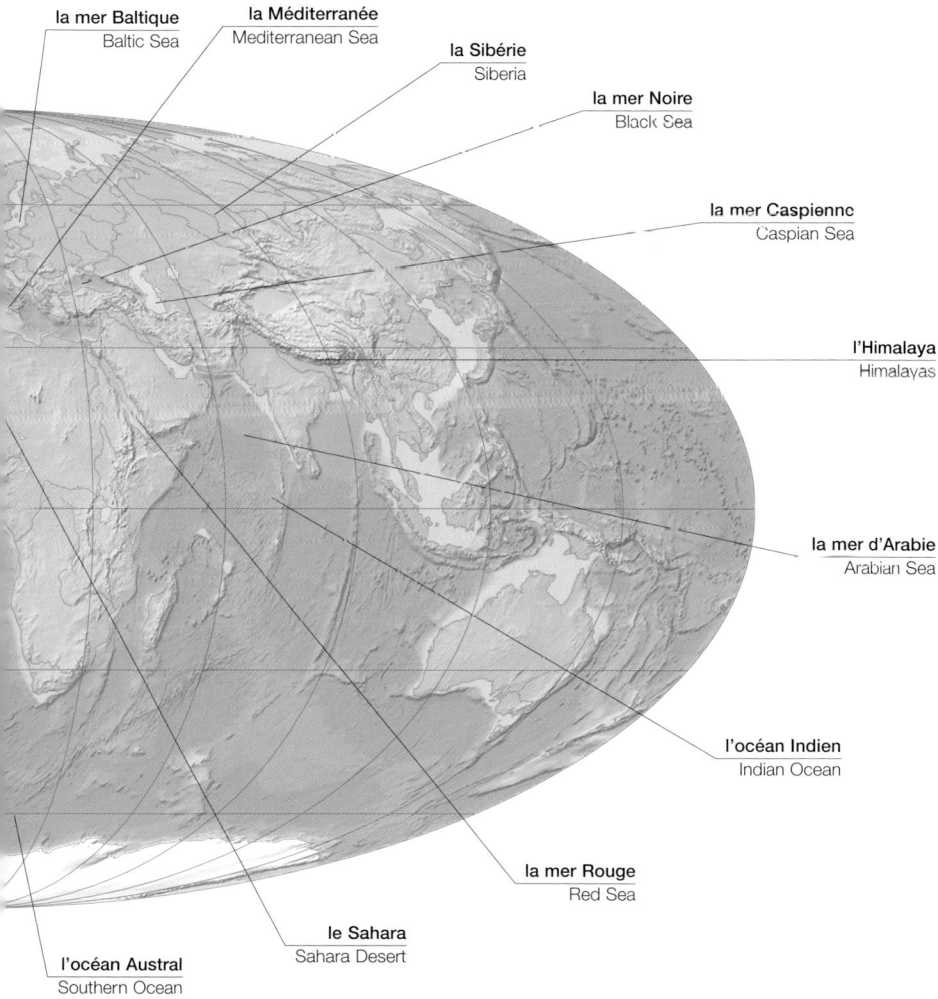
la mer Baltique
Baltic Sea
la Méditerranée
Mediterranean Sea
la Sibérie
Siberia
la mer Noire
Black Sea
la mer Caspienne
Caspian Sea
l'Himalaya
Himalayas
la mer d'Arabie
Arabian Sea
l'océan Indien
Indian Ocean
la mer Rouge
Red Sea
le Sahara
Sahara Desert
l'océan Austral
Southern Ocean

l'Amérique du Nord et centrale • North and Central America

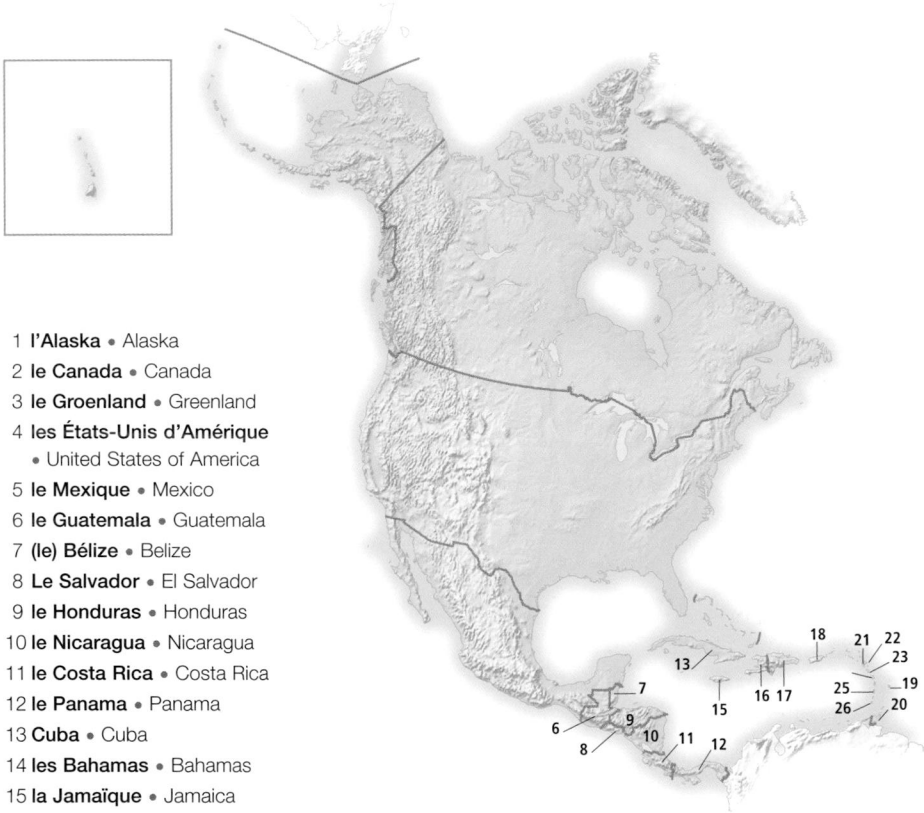

1 **l'Alaska** • Alaska
2 **le Canada** • Canada
3 **le Groenland** • Greenland
4 **les États-Unis d'Amérique** • United States of America
5 **le Mexique** • Mexico
6 **le Guatemala** • Guatemala
7 **(le) Bélize** • Belize
8 **Le Salvador** • El Salvador
9 **le Honduras** • Honduras
10 **le Nicaragua** • Nicaragua
11 **le Costa Rica** • Costa Rica
12 **le Panama** • Panama
13 **Cuba** • Cuba
14 **les Bahamas** • Bahamas
15 **la Jamaïque** • Jamaica
16 **Haïti** • Haiti
17 **la République dominicaine** • Dominican Republic
18 **la Porto Rico** • Puerto Rico
19 **la Barbade** • Barbados
20 **la Trinité-et-Tobago** • Trinidad and Tobago
21 **Saint-Kitts-et-Nevis** • St. Kitts and Nevis
22 **Antigua-et-Barbuda** • Antigua and Barbuda
23 **la Dominique** • Dominica
24 **Sainte-Lucie** • St Lucia
25 **Saint-Vincent-et-les-Grenadines** • St Vincent and The Grenadines
26 **la Grenade** • Grenada

l'Amérique du Sud • South America

1 **le Venezuela** • Venezuela
2 **la Colombie** • Colombia
3 **l'Équateur** • Ecuador
4 **le Pérou** • Peru
5 **les îles Galapagos** • Galapagos Islands
6 **la Guyane** • Guyana
7 **le Surinam** • Suriname
8 **la Guyane française** • French Guiana
9 **le Brésil** • Brazil
10 **la Bolivie** • Bolivia
11 **le Chili** • Chile
12 **l'Argentine** • Argentina
13 **le Paraguay** • Paraguay
14 **l'Uruguay** • Uruguay
15 **les îles Malouines** • Falkland Islands

vocabulaire • vocabulary

le pays country	**la province** province	**la zone** zone
la nation nation	**le territoire** territory	**le district** district
l'État state	**la colonie** colony	**la région** region
le continent continent	**la principauté** principality	**la capitale** capital

l'Europe • Europe

1 **l'Irlande** • Ireland
2 **le Royaume-Uni** • United Kingdom
3 **le Portugal** • Portugal
4 **l'Espagne** • Spain
5 **les Baléares** • Balearic Islands
6 **l'Andorre** • Andorra
7 **la France** • France
8 **la Belgique** • Belgium
9 **les Pays-Bas** • Netherlands
10 **le Luxembourg** • Luxembourg
11 **l'Allemagne** • Germany
12 **le Danemark** • Denmark
13 **la Norvège** • Norway
14 **la Suède** • Sweden
15 **la Finlande** • Finland
16 **l'Estonie** • Estonia
17 **la Lettonie** • Latvia
18 **la Lituanie** • Lithuania
19 **Kaliningrad** • Kaliningrad
20 **la Pologne** • Poland
21 **la République tchèque** • Czech Republic
22 **l'Autriche** • Austria
23 **le Liechtenstein** • Liechtenstein
24 **la Suisse** • Switzerland
25 **l'Italie** • Italy
26 **Monaco** • Monaco
27 **la Corse** • Corsica
28 **la Sardaigne** • Sardinia
29 **le Saint-Marin** • San Marino
30 **la Cité du Vatican** • Vatican City
31 **la Sicile** • Sicily
32 **Malte** • Malta
33 **la Slovénie** • Slovenia
34 **la Croatie** • Croatia
35 **la Hongrie** • Hungary
36 **la Slovaquie** • Slovakia
37 **l'Ukraine** • Ukraine
38 **la Bélarus** • Belarus
39 **la Moldavie** • Moldova
40 **la Roumanie** • Romania
41 **la Serbie** • Serbia
42 **la Bosnie-Herzégovine** • Bosnia and Herzogovina
43 **l'Albanie** • Albania
44 **la Macédonie** • Macedonia
45 **la Bulgarie** • Bulgaria
46 **la Grèce** • Greece
47 **la Turquie** • Turkey
48 **Chypre** • Cyprus
49 **Montenegro** • Montenegro

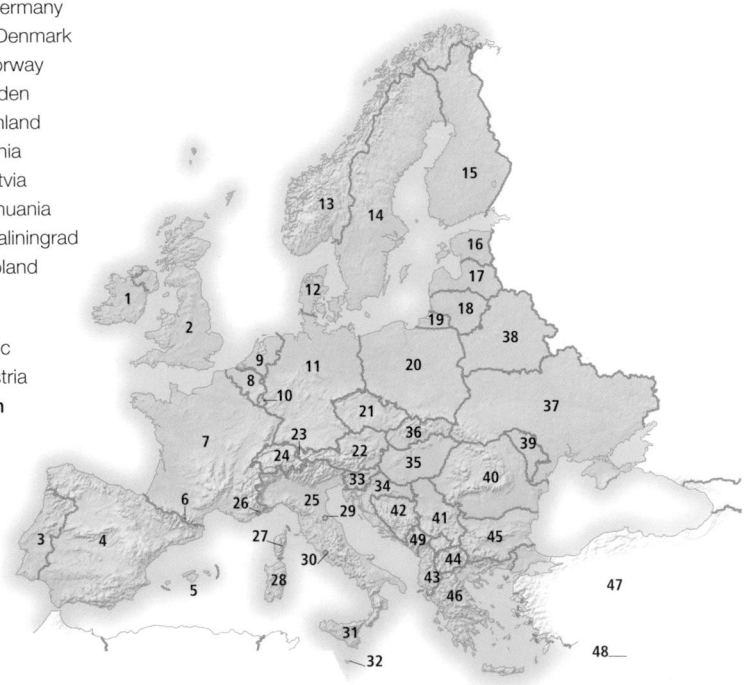

l'Afrique • Africa

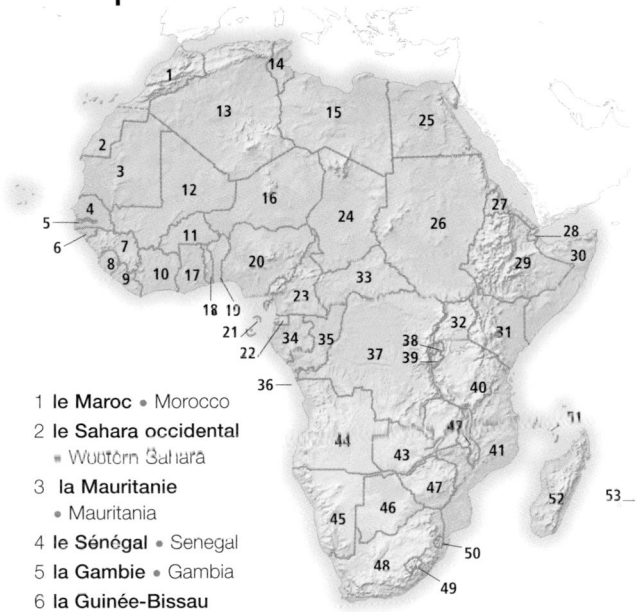

1 **le Maroc** • Morocco
2 **le Sahara occidental** • Western Sahara
3 **la Mauritanie** • Mauritania
4 **le Sénégal** • Senegal
5 **la Gambie** • Gambia
6 **la Guinée-Bissau** • Guinea-Bissau
7 **la Guinée** • Guinea
8 **la Sierra Leone** • Sierra Leone
9 **le Libéria** • Liberia
10 **la Côte d'Ivoire** • Ivory Coast
11 **le Burkina** • Burkina Faso
12 **le Mali** • Mali
13 **l'Algérie** • Algeria
14 **la Tunisie** • Tunisia
15 **la Libye** • Libya
16 **le Niger** • Niger
17 **le Ghana** • Ghana
18 **le Togo** • Togo
19 **le Bénin** • Benin
20 **le Nigéria** • Nigeria
21 **Sao Tomé-et-Principe** • São Tomé and Principe
22 **la Guinée équatoriale** • Equatorial Guinea
23 **le Cameroun** • Cameroon
24 **le Tchad** • Chad
25 **l'Égypte** • Egypt
26 **le Soudan** • Sudan
27 **l'Érythrée** • Eritrea
28 **Djibouti** • Djibouti
29 **l'Éthiopie** • Ethiopia
30 **la Somalie** • Somalia
31 **le Kenya** • Kenya
32 **l'Ouganda** • Uganda
33 **la République centrafricaine** • Central African Republic
34 **le Gabon** • Gabon
35 **le Congo** • Congo
36 **Cabinda** • Cabinda
37 **la République démocratique du Congo** • Democratic Republic of the Congo
38 **le Rwanda** • Rwanda
39 **le Burundi** • Burundi
40 **la Tanzanie** • Tanzania
41 **le Mozambique** • Mozambique
42 **le Malawi** • **Malawi**
43 **la Zambie** • Zambia
44 **l'Angola** • Angola
45 **la Namibie** • Namibia
46 **le Botswana** • Botswana
47 **le Zimbabwe** • Zimbabwe
48 **l'Afrique du Sud** • South Africa
49 **le Lesotho** • Lesotho
50 **le Swaziland** • Swaziland
51 **les Comores** • Comoros
52 **Madagascar** • Madagascar
53 **l'île Maurice** • Mauritius

l'Asie • Asia

1 **la Fédération de Russie** • Russian Federation
2 **la Géorgie** • Georgia
3 **l'Arménie** • Armenia
4 **l'Azerbaïdjan** • Azerbaijan
5 **l'Iran** • Iran
6 **l'Irak** • Iraq
7 **la Syrie** • Syria
8 **le Liban** • Lebanon
9 **Israël** • Israel
10 **la Jordanie** • Jordan
11 **l'Arabie Saoudite** • Saudi Arabia
12 **le Koweït** • Kuwait
13 **le Qatar** • Qatar
14 **les Émirats arabes unis** • United Arab Emirates
15 **l'Oman** • Oman
16 **le Yémen** • Yemen
17 **le Kasakhastan** • Kazakhstan
18 **l'Ouzbékistan** • Uzbekistan
19 **le Turkmenistan** • Turkmenistan
20 **l'Afghanistan** • Afghanistan
21 **le Tadjikistan** • Tajikistan
22 **le Kirghizistan** • Kyrgyzstan
23 **le Pakistan** • Pakistan
24 **l'Inde** • India
25 **les Maldives** • Maldives
26 **Sri Lanka** • Sri Lanka
27 **la Chine** • China
28 **la Mongolie** • Mongolia
29 **la Corée du Nord** • North Korea
30 **la Corée du Sud** • South Korea
31 **le Japon** • Japan
32 **le Népal** • Nepal
33 **le Bhoutan** • Bhutan
34 **le Bangladesh** • Bangladesh

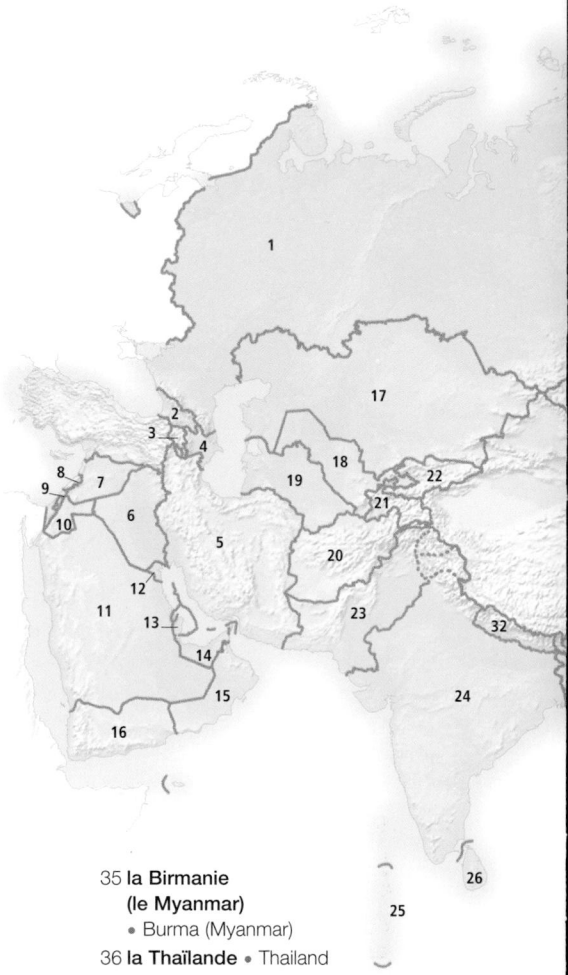

35 **la Birmanie (le Myanmar)** • Burma (Myanmar)
36 **la Thaïlande** • Thailand
37 **le Laos** • Laos
38 **le Vietnam** • Viet Nam
39 **le Cambodge** • Cambodia
40 **la Malaisie** • Malaysia

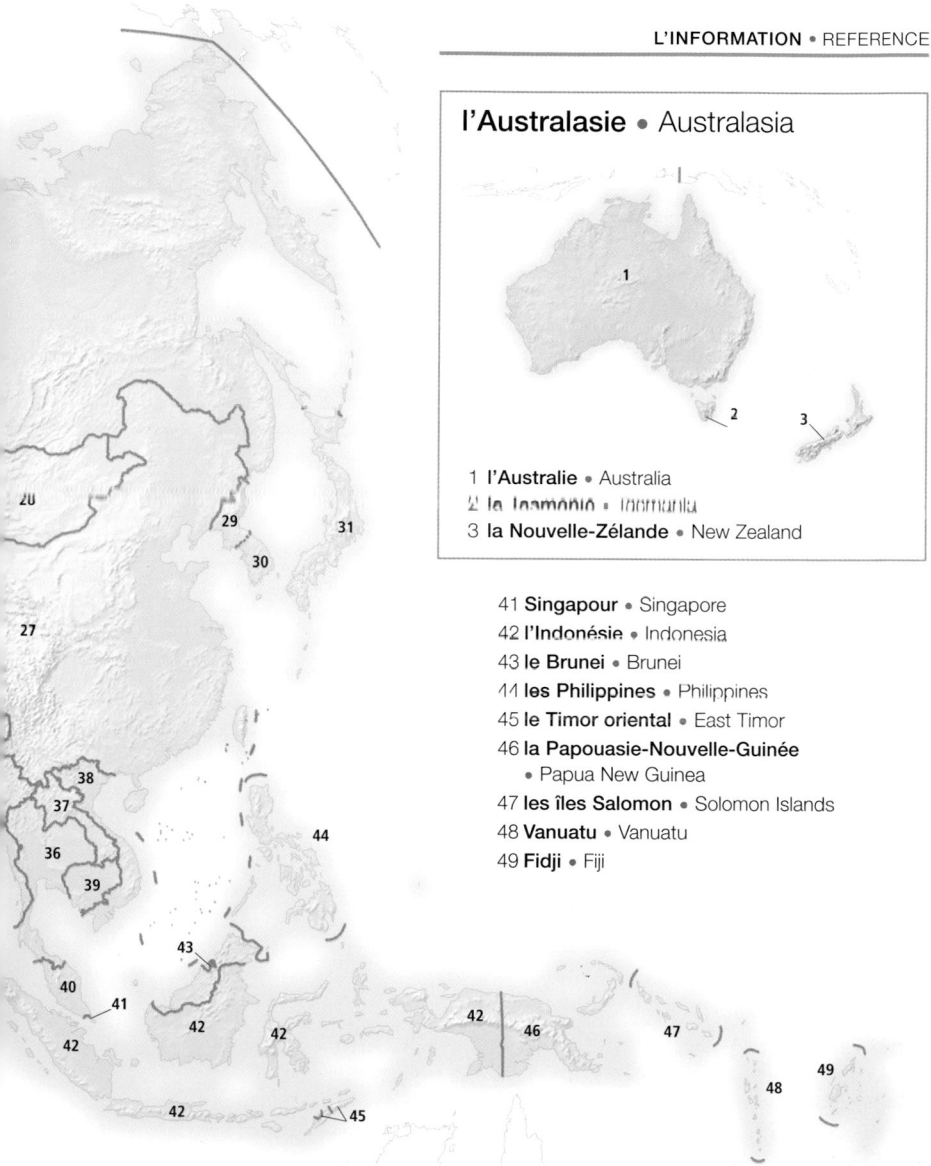
l'Australasie • Australasia
1
2
3
1 l'Australie • Australia
2 la Tasmanie • Tasmania
3 la Nouvelle-Zélande • New Zealand
20
29
30
31
27
38
37
36
39
44
43
40
41
42
42
42
42
42
46
47
48
49
45
41 Singapour • Singapore
42 l'Indonésie • Indonesia
43 le Brunei • Brunei
44 les Philippines • Philippines
45 le Timor oriental • East Timor
46 la Papouasie-Nouvelle-Guinée • Papua New Guinea
47 les îles Salomon • Solomon Islands
48 Vanuatu • Vanuatu
49 Fidji • Fiji

particules et antonymes • particles and antonyms

à to	**de** from
au-dessus de over	**sous** under
devant in front of	**derrière** behind
sur onto	**dans** into
dans in	**dehors** out
au-dessus de above	**au-dessous de** below
à l'intérieur de inside	**à l'extérieur de** outside
en haut up	**en bas** down
à at	**au-delà de** beyond
à travers through	**autour de** around
sur on top of	**à côté de** beside
entre between	**en face de** opposite
près de near	**loin de** far
ici here	**là** there

pour for	**vers** towards
le long de along	**à travers** across
avec with	**sans** without
avant before	**après** after
avant by	**jusqu'à** until
tôt early	**tard** late
maintenant now	**plus tard** later
toujours always	**jamais** never
souvent often	**rarement** rarely
hier yesterday	**demain** tomorrow
premier first	**dernier** last
chaque every	**quelque** some
vers about	**exactement** exactly
un peu a little	**beaucoup** a lot

grand large	**petit** small
large wide	**étroit** narrow
grand tall	**court** short
haut high	**bas** low
épais thick	**mince** thin
léger light	**lourd** heavy
dur hard	**mou** soft
humide wet	**sec** dry
bon good	**mauvais** bad
rapide fast	**lent** slow
juste correct	**faux** wrong
propre clean	**sale** dirty
beau beautiful	**laid** ugly
cher expensive	**bon marché** cheap
silencieux quiet	**bruyant** noisy

chaud hot	**froid** cold
ouvert open	**fermé** closed
plein full	**vide** empty
neuf new	**vieux** old
clair light	**foncé** dark
facile easy	**difficile** difficult
libre free	**occupé** occupied
fort strong	**faible** weak
gros fat	**mince** thin
jeune young	**vieux** old
mieux better	**pire** worse
noir black	**blanc** white
intéressant interesting	**ennuyeux** boring
malade sick	**bien** well
le début beginning	**la fin** end

phrases utiles • useful phrases

phrases essentielles • essential phrases

Oui
Yes

Non
No

Peut-être
Maybe

S'il vous plaît
Please

Merci
Thank you

De rien
You're welcome

Pardon
Excuse me

Je suis désolé
I'm sorry

Ne… pas
Don't

D'accord
OK

Très bien
That's fine

C'est juste
That's correct

C'est faux
That's wrong

salutations • greetings

Bonjour
Hello

Au revoir
Goodbye

Bonjour
Good morning

Bonjour
Good afternoon

Bonsoir
Good evening

Bonne nuit
Good night

Comment allez-vous?
How are you?

Je m'appelle…
My name is…

Vous vous appelez comment?
What is your name?

Il/Elle s'appelle comment?
What is his/her name?

Je vous présente…
May I introduce…

C'est…
This is…

Enchanté
Pleased to meet you

À tout à l'heure
See you later

panneaux • signs

Office de tourisme
Tourist information

Entrée
Entrance

Sortie
Exit

Sortie de secours
Emergency exit

Poussez
Push

Danger
Danger

Défense de fumer
No smoking

En panne
Out of order

Heures d'ouverture
Opening times

Entrée gratuite
Free admission

Journée continue
Open all day

Prix réduit
Reduced price

Soldes
Sale

Frappez avant d'entrer
Knock before entering

Défense de marcher sur la pelouse
Keep off the grass

assistance • help

Pouvez-vous m'aider?
Can you help me?

Je ne comprends pas
I don't understand

Je ne sais pas
I don't know

Vous parlez anglais, français…?
Do you speak English, French…?

Je parle anglais, espagnol…
I speak English, Spanish…

Parlez moins vite, s'il vous plaît
Please speak more slowly

Écrivez-le pour moi, s'il vous plaît
Please write it down for me

J'ai perdu…
I have lost…

directions
• directions

Je me suis perdu
I am lost

Où est le/la…?
Where is the…?

Où est le/la…le/la plus proche?
Where is the nearest…?

Où sont les toilettes?
Where are the toilets?

Pour aller à…?
How do I get to…?

À droite
To the right

À gauche
To the left

Tout droit
Straight ahead

C'est loin…?
How far is…?

les panneaux routiers
• road signs

Toutes directions
All directions

Prudence
Caution

Entrée interdite
No entry

Ralentir
Slow down

Déviation
Diversion

Serrez à droite
Keep to the right

Autoroute
Motorway

Stationnement interdit
No parking

Passage interdit
No through road

Sens unique
One-way street

Autres directions
Other directions

Riverains autorisés
Residents only

Travaux
Roadworks

Virage dangereux
Dangerous bend

logement • accommodation

J'ai réservé une chambre
I have a reservation

Où est la salle à manger?
Where is the dining room?

Le numéro de ma chambre est le …
My room number is …

Le petit déjeuner est à quelle heure?
What time is breakfast?

Je serai de retour à … heures
I'll be back at … o'clock

Je pars demain
I'm leaving tomorrow

nourriture et boissons
• eating and drinking

À la vôtre!
Cheers!

C'est délicieux/terrible
It's delicious/awful

Je ne bois/fume pas
I don't drink/smoke

Je ne mange pas de la viande
I don't eat meat

Je n'en veux plus, merci
No more for me, thank you

Encore un peu, s'il vous plaît.
May I have some more?

L'addition, s'il vous plaît.
May we have the bill?

Je voudrais un reçu.
Can I have a receipt?

Partie non-fumeurs
No-smoking area

la santé
• health

Je ne me sens pas bien
I don't feel well

J'ai envie de vomir
I feel sick

Pouvez-vous me donner le numéro de téléphone du docteur le plus proche?
What is the telephone number of the nearest doctor?

J'ai mal ici
It hurts here

J'ai de la fièvre
I have a temperature

Je suis enceinte de …mois
I'm … months pregnant

J'ai besoin d'une ordonnance pour …
I need a prescription for …

Je prends habituellement …
I normally take …

Je suis allergique à …
I'm allergic to …

français

index français • French index

A

à 320
à armature 35
à côté de 320
à deux portes 200
à droite 260
à emporter 154
à feuilles caduques 86
à feuilles persistantes 86
à gauche 260
à genou 34
à grains longs 130
à grains ronds 130
à impériale 260
à l'extérieur de 320
à l'heure 305
à l'intérieur de 320
à la carte 152
à l'huile 143
à quatre portes 200
à sens unique 194
à travers 320
à trois portes 200
abats *m* 118
abdominaux *m* 16
abeille *f* 295
abribus *m* 197
abricot *m* 126
acacia *m* 110
accélérateur *m* 200, 204
accès aux handicapés *m* 197
accessoires *m* 36, 38
accessoires de toilette *m* 41
accident *m* 46
accident de voiture *m* 203
accompagnement *m* 153
accotement stabilisé *m* 194
accouchement *m* 52
accouchement assisté *m* 53
accoudoir *m* 200, 210
accusation *f* 94, 180
accusé *m* 180, 181
acquitté 181
acrylique *m* 274
acte de naissance *m* 26
acte judiciaire *m* 180
acteur *m* 254
acteurs *m* 179
action *f* 97
actions *f* 97, 233, 227, 229, 237
activités *f* 77, 162, 183, 245, 263
activités de plein air *f* 262
actrice *f* 254
acuponcture *f* 55
acupression *f* 55
addition *f* 152
additionner 165
admis 48
adolescente *f* 23
adresse de courrier électronique *f* 177
adulte *m* 23
adversaire *f* 236
adzukis *m* 131
aérobic *m* 251
aéroboxe *m* 251
aéroglisseur *m* 215
aéroport *m* 212
affaires *f* 175
affiche *f* 255
Afghanistan 318
Afrique 317
Afrique du Sud 317
after-shave *m* 73
agate *f* 289
agence de voyage *f* 114
agenda *m* 173, 175
agenda électronique *m* 175
agent de conservation *m* 83
agent de la bourse *m* 97
agent de la circulation *m* 195
agent de voyage *m* 190
agent immobilier *m* 115, 189
aggloméré *m* 79
agitateur *m* 150
agneau *m* 118, 185
agrafe *f* 276
agrafes *f* 173
agrafeuse *f* 173
agrandir 172
agrandissement *m* 58, 271
agression *f* 94
agriculteur *m* 182
agrumes *m* 126
aigle *m* 292
aiglefin *m* 120
aigre 127
aigue-marine *f* 288
aiguille *f* 109, 276
aiguille à tricoter *f* 277
aiguisoir *m* 68
aïkido *m* 236
ail *m* 125, 132
aile *f* 60, 119, 210, 293
aileron *m* 210
ailes de raie *f* 120
aimant *m* 167
aine *f* 12
airbag *m* 201
aire *f* 165
aire de stationnement *f* 199, 212
aisselle *f* 13
ajusté 35
alarme *f* 58
Alaska 314
Albanie 316
album de photos *m* 271
alésoir *m* 80
Algérie 317
alimentation *f* 105
aliments en bouteille *m* 134
allaitement *m* 53
allant au four 69
allée *f* 58, 85, 106, 254
Allemagne 316
allergie *f* 44
alligator *m* 293
allonge *f* 118
allumage *m* 200
allume-feu *m* 266
allumer la télévision 269
allumer un feu 266
allumettes *f* 112
alternateur *m* 203
altitude *f* 211
alto *m* 256
aluminium *m* 289
amande *f* 129
amandes *f* 151
amarres *f* 217
Amazonie *f* 312
amer 124
Amérique centrale 314
Amérique du Nord 314
améthyste *f* 288
ameublement *m* 105
ami *m* 24
amniocentèse *f* 52
amorce *f* 244
amorcer 245
amorti *m* 230
ampère *m* 60
amphibiens *m* 294
amplificateur *m* 268
ampoule *f* 46, 60
amuse-gueule *m* 151
an *m* 306
analgésique *m* 109
analgésiques *m* 47
analyse *f* 49
analyse de sang *f* 48
ananas *m* 128
ancre *f* 214, 240
Andes *f* 312
Andorre 316
âne *m* 185
anesthésiste *m* 48
aneth *f* 133
angle *m* 164
Angola 317
anguille *f* 294
animalerie *f* 115
animaux *m* 292, 294
anis *m* 133
anneau *m* 226
anneaux *m* 89, 235
anniversaire *m* 27
anniversaire de mariage *m* 26
annuel 86, 307
annulaire *m* 15
anorak *m* 31, 33
anse *f* 106
antenne *f* 295
antenne parabolique *f* 269
antenne radio *f* 214
anti-adhérent 69
antigel *m* 199, 203
Antigua-et-Barbuda 314
anti-inflammatoire *m* 109
antirides 41
antiseptique *m* 47
antivol *m* 207
août *m* 306
apéritif *m* 153
appareil de chauffage *m* 60
appareil de gym *m* 250
appareil dentaire *m* 50
appareil instantané *m* 270
appareil jetable *m* 270
appareil numérique *m* 270
appareil photo *m* 260
appareil photo APS *m* 270
appareils électriques *m* 105
appareils ménagers *m* 66
apparence *f* 30
appartement *m* 59
appât *m* 244
appel *m* 181
appendice *m* 18
applaudir 255
application *f* 176
applique *f* 62
apprendre 163
apprêt *m* 83
après 320
après-demain 307
après-midi *f* 305
après-shampoing *m* 38
après-soleil *m* 108
aquarelle *f* 274
Arabie Saoudite 318
araignée *f* 295
arbitre *m* 222, 225, 226, 229, 230
arbre *m* 86, 296
arbre de transmission *m* 202
arbuste à fleurs *m* 87
arc *m* 164, 249, 300
arceau *m* 85
arc-en-ciel *m* 287
architecte *m* 190
architecture *f* 300
architrave *f* 301
ardoise *f* 288
arène *f* 243
arête *f* 121
argent *m* 97, 235, 289
Argentine 315
argile *f* 85, 275
arithmétique *f* 165
Arménie 318
armoire *f* 70
armoire à pharmacie *f* 72
armoire encastrée *f* 71
aromathérapie *f* 55
arrestation *f* 94
arrêt *m* 269
arrêt de bus *m* 197, 299
arrêt interdit 195
arrière *m* 240
arrivée *f* 61
arrivées *f* 213
arrosage *m* 89
arroser 90, 183
arroseur *m* 89
art *m* 162
art déco 301
art nouveau 301
artère *f* 19
artichaut *m* 124
articles de sport *m* 105
articles de toilette *m* 107
articles pour bébés *m* 107
articulation *f* 17
articulation du doigt *f* 15
artiste peintre *f* 274
arts et métiers *m* 274, 276
arts martiaux *m* 237
as *m* 230, 273
ascenseur *m* 59, 100, 104
Asie 318
asperger 91
aspirateur *m* 77, 188
assaisonné 159
assiette *f* 65
assiette à dessert *f* 65
assiette à soupe *f* 65
assiette plate *f* 65
assignation *f* 180
assistant *m* 169
assistante *f* 24
assister à 174
associée *f* 24
assouplisseur *m* 76

astéroïde *m* 280
asthme *m* 44
astigmatisme *m* 51
astronaute *m* 281
astronomie *f* 281
atelier *m* 78
athlète *m* 234
athlétisme *m* 234
atmosphère *f* 282, 286
atrium *m* 104
attaches *f* 89
attaque *f* 44, 220
attelle *f* 47
attenante 58
attendrisseur *m* 69
atterrir 211
attraction touristique *f* 260
attractions *f* 261
attraper 226, 227, 229, 220, 245
au carré 39
au revoir 322
au sirop 159
aube *f* 305
aubergine *f* 125
auburn 39
au delà de 320
au-dessous de 320
au-dessus de 320
auge *f* 183
aujourd'hui 306
auriculaire *m* 15
aurore *f* 286
Australasie 319
Australie 319
autobronzant *m* 41
autodéfense *f* 237
automatique 200
automne *m* 31, 307
autoneige *m* 247
autopont *m* 194
autoroute *f* 194
autour de 320
autres arts *m* 275
autres bateaux *m* 215
autres magasins *m* 114
autres sports *m* 248
Autriche 316
autruche *f* 292
aux pépites de chocolats 141
avalanche *f* 247
avance rapide *f* 269
avant 320
avant *m* 240
avant *m* 222
avantage *m* 230
avant-bras *m* 12
avant-hier 307
avant-toit *m* 58
avec 320
avec plomb 199
avenue *f* 299
averse *f* 286
avertisseur d'incendie *m* 95
avion *m* 210
avion de ligne *m* 210, 212
avion léger *m* 211
avion supersonique *m* 211
avocat *m* 128, 180, 190
avoine *f* 130
avoir faim 64
avoir un bébé 26
avril *m* 306
Azerbaïdjan 318

B

babourre *m* 137
bac à légumes *m* 67
bac à peinture *m* 83
bac à sable *m* 263
bacon *m* 118, 157
badge *m* 94,189
badminton *m* 231
baffle *m* 268
bagages *m* 100, 198, 213
bagages à main *m* 211, 213
bague *f* 36
baguette *f* 138, 256
Bahamas 314
baie *f* 296
baignoire *f* 72
baignoire en plastique *f* 74
bâiller 26
bain moussant *m* 73
baladeur CD *m* 269
baladeur MP3 *m* 268
balai *m* 77
balai à gazon *m* 88
balai laveur *m* 77
balance *f* 45, 69, 98, 118, 166, 212, 310
balance à ressort *f* 166
balancier *m* 276
balançoire *f* 263
balayer 77
balayette *f* 77
balcon *m* 59, 254
Baléares 316
baleine *f* 290
balle *f* 75, 130, 184, 224, 228, 230
balle de criquet *f* 225
balle de golf *f* 233
ballet *m* 255
ballon *m* 221, 220, 222, 226
ballon de plage *m* 265
ballon lancé *m* 226
bambou *m* 86, 122
banane *f* 128
banc *m* 250, 262
banc à pique-nique *m* 266
banc de touche *m* 229
banc des jurés *m* 180
bandage *m* 47
bande de roulement *f* 207
bande dessinée *f* 112
bande fluorescente *f* 205
bande sonore *f* 255
Bangladesh 318
banlieue *f* 299
banque *f* 96
baptême *m* 26
bar *m* 120, 150, 152
Barbade 314
barbecue *m* 267
barbillon *m* 244
barman *m* 150, 191
bar-mitsvah *f* 26
barouche 301
barque *f* 214
barrage *m* 300
barre *f* 207, 235, 240, 250
barre à poids *f* 251
barre d'outils *f* 177
barre de défilement *f* 177
barre de menus *f* 177
barre de mesure *f* 256
barre fixe *f* 235
barre transversale *f* 222
barreaux *m* 74
barres asymétriques *f* 235
barres parallèles *f* 235
barrière *f* 182
barrière d'escalier *f* 75
barrière de sécurité *f* 246
bas 321
bas *m* 35
basalte *m* 288
bascule *f* 263
base *f* 99, 164, 229
base du batteur *f* 228
baseball *m* 228
basilic *m* 133
basket *m* 226
basket *f* 37
baskets *m* 251
baskets *f* 31
bassin *m* 17, 85
bassiste *m* 258
basson *m* 257
bateau de pêche *m* 217
bâtiments *m* 299
bâtir 277
bâton *m* 235
bâton de ski *m* 246
bâtons *m* 133
batte *f* 225, 228
batter 229
batterie *f* 202, 258
batteur *m* 225, 228
battre 67, 273
battre un record 234
bavoir *m* 30, 50
beat *m* 259
beau-fils *m* 23
beau-frère *m* 23
beau-père *m* 23
beauté *f* 40, 105
bébé *m* 23, 30
bébé-phoque *m* 290
bec *m* 293
bec Bunsen *m* 166
bécarre *m* 256
bêche *f* 88
bêcher *m* 167
bêcher 90
beignets de poulet *m* 155
Bélarus 316
Belgique 316
Bélize 314
belle-fille *f* 22, 20
belle-mère *f* 23
belle-sœur *f* 23
bémol *m* 256
Bénin 317
béquille *f* 205, 207
berline *f* 199
berline à hayon *f* 199
bermuda *m* 30
bétail *m* 182
bétonnière *f* 186
bette *f* 123
betterave *f* 125
beurre *m* 137, 156
beurre de cacahouètes *m* 135
Bhoutan 318
biathlon *m* 247
biberon *m* 75
bibliothécaire *m* 190
bibliothécaire *f* 168
bibliothèque *f* 63, 168, 299
biceps *m* 16
bicyclette *f* 206
bidet *m* 72
bière *f* 145, 151
bière anglaise *f* 145
bière brune *f* 145
bifocal 51
bifteck d'aloyau *m* 119
bigoudi *m* 38
bijouterie *f* 114
bijoutier *m* 188
bijoux *m* 36
bikini *m* 264
billard *m* 249
billard américain *m* 249
billet *m* 97, 209, 213
billets de loterie *m* 112
biologie *f* 162
biologique 91, 122
biplan *m* 211
Birmanie 318
bis *m* 255
bisannuel 86
biscuit *m* 113
biscuit scandinave *m* 139, 156
biscuits *m* 141
blanc 39, 145, 272, 274
blanc *m* 119
blanc d'œuf *m* 137
blazer *m* 33
blé *m* 130, 184
blé écrasé *m* 130
blessure *f* 46
bleu 274
bleu *m* 136
bleu *m* 82
bloc de béton *m* 187
blocage *m* 237
bloc-note 173
blond 39
bloquer 227
blues *m* 259
bobine *f* 276
bobine de fil *f* 276
bobsleigh *m* 247
bocal scellé *m* 135
bœuf *m* 118
bois *m* 79, 187, 233, 257, 275, 285
bois dur *m* 79
bois tendre *m* 79
boisson en boîte *f* 154
boisson maltée *f* 144
boisson non alcoolisée *f* 154
boissons *f* 107, 144, 156
boissons alcoolisées *f* 145
boissons chaudes *f* 144
boissons non alcoolisées *f* 144
boîte *f* 145, 311
boîte à bijoux *f* 36
boîte à déchets recyclables *f* 61
boîte à fusibles *f* 60
boîte à onglets *f* 81
boîte à outils *f* 80
boîte aux lettres *f* 58, 99
boîte d'équipement *f* 244
boîte de chocolats *f* 113
boîte de kleenex *f* 70
boîte de réception *f* 177
boîte de tri *f* 61
boîte de vitesses *f* 202, 204
boîte d'outils *f* 207
bol *m* 65
bol du mixeur *m* 66
Bolivie 315
bollard *m* 214
bombardier *m* 211
bombe *f* 242, 311
bôme *m* 240
bon 321
bonbon à la menthe *m* 113
bonbon au fruit *m* 113

français

bonbons *m* 113
bonbons assortis *m* 113
bonde *f* 72
bongos *m* 257
bonjour 322
bonne nuit 322
bonnet de natation *m* 238
bonsoir 322
bord du trottoir *m* 298
bordure de plantes herbacées *f* 85
bordure de plantes mixtes *f* 85
borne *f* 298
borne d'incendie *f* 95
Bosnie-Herzégovine 316
bosse *f* 291
Botswana 317
botte *f* 111, 242
botter 221, 223
bottes *f* 89
bottes de caoutchouc *f* 31
bottes de pêche *f* 244
bouche *f* 14
bouche d'égout *f* 299
boucher *m* 118, 188
boucherie *f* 114
bouchon *m* 134, 166
bouchon d'objectif *m* 270
boucle *f* 36
boucle d'oreille *f* 36
boudin *m* 157
boudoirs *m* 141
bouée *f* 217, 265
bouée de sauvetage *f* 240
bougie *f* 63, 203
bougies d'anniversaire *f* 141
bouillir 67
bouilloire électrique *f* 66
bouillon *m* 158
bouillotte *f* 70
boulanger *m* 139
boulangerie *f* 107, 114, 138
boule *f* 149
boule de bowling *f* 249
bouleau *m* 296
boules de coton *f* 41
boulettes de viande *f* 158
bouquet *m* 35, 111
bouquet garni *m* 132
bourgeon *m* 111
bourriche *f* 244
bourse *f* 97, 169
boussole *f* 312
bouteille *f* 61, 135, 166, 311
bouteille d'eau *f* 206, 267
bouteille d'air *f* 239
boutique *f* 115
boutique d'art *f* 115
boutique de cadeaux *f* 114
boutique hors taxes *f* 213
bouton *m* 31, 32, 297
bouton d'appel *m* 48
bouton d'arrêt *m* 197
bouton de manchette *m* 36
bouton de mise au point *m* 167
bouton de porte *m* 59
boutonnière *f* 32
bouton-pression *m* 30
bowling *m* 249
boxe *f* 236
boxe thaïlandaise *f* 236
bracelet *m* 36
bracelet d'identité *m* 53
brancard *m* 94
branche *f* 296
brandy *m* 145
bras *m* 13, 88
brassard *m* 45
brasse *f* 239
brassière *f* 238
break *m* 199
Brésil 315
bretelle *f* 35, 37
bretelle d'accès *f* 194
bretelle de sortie *f* 194
bride *f* 241, 242
bridge *m* 273
brie *m* 142
brillant 83
brillant à lèvres *m* 40
brilliant 271
brindille *f* 296
brioche *f* 157
brique *f* 136,187,311
briquet *m* 112
brise-bise *m* 63
broche *f* 36, 60, 68
brochure *f* 175
brochure de vacances *f* 212
brocoli *m* 123
broderie *f* 277
bronzage *m* 41
bronze *m* 235
brosse *f* 38, 72, 83
brosse à dents *f* 72
brosse à encoller *f* 82
brosse à sourcils *f* 40
brosse à tapisser *f* 82
brosse pour le dos *f* 73
brosser 38, 50
brouette *f* 88
brouillard *m* 287
broyeur d'ordures *m* 61
brûleur *m* 67
brûleur à gaz *m* 61
brulure *f* 46
brume *f* 287
Brunei 319
bruyère *f* 297
buanderie *f* 76
buffet *m* 152
buffet du petit déjeuner *m* 156
buggy *m* 232
bulbe *m* 86
Bulgarie 316
bunker *m* 232
bureau 172
bureau *m* 24, 63, 174, 177
bureau de change *m* 97
bureau des douanes *m* 216
bureau du chef *m* 266
burin *m* 81, 275
Burkina 317
Burundi 317
bus *m* 196
bus à deux étages *m* 196
bus de touristes *m* 197
bus scolaire *m* 196
bus touristique *m* 260
but *m* 221, 223, 224
bytes *m* 176

C

cabane *f* 84
cabine d'essayage *f* 104
Cabinda 317
cabine *f* 95, 210, 214
cabine de plage *f* 264
cabine du conducteur *f* 208
cabine téléphonique *f* 99
cabinet *m* 45, 180
câble *m* 79, 207
câble électrique *m* 176. 209
cabriole *f* 235
cabriolet sport *m* 198
cacahouète *f* 129
cacahouètes *f* 151
cacao *m* 156
cacatoès *m* 293
cachet 173
cachets antinaupathiques *m* 109
cactus *m* 87
caddie *m* 106, 208, 233
cadeau *m* 27
cadre *m* 62, 174, 206, 230, 267
cadre de photo *m* 271
cafard *m* 295
café *m* 144, 148, 153, 156, 184, 262
café filtre *m* 148
café glacé *m* 148
café moulu *m* 144
cafetière *f* 65
cage à poules *f* 263
cage thoracique *f* 17
cahier *m* 163
caille *f* 119
caisse *f* 106, 150, 255
caisse claire *f* 257
caissier *m* 96, 106
cake *m* 140
calamar *m* 121
calcaire *m* 288
calcite *f* 289
calcium *m* 109
calculatrice *f* 165
cale *f* 215, 233
cale sèche *f* 217
caleçon *m* 33
calendrier *m* 306
cale-pied *m* 207
calice *m* 297
calmar *m* 295
Cambodge 318
cambriolage *m* 94
cambrure *f* 15
camembert *m* 142
caméra *f* 178
cameraman *m* 178
Cameroun 317
caméscope *m* 260, 269
camion *m* 194
camionneur *m* 190
camisole *f* 35
camomille *f* 149
Campari *m* 145
camper 266
camping *m* 266
camping-car *m* 266
campus *m* 168
Canada 314
canapé *m* 62, 155
canapé-lit *m* 63
canard *m* 119, 185
canari *m* 292
caneton *m* 185
canine *f* 50
caniveau *m* 299
canne *f* 91
canne à pêche *f* 244
canne à sucre *f* 184
canneberge *f* 127
cannelle *f* 133
cannes *f* 89
canoë *m* 214, 241
canot pneumatique *m* 215
canot de sauvetage *m* 214
capacité *f* 311
cape cervicale *f* 21
capitaine *m* 214
capitaine de port *m* 217
capitale *f* 315
capoeira *m* 237
capot *m* 198
capote *f* 75
cappuccino *m* 148
câpres *f* 143
capuche *f* 31
car *m* 196
caractéristiques *f* 282
carambole *f* 128
caramel *m* 113
carapace *f* 293
caravane *f* 266
cardamome *f* 132
cardigan *m* 32
cardiologie *f* 49
cardio-vasculaire 19
cargaison *f* 216
cargo *m* 215
carie *f* 50
carnaval *m* 27
carnet 172
carnet à croquis *m* 275
carnet de chèques *m* 96
carotte *f* 124
carpe koi *f* 294
carquois *m* 249
carre *f* 246
carré *m* 164
carreau *m* 273
carrefour *m* 194, 298
carreler 82
carrosserie *f* 202
cartable *m* 162
carte *f* 27, 153, 154, 195
carte bancaire *f* 96
carte d'embarquement *f* 213
carte de crédit *f* 96
carte de lecteur *f* 168
carte des vins *f* 152
carte du monde *f* 312
carte postale *f* 112
cartilage *m* 17
carton *m* 275
carton jaune *m* 223
carton rouge *m* 223
cascade *f* 285
case *f* 272
casier *m* 100
casier à bagages *m* 210
casier judiciaire *m* 181
casiers *m* 239
casino *m* 261
casque *m* 95, 204, 206, 220, 224, 228
casque de sécurité *m* 186
casquette *f* 36
casserole *f* 69
cassette *f* 269
cassis *m* 127
catalogue *m* 168
catamaran *m* 215
cataphote *m* 207
cataracte *f* 51
cathédrale *f* 300
cathéter *m* 53
cause *f* 180

caution *f* 181
cavalier *m* 242, 272
caverne *f* 284
CD *m* 269
cèdre *m* 296
ceinture *f* 32, 35, 36, 236
ceinture à outils *f* 186
ceinture de plomb *f* 239
ceinture de sécurité *f* 198
ceinture de sécurité *f* 211
ceinture noire *f* 237
céleri *m* 122, 124
cellule *f* 94, 181
cendre *f* 200
cendres d'os *f* 88
cendrier *m* 150
cent 308
cent dix 308
cent mille 308
centième 309
centimètre *m* 276, 310
centre *m* 164
centre commercial *m* 104
centre de pisciculture *m* 183
cerceau *m* 277
cercle *m* 165
cercle central *m* 222, 224, 226
cercle de jeu *m* 224
cercle polaire arctique *m* 283
céréale *f* 130
céréales *f* 107, 130
céréales traitées *f* 130
cérémonie de la remise des diplômes *f* 169
céréales *f* 156
cerf *m* 291
cerise *f* 126
cerveau *m* 19
césarienne *f* 52
cette semaine 307
chaîne *f* 36, 178, 206, 269
chaîne à péage *f* 269
chaîne de montagnes *f* 282
chaîne de sûreté *f* 59
chaîne hi-fi *f* 268
chair *f* 127, 129
chaise *f* 64
chaise haute *f* 75
chaise roulante *f* 48
chaise tournante *f*172
chambre *f* 58, 70, 283
chambre à air *f* 207
chambre à deux lits *f* 100
chambre d'enfants *f* 74
chambre d'eau *f* 61
chambre double *f* 100
chambre noire *f* 271
chambre privée *f* 48
chambre simple *f* 100
chambres *f* 100
chameau *m* 291
champ *m* 182
champ central *m* 228
champ droit *m* 229
champ extérieur *m* 229
champ gauche *m* 228
champ intérieur *m* 228
champagne *m* 145
champignon *m* 125
championnat *m* 223, 230
champs de courses *m* 243
changer de chaîne 269
changer de vitesse 207
changer une roue 203
chanson *f* 259
chanteur *m* 258
chanteuse *f* 191
chantier *m* 186
chantier naval *m* 217
chapeau *m* 36
chapeau de plage *m* 265
chapeau de soleil *m* 30
chapelure *f* 139
charbon *m* 288
charbon de bois *m* 266
charcuterie *f* 107, 142
chardon *m* 297
charger 76
chariot *m* 48, 213
chariot de levage *m* 186
chariot élévateur *m* 216
chasse-d'eau *f* 61
chasseur *m* 211
châssis *m* 203
chat *m* 290
châtaigne d'eau *f* 124
châtain 39
château *m* 300
château de sable *m* 265
chaton *m* 290
chaud 286, 321
chaudière *f* 61
chauffeur de taxi *m* 190
chaussettes *f* 33
chaussons *m* 30
chaussure *f* 220, 223, 233
chaussure à semelle compensée *f* 37
chaussure à talon *f* 37
chaussure de cuir *f* 37
chaussure de ski *f* 246
chaussure lacée *f* 37
chaussures *f* 34, 37
chaussures de marche *f* 267
chaussures en cuir *f* 32
chauve 39
chauve-souris *f* 290
chaux *f* 85
chavirer 241
cheddar *m* 142
chef *m* 24, 190
chef d'orchestre *m* 256
chef de cuisine *m* 152
cheminée *f* 58, 63, 214, 283
chemise *f* 32, 35
chemise de nuit *f* 31, 35
chemisier *m* 34
chêne *m* 296
chenille *f* 295
chèque *m* 96
chercher 177
cheval *m* 185, 235, 242
cheval d'arçons *m* 235
cheval de course *m* 243
chevalet *m* 174, 258, 274
cheveux *m* 14, 38
cheville *f* 13, 15, 259
chèvre *m* 185
chevreau *m* 185
chèvrefeuille *m* 297
chevron *m* 186
chewing-gum *m* 113
chiche-kébab *m* 158
chicorée *f* 123
chien *m* 290
chien assis *m* 58
chiffon *m* 77
chignon *m* 39
Chili 315
chimie *f* 162
Chine 318
chiot *m* 290
chips *f* 113, 151
chiropractie *f* 54
chirurgie *f* 48
chirurgien *m* 48
chirurgie esthétique *f* 49
choc *m* 47
choc électrique *m* 46
chocolat *m* 113
chocolat au lait *m* 113
chocolat blanc *m* 113
chocolat chaud *m* 144
chocolat en poudre *m* 148
chocolat noir *m* 113
chœur *m* 301
choqué 25
chorizo *m* 143
chou *m* 123
chou chinois *m* 123
chou de Bruxelles *m* 122
chou frisé *m* 123
chou précoce *m* 123
chouette *f* 292
chou-fleur *m* 124
chou-rave *m* 123
chronomètre *m* 166, 234
chrysanthème *m* 110
chute *f* 237
chutney *m* 134
Chypre 316
cible *f* 249, 273
ciboule *f* 125
ciboulette *f* 133
cidre *m* 145
cigare *m* 112
cigarettes *f* 112
cigogne *f* 292
cil *m* 14, 51
ciment *m* 186
cinéma *m* 255, 299
cinq 308
cinq cents 308
cinquante-cinq mille cinq cents 309
cinquante 308
cinquante mille 309
cinquantième 309
cinquième 309
cintre *m* 70
circonférence *f* 164
circulation *f* 194
cire *f* 77
cirer 77
cisaille *f* 89
ciseaux *m* 30, 47, 89, 188, 276
ciseaux à ongles *m* 41
Cité du Vatican *f* 316
citron *m* 126
citron et glaçons 151
citron vert *m* 126
citronnelle *f* 133
citrouille *f* 125
clair 41, 321
clam *f* 121
claquette *f* 179
clarinette *f* 257
clarinette basse *f* 257
classe *f* 163
classe affaires *f* 211
classe économique *f* 211
classeur 172
classeur à levier 173
clavicule *f* 17
clavier 97, 99, 172, 176
clayette *f* 67
clé de fa *f* 256
clé de sol *f* 256
clef *f* 59, 80, 207
clef à molette *f* 80
clef à pipe *f* 80
clef de la chambre *f* 100
clef serre-tube *f* 81
clémentine *f* 126
client *m* 96, 100, 104, 106, 152, 175, 180
cliente *f* 38
clignotant *m* 198, 204
climatisation *f* 200
clinique *f* 48
clipboard 173
clitoris *m* 20
clôture *f* 85, 182
clou *m* 80
clou de girofle *m* 133
clubs de golf *m* 233
coccinelle *f* 295
coccyx *m* 17
cocher 233
cochon *m* 185
cockpit *m* 210
cocktail *m* 151
cocon *m* 295
cocotte *f* 69
coquille *f* 129
code barres *m* 106
code postal *m* 98
code secret *m* 96
cœur *m* 18, 119, 122, 273
cœurs de palmier *m* 122
coffre *m* 198
coiffeur *m* 39, 188
coiffeuse *f* 38, 71
coiffures *f* 39
coin de la rue *m* 298
coing *m* 128
col *m* 32
col de l'utérus *m* 20
col de l'utérus *m* 52
col roulé *m* 33
cola *m* 144
colibri *m* 292
colis *m* 99
collage *m* 275
collant *m* 251
collants *m* 35
colle *f* 275
colle à bois *f* 78
colle à tapisser *f* 82
collègue *m* 24
collier *m* 36
colline *f* 284
Colombie 315
colonie 315
colonne *f* 300
colonne vertébrale *f* 17
colza *m* 184
combat *m* 237
combinaison *f* 35
combinaison de neige *f* 30
combinaison de plongée *f* 239
combinaison de ski *f* 246
combinaison-short *f* 30
combiné *m* 99
comédie *f* 255
comédie musicale *f* 255
comédie romantique *f* 255
comédien *m* 191
comète *f* 280
commande *f* 269
commander 153
commandes *f* 201, 204
commencer à l'école 26
commis *m* 152
commission *f* 97
commode *f* 70

commotion cérébrale *f* 46
communications *f* 98
Comores 317
compartiment *m* 209
compartiment à bagages *m* 196
compartiment-couchettes *m* 209
compas *m* 165, 240
complet 129, 131, 266
composer 99
compositions florales *f* 111
compresseur *m* 199
comptabilité *f* 175
comptable *m* 97, 190
compte courant *m* 96
compte de courrier électronique *m* 177
compte d'épargne *m* 97
compte rendu *m* 174
compte-gouttes *m* 109, 167
compter 165
compte-tours *m* 201
compteur *m* 201, 204
compteur de vues *m* 270
compteur d'électricité *m* 60
comptoir *m* 96, 100, 142, 150
comptoir sandwichs *m* 143
conception *f* 52
concert *m* 255, 258
concert de rock *m* 258
concevoir 20
concombre *m* 125
condamnation *f* 181
conditionnement physique *m* 250
condom *m* 21
conducteur *m* 196
conducteur de bus *m* 190
conduit éjaculatoire *m* 21
conduit spermatique *m* 21
conduite à droite *f* 201
conduite à gauche *f* 201
conduite d'amenée *f* 61
cône *m* 164, 187
conférencier *m* 174
confiant 25
confiserie *f* 107, 113
confiseur *m* 113
confiture *f* 134, 156
confiture de framboises *f* 134
confiture d'oranges *f* 134, 156
confus 25
congélateur *m* 67
congeler 67
conglomérat *m* 288
Congo 317
conifère *m* 86
connaissance *m* 24
connecter 177
conseil juridique *m* 180
conseillère *f* 55
conseillère financière *f* 97
Conservatoire *m* 169
conserves *f* 107
console *f* 269
constellation *f* 281
consterné 25
construction *f* 186
construire 186
consultation *f* 45
conteneur *m* 216
continent *m* 282, 315
contraception *f* 21, 52
contraction *f* 52
contrat *m* 175
contrebasse *f* 256
contrebasson *m* 257
contrefort *m* 301
contreplaqué *m* 79
contrôle de passeports *m* 213
contrôleur *m* 209
contusion *f* 46
convecteur *m* 60
copeaux *m* 78
copilote *m* 211
coq *m* 185
coque *f* 121, 214, 240
coquelicot *m* 297
coquetier *m* 65, 137
coquillage *m* 265
coquille *f* 137
coquille Saint-Jacques *f* 121
cor *m* 257
cor anglais *m* 257
corbeau *m* 292
corbeille *f* 254
corbeille à couture *f* 276
corbeille à papier 172
corbeille arrivée 172
corbeille de fruits *f* 126
corbeille départ 172
corde *f* 248, 258, 266
corde à linge *f* 76
cordes *f* 256
cordes vocales *f* 19
cordon ombilical *m* 52
Corée du Nord 318
Corée du Sud 318
coriandre *f* 133
corne 293
cornée *f* 51
corner *m* 223
corniche *f* 300
corps *m* 12
correcteur *m* 40
correspondance *f* 212
correspondant *m* 24
Corse 316
corset *m* 35
Costa Rica 314
costume *m* 255
costume *m* 32
côte *f* 17, 285
côté *m* 164
côte de bœuf *f* 119
Côte d'Ivoire 317
côtelette *f* 119
côtes *f* 155
coton *m* 184, 277
cottage *m* 136
cou *m* 12
couche *f* 75
couche de fond *f* 83
couche d'ozone *f* 286
couche éponge *f* 30
couche jetable *f* 30
coucher *m* 74
coucher du soleil *m* 305
coude *m* 13
cou-de-pied *m* 15
coudre 277
couenne *f* 119
couette *f* 71
couettes *f* 39
couffin *m* 75
couleur *f* 273
couleur pour bois *f* 79
couleurs *f* 39, 274
coulisses *f* 254
couloir *m* 168, 210, 234, 238
country *f* 259
coup *m* 151, 233, 237, 273
coup de pied *m* 237, 239
coup de poing *m* 237
coup de soleil *m* 46
coup droit *m* 231
coup du lapin *m* 46
coup franc *m* 222
coup manqué *m* 228
coupable 181
coupe *f* 91
coupé 99
coupe courte *f* 39
coupe-ongles *m* 41
couper 38, 67, 277
coupe-tube *m* 81
coupe-vent *m* 33
couple *m* 24
coups *m* 231
coupure *f* 46
coupure de courant *f* 60
cour *f* 58, 84
cour de ferme *f* 182
courant *m* 60
courant alternatif *m* 60
courant continu *m* 60
courbe 165
courbe *f* 48
coureur automobile *m* 249
courge *f* 124, 125
courge musquée *f* 125
courgette *f* 125
courir 228
couronne *f* 50, 111
courrier électronique *m* 177
courroie de cames *f* 203
courroie de ventilateur *f* 203
course *f* 234
course attelée *f* 243
course automobile *f* 249
course de chevaux *f* 243
course de moto *f* 249
course de plat *f* 243
course de trot *f* 243
courser 229
courses *f* 104, 243
court 321
court de tennis *m* 230
couscous *m* 130
cousin *m* 22
coussin *m* 62
coussinets *m* 53
couteau *m* 65, 80, 121
couteau à pain *m* 68
couteau de cuisine *m* 68
couture *f* 34
couturier *m* 191
couturière *f* 191, 277
couvercle *m* 61, 66
couvert *m* 65
couverts *m* 64
couverture *f* 71, 74
couverture chauffante *f* 71
couverture de protection *f* 83
couverture du sol *f* 87
couverture laineuse *f* 74
couveuse *f* 53
couvre-lit *m* 70
crabe *m* 121, 295
crachoir *m* 50
craie *f* 162, 288
craie de tailleur *f* 276
crampe *f* 239
crampes *f* 44
crâne *m* 17
crapaud *m* 294
cratère *m* 283
cravache *f* 242
cravate *f* 32
crawl *m* 239
crayon *m* 163, 275
crayon à lèvres *m* 40
crayon à sourcils *m* 40
crayon de couleur *m* 163
crème *f* 109, 137, 140, 157
crème *m* 148
crème allégée *f* 137
crème anglaise *f* 140
crème caramel *f* 141
crème épaisse *f* 137
crème fouettée *f* 137
crème fraîche *f* 137
crème hydratante *f* 41
crème pâtissière *f* 140
crème pour le visage *f* 73
crème pour l'érythème *f* 74
crémerie *f* 107
crêpes *f* 155, 157
crépuscule *m* 305
cresson *m* 123
creuset *m* 166
creux des reins *m* 13
crevaison *f* 203, 207
crevette *f* 121
crevettes décortiquées *f* 120
cric *m* 203
cricket *m* 225
crier 25
crime *m* 94
criminel *m* 181
crinière *f* 242, 291
crise cardiaque *f* 44
cristallin *m* 51
Croatie 316
crochet *m* 187, 277
crocodile *m* 293
croissant *m* 156
croissant de lune *m* 280
croquant 127
croquis *m* 275
crosse *f* 224, 249
crosse de hockey *f* 224
croûte *f* 136, 139, 142
cru 124, 129
Cuba 314
cube *m* 164
cubitus *m* 17
cueillir 91
cuiller *f* 65
cuiller à café *f* 65, 153
cuiller à glace *f* 68
cuiller à servir *f* 68
cuiller à soupe *f* 65
cuiller en bois *f* 68
cuiller pour mesurer *f* 109
cuir chevelu *m* 39
cuire à la vapeur 67
cuire au four 67
cuisine *f* 66, 67, 152, 214
cuisse *f* 12, 119
cuit 159
cuit à la vapeur 159
cuivre *m* 289
cuivres *m* 256
culasse *f* 202
culot à baïonette *m* 60
culotte en plastique *f* 30
cultivateur *m* 182
cultiver 91
culture *f* 183
cultures *f* 184
cumin *m* 132
curcuma *m* 132

curling *m* 247
curry *m* 158
cutter *m* 82
cuvette *f* 61
cygne *m* 293
cylindre *m* 164
cymbales *f* 257

D

d'accord 322
dame *f* 272, 273
dames *f* 272
dance *f* 259
Danemark 316
danger *m* 195
dans 320
danseuse *f* 191
dard *m* 295
date *f* 306
date d'expiration *f* 109
date de retour *f* 168
date du procès *f* 180
datte *f* 129
dauphin *m* 290
daurade *f* 120
de 320
dé *m* 272
dé à coudre *m* 276
de ferme 118
de rien 322
de saison 129
de troisième cycle 169
débarquer 217
début *m* 321
décapotable *f* 190
décembre *m* 306
décennie *f* 307
déchets bios *m* 61
déclencher l'accouchement 53
déclencheur *m* 270
décoller 82, 211
décongeler 67
décontracté 34
décor *m* 254
décor de cinéma *m* 179
décoration *f* 82, 141
décortiqué 129
découper 79
découvert *m* 96
décrêper 39
défaire 277
défense *f* 181, 220, 291
défenseur *m* 223
défilé *m* 27
dehors 320
déjeuner *m* 64
déjeuner d'affaires *m* 175
deltaplane *m* 248
deltoïde *m* 16
demain 306
démaquillant *m* 41
demi-heure 304
demi-litre *m* 311
demi-pension *f* 101
démonte-pneu *m* 207
dénominateur *m* 165
dent *f* 50
dentelle *f* 35, 277
dentier *m* 50
dentifrice *m* 72
dentiste *f* 189
dentiste *m* 50
déodorant *m* 73
déodorants *m* 108
dépanneuse *f* 203
départ *m* 232
départ plongé *m* 239
départs *m* 213
dépendance *f* 182
déplantoir *m* 89
dépliants *m* 96
déposition *f* 180
dérive *f* 210, 241
dermatologie *f* 49
dernière couche *f* 83
derrière 320
descente *f* 247
désert *m* 285
désherber 91
dessert *m* 133
desserts *m* 140
dessin *m* 162, 275
dessin animé *m* 178
dessinatrice *f* 191
dessiner 91, 162
dessous de verre *m* 150
dessus 98
destination *f* 213
détecteur de fumée *m* 95
détergent *m* 77
deux 308
deux cents 308
deux heures 304
deux mille 307
deux mille un 307
deux pintes 311
deuxième 309
deuxième étage *m* 104
deuxième galerie *f* 254
devant 320
développer 271
déviation *f* 195
dévidoir de scotch 173
dévidoir de tuyau *m* 89
devises étrangères *f* 97
devoirs *m* 163
diabète *m* 44
diable *m* 100
diagonale *f* 164
diamant *m* 288
diamètre *m* 164
diaphragme *m* 21, 19
diarrhée *f* 44, 109
dictionnaire *m* 163
dièse *m* 256
diesel *m* 199
difficile 321
digestif 19
digitale *f* 297
dilatation *f* 52
dimanche *m* 306
dimensions *f* 165
dinde *f* 119
dindon *m* 185, 293
dîner *m* 64
dioptrie *f* 51
diplomate *m* 141
diplôme *m* 169
directeur *m* 163, 174
directeur d'agence *m* 96
directeur général *m* 175
directions *f* 260
disc-jockey *m* 179
discuter 163
disque *m* 176, 234
disque dur *m* 176
dissertation *f* 169
dissolvant *m* 41
distance *f* 310
distractions à la maison *f* 268
distributeur *m* 97, 213
distribution *f* 98, 254
district *m* 315
dividendes *f* 97
divisé par 165
diviser 165
divorce *m* 26
Diwali *f* 27
dix 308
dix mille 309
dix-huit 308
dix-huitième 309
dixième 309
dix-neuf 308
dix-neuvième 309
dix-sept 308
dix-septième 309
Djibouti 317
dock *m* 214, 216
docteur *m* 189
doctorat *m* 169
documentaire *m* 178
dôme *m* 300
Dominique 314
dominos *m* 273
donner 273
donner à manger 183
donner le sein 53
dorsal *m* 16
dos *m* 13
dos crawlé *m* 239
dos du pied *m* 15
dos-nu 35
dossier *m* 210
dossier *m* 177
dossier suspendu 173
dossier-classeur 173
douane *f* 212
double *m* 230
double 151
double toit *m* 266
doubler 195
doublure *f* 32
douche *f* 72
douches *f* 266
douille *f* 69, 80
douve *f* 300
douze 308
douzième 309
dragée à la gelée *f* 113
drainage *m* 91
drap *m* 71, 74
drapeau *m* 221, 232, 235
drapeau de coin *m* 223
dressage *m* 243
dribbler 223
driver 233
droit *m* 169, 180
droite 165
drummer *m* 258
duffel-coat *m* 31
dumper *m* 187
duodénum *m* 18
dur 129, 321
DVD *m* 260
dynamo *f* 207

E

eau *f* 144, 238
eau de Javel
eau de toilette *f* 41
eau dentifrice *f* 72
eau du robinet *m* 144
eau en bouteille *f* 144
eau minérale *f* 144
ecaille *f* 121, 294
écaillé 121
écailles *f* 293
echafaudage *m* 186
échalote *f* 125
échange *m* 230
écharde *f* 46
écharpe *f* 31, 46
échecs *m* 272
échelle *f* 95, 186
écheveau *m* 277
échiquier *m* 272
échographie *f* 52
éclair *m* 140, 287
éclairage *m* 105, 178
éclipse *f* 280
école *f* 162, 299
école de danse *f* 169
école des beaux arts *f* 169
écoles *f* 169
écolier *m* 162
écolière *f* 162
écorce *f* 127, 282, 296
écorchure *f* 46
écoute *f* 241
écouteurs *m* 268
écran *m* 97, 176, 255, 269
écran d'information *m* 213
écran de protection *m* 88
écran solaire *m* 108
écran total *m* 108, 265
écrasé 132
écrevisse *f* 121
écrire 162
écrou *m* 80
écrous de roue *m* 203
écume *f* 241
écumoire *f* 68
écureuil *m* 290
écurie *f* 185, 243
eczéma *m* 44
édam *m* 142
édredon *m* 71
éducation physique *f* 162
effet *m* 230
effets secondaires *m* 109
effrayé 25
égale 165
égalité *f* 220, 230
église *f* 298, 300
égout *m* 299
égouttoir *m* 67
Égypte 317
élaguer 91
élastique 173
élastique pour cheveux *m* 39
électricien *m* 188
électricité *f* 60
électrode négative *f* 167
électrode positive *f* 167
électroménager *m* 107
éléphant *m* 291
élève *m* 162
e-mail *m* 98
émail *m* 50
emballage *m* 111
embarcadère *f* 217
embarquer 217
embouteillage *m* 195
embouts de tournevis *m* 80
embrayage *m* 200, 204
embryon *m* 52
émeraude *f* 288
émettre 178
émigrer 26
Émirats arabes unis 318
émission *f* 179
émotions *f* 25
empennage *m* 210
emplacement *m* 266
emplacements libres 266
employé *m* 24
employée de magasin *f* 188
employeuse *f* 24
empoisonnement *m* 46
empreintes *f* 94
emprunter 168

en bas 320
en différé 178
en direct 178
en face de 320
en filets 121
en flocons 132
en haut 320
en ligne 177
en morceaux 132
en poudre 132
en purée 159
en sauce 159
en saumure 143
en verre 69
encaisser 97
enceinte 52
enclos *m* 185, 242
encolure *f* 34
encolure en V *f* 33
encre *f* 275
encyclopédie *f* 163
endive *f* 122
endocrine 19
endocrinologie *f* 49
enduit *m* 83
enfant *m* 23
enfant *m* 31
enfants *m* 23
enfiler 277
engrais *m* 91
enjoliveur *m* 202
enlèvement de déchets *m* 61
enlever les fleurs fanées 91
ennuyé 25
enquête *f* 94
enregistrement des bagages *m* 213
enregistrer 212, 269
enregistreur minidisk *m* 268
enrobé de chocolat 140
enseigne *f* 104
enseignement supérieur *m* 168
ensoleillé 286
enterrement *m* 26
en-tête 173
entonnoir *m* 166
entorse *f* 46
entracte *m* 254
entraînement *m* 237
entraînement en circuit *m* 251
entraînement poids et haltères *m* 251
entraîneuse *f* 250
entre 320
entrée *f* 58, 59, 153
entrepôt *m* 216
entrer 177
entrer en éruption 283
enveloppe 173
enveloppe *f* 98
environnement *m* 280
environs *m* 299
envoi en recommandé *m* 98
envoyer 177
épais 321
épargne *f* 96
épaule *f* 13
épaulette *f* 35
épeler 162
épicé 124
épicerie *f* 114
épices *f* 132
épiglotte *f* 19
épilation *f* 41
épilepsie *f* 44
épinards *m* 123
épingle *f* 276
épingle de cravate *f* 36
épingle de sûreté *f* 47
épisiotomie *f* 52
épluche-légume *m* 68
éplucher 67
éponge *f* 73, 74, 83
épousseter 77
épouvantail *m* 184
épreuve *f* 271
épreuves *f* 247
éprouvette *f* 166
épuisette *f* 244
Équateur 315
équateur *m* 283
équation *f* 165
équerre *f* 165
équipage *m* 241
équipe *f* 220, 229
équipement *m* 165, 233, 238
équipement de bureau 172
équipement d'entretien *m* 77
équitation *f* 242, 263
érable *m* 296
éruption *f* 44
Érythrée 317
escabeau *m* 82
escalade *f* 248
escalade en glace *f* 247
escalator *m* 104
escalier *m* 59
escalier de secours *m* 95
escalier d'entraînement 250
escargot *m* 295
escrime *f* 249
espace *m* 280
espadon *m* 120, 294
Espagne 316
essai *m* 221
essence *f* 199
essieu *m* 205
essorer 76
essoreuse *f* 76
essuie-glace *m* 198
essuyer 77
est *m* 312
estomac *m* 18
Estonie 316
estragon *m* 133
estuaire *m* 285
établi *m* 78
étage inférieur *m* 141
étage supérieur *m* 141
étagère *f* 66, 106, 268
étain *m* 289
étaler au rouleau 67
étamino *f* 297
État *m* 315
États-Unis d'Amérique 314
étau *m* 78
été *m* 31, 307
éteindre la télévision 269
étendre 251
éternuement *m* 44
Éthiopie 317
étiquette 172, 173
étiquettes *f* 89
étirement *m* 251
étoile *f* 280
étoile de mer *f* 295
étouffer 47
être en défense 229
étrier *m* 242
étroit 321
étude *f* 162
études d'ingénieur *f* 169
étudiant *m* 169
étui *m* 51
étui à lentilles *m* 51
eucalyptus *m* 296
Europe 316
événements de la vie *m* 26
évent *m* 290
évier *m* 61, 66
examen *m* 163
examen de la vue *m* 51
examen médical *m* 45
excédent de bagages *m* 212
excité 25
exécuter un swing 232
exercice pour la poitrine *m* 251
exercice pour les biceps *m* 251
exercices *m* 251
exercices au sol *m* 235
exercices Pilates *m* 251
exfolier 41
exosphère *f* 286
expéditeur *m* 98
expérience *f* 166
exploitation fruitière *f* 183
exploitations agricoles *f* 183
exploration spatiale *f* 281
exposition *f* 261
expresso *m* 148
expulsion *f* 223
extérieur *m* 198
extincteur *m* 95
extraction *f* 50
eye-liner *m* 40

F

fâché 25
facile 321
facile à cuisiner 130
facteur *m* 98, 190
faible 321
fair du pain 138
faire cuire au four 138
faire du vélo 207
faire le lit 71
faire marche arrière 195
faire rebondir 227
faire son testament 26
faire un dunk 227
faire un vœu 140
faire une manchette 227
faire une mise en plis 38
faire une passe 220, 223
faire une réservation de vol 212
faire une tête 222
fairway *m* 232
faisan *m* 119, 293
fait-tout *m* 69
falaise *f* 285
famille *f* 22
fans *m* 258
farci 159
fard à joues *m* 40
fard à paupières *m* 40
farine *f* 138
farine avec la levure chimique *f* 139
farine blanche *f* 138
farine brute *f* 138
farine complète *f* 138
farine sans levure chimique *f* 139
farine traitée *f* 139
faucon *m* 292
fausse couche *f* 52
faute *f* 222, 226, 230
fauteuil *m* 63, 254
fauteuil de dentiste *m* 50
fax 172
fax *m* 98
Fédération de Russie 318
féminin 20
femme *f* 12, 22, 23
femme d'affaires *f* 175
fémur *m* 17
fendoir *m* 68
fenêtre *f* 58, 177, 186, 197, 209
feng shui *m* 55
fenouil *m* 122, 133
fente *f* 97
fente avant *f* 251
fenugrec *m* 132
fer *m* 109, 233, 289
fer à cheval *m* 242
fer à friser *m* 38
fer à repasser *m* 76
fer à souder *m* 81
ferme *f* 182, 184
ferme 124
fermé 260, 321
ferme d'aviculture *f* 183
ferme de culture *f* 183
ferme d'élevage de moutons *f* 183
ferme d'élevage porcin *f* 183
ferme laitière *f* 183
fermeture éclair *f* 277
fermier *m* 182, 189
fermoir *m* 36
ferry *m* 215, 216
fertilisation *f* 20
fertiliser 91
fesse *f* 13
fessier *m* 16
fête *f* 140
fête de Thanksgiving *f* 27
fêtes *f* 27
feu *m* 217
feu arrière *m* 204, 207
feu de camp *m* 266
feuillage *m* 110
feuille *f* 122, 296
feuille de laurier *f* 133
feuilles de thé *f* 144
feux *m* 94, 194
feux de détresse *m* 201
fève *f* 122
fèves *f* 131
février *m* 306
fiancé *m* 24
fiancée *f* 24
fiancés *m* 24
fibre *f* 127
fibre naturelle *f* 31
ficelle *f* 89
fiche compliments 173
fiche de retrait *f* 96
fiche intercalaire 173
fiches de versement *m* 96
fichier *m* 177
Fidji 319
fier 25
fièvre *f* 44
figue *f* 129
figue de Barbarie *f* 128
fil *m* 276
fil à plomb *m* 82
fil de fer *m* 79
fil dentaire *m* 50, 72
filament *m* 60
file de droite *f* 194
filet *m* 119, 121, 217, 222, 226, 227, 231
filets de flétan *m* 120
fille *f* 22, 23

film *m* 178, 269
film d'aventure *m* 255
film d'horreur *m* 255
film d'animation *m* 255
film de science-fiction *m* 255
fils *m* 22, 60
filtre *m* 270
filtre à air *m* 202
filtre d'air *m* 204
fin *f* 321
finance *f* 97
Finlande 316
fiole *f* 166
flageolets *m* 131
flamant *m* 292
flanc *m* 284
flash *m* 270
flash compact *m* 270
flèche *f* 95, 249, 300
fléchettes *f* 273
fléchir 251
fleur *f* 297
fleuret *m* 249
fleurette *f* 122
fleuriste *f* 188
fleuriste *m* 110
fleuron *m* 300
fleurs *f* 110
fleurs séchées *f* 111
flexion de jambes *f* 251
florentin *m* 141
flotteur *m* 61, 244
flou 271
flûte *f* 139, 257
fœtus *m* 52
foie *m* 18, 118
foin *m* 184
foire *f* 262
fois 165
follicule *m* 20
foncé 41, 321
fond de teint *m* 40
fontaine *f* 85
fontaine publique *f* 262
foot *m* 222
football américain *m* 220
forceps *m* 53, 167
forêt *f* 285
foret à bois plat *m* 80
foret à métaux *m* 80
foret de maçonnerie *m* 80
foret de sécurité *m* 80
forêt tropicale *f* 285
forets *m* 80
forets à bois *m* 80
formes *f* 164
fort 321
fosse d'orchestre *f* 254
fossette *f* 15
fou *m* 272
fouet *m* 68
fougère *f* 86
foulard *m* 36
four *m* 66
fourche *f* 88, 207
fourches *f* 39
fourchette *f* 65, 153
fourchette à découper *f* 68
fourmi *f* 295
fourneau *m* 112
fournitures de bureau 173
fourre-tout *m* 37
foyer *m* 255
fraction *f* 165
fracture *f* 46
fragile 98
frais 121, 127, 130
frais bancaires *m* 96
fraise *f* 50, 127
framboise *f* 127
France 316
frange de lit *f* 71
frapper 224, 225
freesia *m* 110
freezer *m* 67
frein *m* 204
frein *m* 200, 206
frein à main *m* 203
freiner 207
fréquence *f* 179
frère *m* 22
friandise *f* 113
frire 67
frisé *f* 301
frisé 39
frit 159
friteo *f* 154
froid 286, 321
fromage *m* 136, 156
fromage à la crème *m* 136
fromage à pâte molle *m* 136
fromage à pâte pressée cuite *m* 136
fromage à pâte pressée non cuite *m* 136
fromage à pâte semi-molle *m* 136
fromage de chèvre *m* 142
fromage frais *m* 136
fromage râpé *m* 136
froncement de sourcils *m* 25
front *m* 14
frontail *m* 242
frontal *m* 16
fronton *m* 301
fruit confit *m* 129
fruit de feijoa *m* 128
fruit de l'arbre à pain *m* 124
fruit de la passion *m* 128
fruits *m* 107, 126, 128, 157
fruits à noyau *m* 126
fruits de mer *m* 121
fruits en bocaux *m* 134
fruits secs *m* 156
fruits tropicaux *m* 128
fumé 118, 121, 143, 159
fumée *f* 95
fumer 112
fumer en surface 90
fusain *m* 275
fuseau *m* 277
fusée d'orientation *f* 281
fusée éclairante *f* 240
fuselage *m* 210
fusible *m* 60
fusil *m* 118

G

Gabon 317
gagnant *m* 273
gagner 273
galaxie *f* 280
galène *f* 198
galerie à vélo *f* 207
gallon *m* 311
galop *m* 243
galvanisé 79
Gambie 317
gamme *f* 256
gant *m* 224, 228, 233, 236, 246
gant isolant *m* 69
gants *m* 36
gants de boxe *m* 237
gants de jardinage *m* 89
garage *m* 58, 100, 203
garçon *m* 23, 152
garde *m* 189
garde-boue *m* 205
garde-côte *m* 217
garde-feu *m* 63
gardien de but *m* 222
gardien de guichet *m* 225
gardien de prison *f* 181
gare *f* 208
gare routière *f* 197
garer 195
garniture *f* 140, 155
gâteau au chocolat *m* 140
gâteau d'anniversaire *m* 141
gâteau de mariage *m* 141
gâteau de miel *m* 135
gâteaux *m* 140
gâteaux de fête *m* 141
gaufres *f* 157
gaze *f* 47
gazeux 144
gazonner 90
gel *m* 38, 109, 287
gel douche *m* 73
gélule *f* 109
gemmes *f* 288
gencive *f* 50
gendre *m* 22
gêné 25
génération *f* 23
génératrice *f* 60
genou *m* 12
genouillère *f* 227
genres de pêche *m* 245
genres de plantes *m* 86
gens 12, 16
géographie *f* 162
géométrie *f* 165
Géorgie 318
gerbera *m* 110
germe de soja *m* 122
germoir *m* 89
geyser *m* 285
Ghana 317
gibier *m* 119
gigot *m* 119
gilet *m* 33
gilet de sauvetage *m* 240
gin *m* 145
gin tonic *m* 151
gingembre *m* 125, 133
girafe *f* 301
giroflée *f* 110
givre *m* 287
glaçage *m* 141
glace *f* 120, 137, 149, 287
glacer 139
glacier *m* 284
glaçon *m* 151, 287
glaieul *m* 110
glande *f* 19
glisser 229
glissière de sécurité *f* 195
gneiss *m* 288
golf *m* 232
gomme *f* 163
gong *m* 257
gorge *f* 19, 284
gorille *m* 291
gotique 301
gouache *f* 274
gourde amère *f* 124
gousse *f* 122, 125
gouttes *f* 109
gouttière *f* 58
gouvernail *m* 241
gouverne *f* 210
goyave *f* 128
grain *m* 122, 130
grain de beauté *m* 14
grain de moutarde *m* 131
grain de poivre *m* 132
graine *f* 122, 130
graine de carvi *f* 131
graine de potiron *f* 131
graine de sésame *f* 131
graine de tournesol *f* 131
graines *f* 88, 131
graines de fenouil *f* 133
graines de pavot *f* 138
graines de soja *f* 131
grains *m* 144
gramme *m* 310
grand 321
grand bassin *m* 239
grand bol *m* 69
grand lit *m* 71
grand magasin *m* 105
grande aiguille *f* 304
grande cisaille *f* 88
grande tasse *f* 65
grandes ondes *f* 179
grand-mère *f* 22
grand-père *m* 22
grands-parents *m* 23
grand-voile *f* 240
grange *f* 182
granite *m* 288
graphite *m* 289
gras *m* 119
gras 39, 41
gratte-ciel *m* 299, 300
grattoir *m* 82
gravier *m* 88
gravure *f* 275
Grèce 316
gréement *m* 215, 240
green *m* 232
greffer 91
greffier *m* 180
grêle *f* 286
Grenade 314
grenade *f* 128
grenat *m* 288
grenier *m* 58
grenouille *f* 294
grenouillère *f* 30
grès *m* 288
griffe *f* 291
gril *m* 69
grillé 129, 159
grille de refroidissement *f* 69
grille-pain *m* 66
griller 67
grillon *m* 295
grippe *f* 44
gris 39, 274
Groenland 314
gros 321
gros haricots blancs *m* 131
gros intestin *m* 18
gros orteil *m* 15
groseille à maquereau *f* 127
groseille blanche *f* 127
grossesse *f* 52
grue *f* 187, 216, 292
grue de caméra *f* 178
Guatemala 314
guêpe *f* 295
guêpière *f* 35
guérison par cristaux *f* 55
gueule *f* 293

français

guichet *m* 96, 98, 209, 216, 225
guide *m* 104, 260
guide *f* 260
guide 172
guide de fil *m* 276
guidon *m* 207
guimauve *f* 113
guimbarde *f* 78
guindeau *m* 214
Guinée 317
Guinée équatoriale 317
Guinée-Bissau 317
guirlande de fleurs *f* 111
guitare basse *f* 258
guitare électrique *f* 258
Guyane 315
Guyane française 315
gymnase *m* 250
gymnaste *f* 235
gymnastique *f* 235
gymnastique rythmique *f* 235
gynécologie *f* 49
gynécologue *m* 52
gypsophile *f* 110

H

habillé 34
hache *f* 95
haie *f* 85, 90, 182
haies *f* 235
Haïti 314
hall *m* 100
hall de gare *m* 209
haltère *m* 251
hamac *m* 266
hamburger *m* 154
hamburger au poulet *m* 155
hamburger avec des frites *m* 154
hamburger végétarien *m* 155
hameçon *m* 244
hamster 290
hanche *f* 12
handicap *m* 233
haricot grimpant *m* 122
haricot vert *m* 122
haricots *m* 131
haricots blancs *m* 131
haricots mung *m* 131
haricots pinto *m* 131
haricots rouges *m* 131
harpe *f* 256
haut 321
haut-parleur *m* 176, 209
hautbois *m* 257
hauteur *f* 165
Hawaii 314
hayon *m* 198
heavy métal *f* 259
hebdomadaire 307
hebicide *m* 91
hélice *f* 211, 214
hélicoptère *m* 211
hématite *f* 289
hémisphère nord *m* 283
hémisphère sud *m* 283
hémorragie *f* 46
herbe *f* 55, 86
herbes *f* 133, 134
herbes et les épices *f* 132
herbicide *m* 183
herboristerie *f* 55, 108
hérisson *m* 290
hêtre *m* 296
heure *f* 304
heure de pointe *f* 209
heures *f* 261
heures de visite *f* 48
heureux 25
hexagone *m* 164
hier 306
Himalaya *m* 313
hippocampe *m* 294
hippopotame *m* 291
hirondelle *f* 292
histoire *f* 162
histoire de l'art *f* 169
hiver *m* 31, 307
hochet *m* 74
hockey *m* 224
hockey sur glace *m* 224
hockeyeur *m* 224
homard *m* 121, 295
homéopathie *f* 55
homme *m* 12, 23
homme d'affaires *m* 175
homme de base *m* 228
homogénéisé 137
Honduras 314
Hongrie 316
hôpital *m* 48
horaire *m* 197, 209, 261
horloge *f* 304
hormone *f* 20
hors jeu 225, 226, 228
hors piste 247
hors-bord *m* 215
hors-jeu *m* 223
hot-dog *m* 155
hôte *m* 64
hôtel *m* 100, 264
hôtesse *f* 64
hôtesse de l'air *f* 190, 210
hotte *f* 66
houe *f* 88
houppette *f* 40
houx *m* 296
hublot *m* 210, 214
huile *f* 142, 199
huile d'amande *f* 134
huile d'arachide *f* 135
huile d'olive *f* 134
huile de colza *f* 135
huile de maïs *f* 135
huile de noisette *f* 134
huile de noix *f* 134
huile de pépins de raisin *f* 134
huile de sésame *f* 134
huile de tournesol *f* 134
huile parfumée *f* 134
huile pressée à froid *f* 135
huile végétale *f* 135
huiles *f* 134
huiles essentielles *f* 55
huissier *m* 180
huit 308
huit cents 308
huitième 309
huître *m* 121
humérus *m* 17
humide 321, 286
hydravion *m* 211
hydroptère *m* 215
hydrothérapie *f* 55
hygiène dentaire *f* 72
hygiène féminine *f* 108
hypnothérapie *f* 55
hypoallergénique 41
hypoténuse *f* 164
hypothèque *f* 96

I

icône *f* 177
igname *f* 125
igné 288
iguane *m* 293
île *f* 282
île Maurice 317
îles Galapagos 315
îles Malouines 315
îles Salomon 319
immeuble *m* 59, 298
immeuble de bureaux *m* 298
immigration *f* 212
immobilisation *f* 237
imperméable *m* 31, 32, 245, 267
impôt *m* 96
imprimante *f* 172, 176
imprimer 172
imprimerie *f* 275
impuissant 20
incendie *m* 95
incisive *f* 50
Inde 318
index *m* 15
individuelle 58
Indonésie 319
infection *f* 44
infirmier du SAMU *m* 94
infirmière *f* 45, 48, 52, 189
information *f* 261
information touristique *f* 261
infusion de menthe *f* 149
ingénieur du son *m* 179
inhalateur *m* 44, 109
injection *f* 48
innocent 181
inoculation *f* 45
inondation *f* 287
inox *m* 79
inquiet 25
insomnie *f* 71
inspecteur *m* 94
installer 177
institutrice *f* 162, 191
instruments *m* 256, 258
insuline *f* 109
intercostal *m* 16
interdit de tourner à droite 195
intérieur *m* 200
internet *m* 177
interphone *m* 59
interrupteur *m* 60
interrupteur feux *m* 201
interviewer *m* 179
intestin grêle *m* 18
invertébrés *m* 295
investissement *m* 97
invité *m* 64
ionosphère *f* 286
Irak 318
Iran 318
iris *m* 51, 110
Irlande 316
isolation *f* 61
isorel *m* 79
Israël 318
Italie 316
itinéraire *m* 260

J

jacinthes des bois *f* 297
jade *m* 288
jais *m* 288
Jamaïque 314
jambe *f* 12
jambière *f* 224, 225
jambon *m* 119, 143, 1 56
jante *f* 206
janvier *m* 306
Japon 318
jardin *m* 84
jardin à la française *m* 84, 262
jardin d'eau *m* 84
jardin d'herbes aromatiques *m* 84
jardin paysan *m* 84
jardin sur le toit *m* 84
jardinage *m* 90
jardinier *m* 188
jarretelle *f* 35
jarretière *f* 35
jauge d'essence *f* 201
jauge d'huile *f* 202
jaune 274
jaune d'œuf *m* 137, 157
javelot *m* 234
jazz *m* 259
jean *m* 31
jet *m* 89
jet d'eau *m* 95
jet privé *m* 211
jetable 109
jetée *f* 217
jeter l'ancre 217
jeton *m* 272
jet-ski *m* 241
jeu *m* 75, 230, 273
jeu de cartes *m* 273
jeu télévisé *m* 178
jeu vidéo *m* 269
jeudi *m* 306
jeux *m* 272
jeux de raquette *m* 231
jeux de société *m* 272
joaillerie *f* 275
jodhpur *m* 242
jogger sur place 251
jogging *m* 251, 263
joint *m* 61, 80
jointoiement *m* 187
joker *m* 273
jonc *m* 86
jonquille *f* 111
Jordanie 318
joue *f* 14
jouer 229, 273
jouet *m* 75
jouet en peluche *m* 75
jouets *m* 105
joueur *m* 221, 231, 273
joueur de basket *m* 226
joueur de cricket *m* 225
joueur de foot *m* 222
joueur de football *m* 220
joueur de golf *m* 232
jour *m* 306
jour ouvrable *m* 306
journal *m* 112
journaliste *m* 190
judas *m* 59
judo *m* 236
juge *m* 180
juge de ligne *m* 220, 223, 230
juillet *m* 306
juin *m* 306
jumeaux *m* 23
jumelles *f* 281
jumping *m* 243
jupe *f* 30, 34
Jupiter *f* 280
jury *m* 180
jus *m* 127
jus d'ananas *m* 149
jus de fruit *m* 156
jus de pomme *m* 149
jus de raisin *m* 144
jus de tomate *m* 144, 149
jus d'orange *m* 148
jus et milk-shakes *m* 1 49
jusqu'à 320
juteux 127

K

kaki *m* 128
Kaliningrad 316
kangourou *m* 291
karaté *m* 236
Kasakhastan 318
kébab *m* 155
kendo *m* 236
Kenya 317
ketchup *m* 135, 154
kilogramme *m* 310
kilomètre *m* 310
kinésithérapie *f* 49
kiosque *m* 215
kippers *m* 157
Kirghizistan 318
kiwi *m* 128
klaxon *m* 201, 204
kleenex *m* 108
knock-out *m* 237
koala *m* 291
Koweït 318
kumquat *m* 126
kung-fu *m* 236

L

laboratoire *m* 166
labourer 100
lac *m* 285
lacet *m* 37
lâcher 245
lacrosse *m* 249
lactose *m* 137
laine *f* 277
laisser tremper 130
lait *m* 136, 156
lait condensé *m* 136
lait de brebis *m* 137
lait de chèvre *m* 136
lait de vache *m* 136
lait demi-écrémé *m* 136
lait écrémé *m* 136
lait en poudre *m* 137
lait entier *m* 136
laitue *f* 123
lame *f* 66, 78, 89
lame de rasoir *f* 73
lampadaire *m* 298
lampe *f* 50, 62
lampe de chevet *f* 70
lampe de radio *f* 45
lampe d'entrée *f* 58
lampe torche *f* 267
lancement *m* 281
lancement du poids *m* 234
lancer 221, 225, 227, 229, 245
lanceur *m* 225, 229, 281
landau *m* 75
langue *f* 19
langue de bœuf *f* 118
langues *f* 162
languette *f* 37
lanière *f* 207
Laos 318
lapin *m* 118, 290
laque *f* 38
large 321
largeur *f* 165
larme *f* 51
larynx *m* 19
latitude *f* 283
lavabo *m* 38, 72
lave *f* 283
lave-auto *m* 198
lave-glace *m* 199
lave-linge *m* 76
lave-linge séchant 76
laver 38, 77
laver à la brosse 77
laverie automatique *f* 115
lave-vaisselle *m* 66
laxatif *m* 109
le long de 320
Le Salvador 314
leçon *f* 163
lecteur cassettes *m* 269
lecteur CD *m* 268
lecteur DVD *m* 268
lecteur optique *m* 106
lecture *f* 260
légal 321
leggings 31
légumes *m* 107, 122, 124
légumes secs *m* 130
lent 321
lentille de l'objectif *f* 167
lentilles *f* 131
lentilles de contact *f* 51
lentilles rouges *f* 131
Lesotho 317
Lettonie 316
lettre *f* 98
lettre par avion 98
levée *f* 98
lever 139
lever du soleil *m* 305
levier *m* 150
levier de frein *m* 207
levier de vitesse *m* 207
levier de vitesses *m* 201
lèvre *f* 14
lèvres *f* 20
levure *f* 138
lézard *m* 293
Liban 318
libellule *f* 295
Libéria 317
liberté conditionnelle *f* 181
librairie *f* 115
libre 321
Libye 317
licence *f* 169
licenciée *f* 169
licou *m* 243
Liechtenstein 316
ligament *m* 17
ligne *f* 244
ligne d'arrivée *f* 234
ligne de bout *f* 226
ligne de but *f* 220, 223, 224
ligne de centre *f* 226
ligne de côté *f* 230
ligne de départ *f* 234
ligne de fond *f* 230
ligne de jeu *f* 233
ligne de lancer franc *f* 226
ligne de pénalité *f* 229
ligne de service *f* 230
ligne de touche *f* 220, 221, 226
ligne de trois points *f* 226
ligne d'envoi *f* 225
ligne du ballon mort *f* 221
lignes *f* 165
limace *f* 295
limande-sole *f* 120
lime *f* 81
lime à ongles *f* 41
limitation de vitesse *f* 195
limite du terrain *f* 225
limonade *f* 144
limousine *f* 199
lin *m* 184, 277
linge *m* 76
linge de lit *m* 71
linge de maison *m* 105
linge propre *m* 76
linge sale *m* 76
lingerie *f* 35, 105
lingette *f* 74, 108
linteau *m* 186
lion *m* 291
liqueur *f* 145
liquide *m* 77
liquide amniotique *m* 52
lire 162
lis *m* 110
liseuse *f* 210
lit *m* 70
lit d'enfant *m* 74
lit de camp *m* 266
lit simple *m* 71
lit U.V. *m* 41
litchi *m* 128
literie *f* 74
litre *m* 311
littérature *f* 162, 169
Lituanie 316
livraison à domicile *f* 154
livre *f* 310
livre *m* 163, 168
lob *m* 230
locataire *m* 58
location de voitures *f* 213
locomotive *f* 208
loganberry *f* 127
loge *f* 254
logement du film *m* 270
logiciel *m* 176
logo *m* 31
loin de 320
lombaires *f* 17
long 34
longe *f* 121
longitude *f* 283
longueur *f* 165, 310
longueur d'ondes *f* 179
losange *m* 164
lotion *f* 109
lotion pour le corps *f* 73
lotion solaire *f* 265
lotte *f* 120
louche *f* 68
louer 58
loup *m* 290
lourd 286, 321
loutre *f* 290
louvoyer 241
loyer *m* 58
luffa *m* 73
luge *f* 247
lundi *m* 306
lune *f* 284
lunettes *f* 51, 247
lunettes de protection *f* 167
lunettes de sécurité *f* 81
lunettes de soleil *f* 51, 265
lunettes protectrices *f* 238
lupins *m* 297
lutte *f* 236
Luxembourg 316
luzerne *f* 184
lymphatique 19

M

macadam goudronné *m* 187
macadamia *f* 129
Macédoine 316
macéré 159
machine à coudre *f* 276
machine à couper *f* 139
machine à ramer *f* 250
machine de randonnée *f* 250
machine de rayons X *f* 212
machines *f* 187
mâchoire *f* 14
macis *m* 132
maçon *m* 186, 188
macramé *m* 277
Madagascar 317
Madame *f* 23
madeleine *f* 140
Mademoiselle *f* 23
magasin *m* 298
magasin à papier 172
magasin bio *m* 115
magasin d'antiquités *m* 114
magasin d'appareils photos *m* 115
magasin de chaussures *m* 114
magasin de disques *m* 115
magasin de meubles *m* 115
magasin de vins et spiritueux *m* 115
magazine *m* 112
magazines *m* 107
magma *m* 283
magnésium *m* 109
magnétoscope *m* 269
mai *m* 306
maillet *m* 275
maillon *m* 36
maillot *m* 222, 251
maillot de bain *m* 238, 265
maillot de rugby *m* 221
main *f* 13, 15
maintenant 306
mairie *f* 299
maïs *m* 122, 130, 184
maison *f* 58
maison de deux étages *f* 58
maison de poupée *f* 75
maison d'habitation *f* 182
maison pliante *f* 75
maître *m* 54
maître nageur *m* 239, 265
maîtrise *f* 169
majeur *m* 15
majorette *f* 220
mal de tête *m* 44
mal d'estomac *m* 44
malachite *f* 288
malade en consultation externe *m* 48
maladie *f* 44
maladie sexuellement transmissible *f* 20
Malaisie 318
Malawi 317
Maldives 318
Mali 317
Malte 316
mamelon *m* 12
mammifères *m* 290
manche *m* 34, 36, 187, 230, 258
manchego *m* 142
manchette *f* 32
mandarine *f* 126
mandat *m* 180
mandat postal *m* 98
mandrin *m* 78
manette *f* 61
manette de chauffage *f* 201
manette de secours *f* 209

manger 64
manger *m* 75
manger sur place 154
mangoustan *m* 128
mangue *f* 128
manioc *m* 124
manivelle *f* 203
mannequin *m* 276
mante religieuse *f* 295
manteau *m* 32, 282
manucure *f* 41
manuel 200
maquereau *m* 120
maquette *f* 190
maquillage *m* 40
maracas *m* 257
marais *m* 285
marathon *m* 234
marbre *m* 288
marchand de hot-dogs *m* 154
marchand de journaux *m* 112
marchand de légumes *m* 114, 188
marchand d'occasion *m* 115
marchande de poissons *f* 188
marché *m* 115
mardi *m* 306
margarine *f* 137
marguerite *f* 110
mari *m* 22
mariage *m* 26, 35
marin *m* 189
marina *f* 217
marié 143, 159
marjolaine *f* 133
Maroc 317
marque *f* 273
marque de flottaison en charge *f* 214
marquer 227
marquer un but 223
marron 274
marron *m* 129
mars *m* 306
Mars *f* 280
marteau *m* 80
marteau de forgeron *m* 187
marteau de porte *m* 59
marteau-piqueur *m* 187
marteler 79
martini *m* 151
mascara *m* 40
masculin 21
masque *m* 189, 228, 236, 239, 249
masque de beauté *m* 41
masque protecteur *m* 225
massage *m* 54
mastic *m* 83
mastiquer 82
mat 83, 271
mât *m* 240, 266
match *m* 230
matelas *m* 70, 74
matelas à langer *m* 74
matelas pneumatique *m* 267
matériaux *m* 79, 187
matériel *m* 176
matériel de pêche *m* 245
maternité *f* 48, 49
mathématiques *f* 162, 164
matin *m*
matraque *f* 94
Mauritanie 317
mauvais 321
mauvais point *m* 228
mauvaises herbes *f* 86
maxillaire *m* 17
mayonnaise *f* 135
mécanicien *m* 188
mécanique *f* 202
mèche *f* 78
médailles *f* 235
médecin *m* 45
médecine *f* 169
médecine ayurvédique *f* 55
médias *m* 178
médicament *m* 109
médicament multivitamine *m* 109
médicament pour la toux *m* 108
médication *f* 109
méditation *f* 54
Méditerranée *f* 313
médium *m* 79
méduse *f* 295
mélanger 67, 138
mêlée *f* 221
mêlée ouverte *f* 221
mélèze *m* 296
mélodie *f* 259
melon *m* 127
mémoire *f* 176
menottes *f* 94
mensuel 307
menthe *f* 133
menton *m* 14
menu *m* 148
menu du déjeuner *m* 152
menu du soir *m* 152
menu enfant *m* 153
menuisier *m* 188
mer *f* 264, 282
mer Baltique *f* 313
mer Caspienne *f* 313
mer d'Arabie *f* 313
mer des Caraïbes *f* 312
mer du Nord *f* 312
mer Noire *f* 313
mer Rouge *f* 313
mercerie *f* 105
merci 322
mercredi *m* 306
mercure *m* 289
Mercure *f* 280
mère *f* 22
meringue *f* 140
merlan *m* 120
mésosphère *f* 286
message vocal *m* 99
messages *m* 100
mesure *f* 150, 151
mesure pour les liquides *f* 311
mesurer 310
mesures *f* 165
métacarpien *m* 17
métal *m* 79
métamorphique *m* 288
métatarsien *m* 17
métaux *m* 289
météore *m* 280
métier à tisser *m* 277
mètre *m* 80, 310
mètre carré *m* 310
métro *m* 209
metteur en scène *m* 254
mettre en pot 91
mettre la table 64
mettre le réveil 71
mettre un tuteur 91
meuble à tiroirs 172
meuble-classeur 172
Mexique 314
mica *m* 289
micro *m* 258
micro-ondes *m* 66
microphone *m* 179
microscope *m* 167
midi *m* 305
miel liquide *m* 134
miel solide *m* 134
migraine *f* 44
mijoter 67
mile *m* 310
milk-shake *m* 137
milk-shake à la fraise *m* 149
milk-shake au chocolat *m* 149
mille 309
mille *m* 273
mille neuf cent dix 307
mille neuf cent un 307
mille neuf cents 307
millénaire *m* 307
mille-pattes *m* 295
millet *m* 130
milliard *m* 309
milligramme *m* 310
millilitre *m* 311
millimètre *m* 310
million *m* 309
mince 321
minéraux *m* 289
minerve *f* 46
minibar *m* 101
minibus *m* 197
minijupe *f* 34
minuit *m* 305
minute *f* 304
miroir *m* 40, 63, 71, 167
mise à la terre *f* 60
mise au point *f* 271
missile *m* 211
mi-temps *f* 223
mitoyenne 58
mitraillouse *f* 189
mixeur *m* 66
mobile *m* 74
mocassin *m* 37
mode *f* 277
mode d'emploi *m* 109
modèle *m* 169
modèles *m* 199
modélisme *m* 275
modem *m* 176
module lunaire *m* 281
moineau *m* 292
moins 165
mois *m* 306
moïse *m* 74
moissonneuse-batteuse *f* 182
molaire *f* 50
Moldavie 316
mollet *m* 13, 16
Monaco 316
Mongolie 318
moniteur *m* 53, 75, 172, 176
Monopoly *m* 272
monorail *m* 208
Monsieur *m* 23
mont du lanceur *m* 228
montagne *f* 284
montagnes russes *f* 262
montant *m* 96
monter une tente 266
montgolfière *f* 211
montre *f* 36
monture *f* 51
monument *m* 261
monument historique *m* 261
morceaux de viande *m* 119
mordre 245
mors *m* 242
morse *m* 290
morsure *f* 46
mortier *m* 68, 167, 187
morue *f* 120
mosquée *f* 300
moteur *m* 88, 202, 204
moto *f* 204
moto de course *f* 205
moto routière *f* 205
moto tout-terrain *f* 205
motocross *m* 249
motonautisme *m* 241
mou 129, 321
mouche *f* 244, 295
mouchoir *m* 36
mouette *f* 292
moufles *f* 30
mouiller 217
moule *f* 121, 295
moule à gâteaux *f* 69
moule à muffins *m* 69
moule à soufflé *m* 69
moule à tarte *m* 69
moulinet *m* 244
moulure *f* 63
mourir 26
mousse *f* 141, 148
mousse à raser *f* 73
mousson *f* 287
moustiquaire *f* 267
moustique *m* 295
moutarde *f* 155
moutarde anglaise *f* 135
moutarde en grains *f* 135
moutarde française *f* 135
mouton *m* 185
moyeu *m* 206
Mozambique 317
mozzarella *f* 142
muffin *m* 140
multiplier 165
mur *m* 58, 186
mûr 129
mûre *f* 127
muscles *m* 16
musée *m* 261
musée d'art *m* 261
muserolle *f* 242
musicien *m* 191
musique *f* 162
musique classique *f* 255, 259
musique folk *f* 259
myopie *f* 51
myrtille *f* 127

N

naan *m* 139
nacelle *f* 95
nage *f* 239
nage synchronisée *f* 239
nageoire 290
nageoire dorsale *f* 294
nageoire pectorale *f* 294
nager 238
nager sur place 239
nageur *m* 238
naissance *f* 52, 53
naître 26
Namibie 317
nappe *f* 64
narine *f* 14
natation *f* 238
nation *m* 315
natte *f* 39

naturel 118
naturopathie *f* 55
nausée *f* 44
navet *m* 124
navette *f* 197
navette spatiale *f* 281
navigateur *m* 177
navigateur satellite *m* 201
naviguer 177, 240
navire *m* 214
navire de guerre *m* 215
navire porte-conteneurs *m* 215
ne pas plier 98
nébuleuse *f* 280
nectarine *f* 126
négatif *m* 271
négligé *m* 35
neige *f* 287
neige fondue *f* 286
néoclassique 301
Népal 318
Neptune *f* 280
nerf *m* 50, 19
nerf optique *m* 51
nerveux 19, 25
nettoyer 77
nettoyeur *m* 188
neuf 308, 321
neuf cents 308
neurologie *f* 49
neutre 60
neuvième 309
neveu *m* 23
nez *m* 14, 210
Nicaragua 314
nickel *m* 289
nièce *f* 23
Niger 317
Nigéria 317
niveau *m* 80
niveau à bulle *m* 187
Noël *m* 27
nœud papillon *m* 36
noir 39, 272, 274
noir *m* 148
noisette *f* 129
noix *f* 129, 151
noix de cajou *f* 129, 151
noix de coco *f* 129
noix de muscade *f* 132
noix du Brésil *f* 129
noix et les fruits secs f, *m* 129
noix pacane *f* 129
nombres *m* 308
nombril *m* 12
non 322
non gazeux 144
non pasteurisé 137
non salé 137
nord *m* 312
normal 39
Norvège 316
notation *f* 256
note *f* 163, 256
notes *f* 191
nougat *m* 113
nouilles *f* 158
nourriture *f* 118, 130, 149
nourriture pour animaux *f* 107
nouveau-né *m* 53
Nouvel An *m* 27
nouvelle lune *f* 280
nouvelles *f* 178
Nouvelle-Zélande 319
novembre *m* 306
noyau extérieur *m* 282
noyau intérieur *m* 282
nuage *m* 287
nuageux 286
nuit *f* 305
numérateur *m* 165
numérique 269
numéro *m* 226
numéro de bus *m* 196
numéro de chambre *m* 100
numéro de compte *m* 96
numéro de la porte d'embarquement *m* 213
numéro de voie *m* 208
numéro de vol *m* 213
nuque *f* 13
nylon *m* 277

O

O.R.L. *f* 49
objectif *m* 270
objet exposé *m* 261
observation des oiseaux *f* 263
obsidienne *f* 288
obstacle *m* 243
obstacle d'eau *m* 232
obstétricien *m* 52
obtenir sa licence 26
occupé 99
océan *m* 282
océan Arctique *m* 312
océan Atlantique *m* 312
océan Austral *m* 313
océan Indien *m* 312
océan Pacifique *m* 312
octobre *m* 306
octogone *m* 164
oculaire *m* 167
odomètre *m* 201
œil *m* 14, 51
œillet *m* 37, 110, 244, 276
œilleton *m* 269
œsophage *m* 19
œuf à la coque *m* 137, 157
œuf de caille *m* 137
œuf de cane *m* 137
œuf de poule *m* 137
œuf d'oie *m* 137
œuf sur le plat *m* 157
œufs *m* 137
œufs brouillés *m* 157
officier de police *m* 94
officine *f* 108
oie *f* 119, 293
oignon *m* 124
oiseaux *m* 292
okra *m* 122
olive fourrée *f* 143
olive noire *f* 143
olive verte *f* 143
olives *f* 151
Oman 318
omelotte *f* 150
omoplate *f* 17
once *f* 310
oncle *m* 22
oncologie *f* 49
ondes courtes *f* 179
ondes moyennes *f* 179
ongle *m* 15
onglet du pied *m* 15
onyx *m* 289
onze 308
onzième 309
opale *f* 288
opéra *m* 255
opération *f* 48
ophtalmologie *f* 49
opticien *m* 51, 189
or *m* 235, 289
orage *m* 287
orange 274
orange *f* 126
orangeade *f* 144
orbite *f* 280
orchestre *m* 254, 256
orchidée *f* 111
ordinateur 172
ordinateur *m* 176
ordonnance *f* 45
ordre du jour *m* 174
oreille *f* 14
oreiller *m* 70
oreillons *m* 44
organes de reproduction *m* 20
organes génitaux 12
orge *f* 130, 184
orientation d'un patient *m* 49
origami *m* 275
origan *m* 133
orme *m* 296
ornemental 87
ornements de jardin *m* 84
orteil *m* 15
orthopédie *f* 49
ortie *f* 297
os *m* 17, 119
oseille *f* 123
ostéopathie *f* 54
otarie *f* 290
ouatage *m* 277
ouest *m* 312
Ouganda *m* 317
oui 322
ouïe *f* 294
ouragan *m* 287
ourlet *m* 34
ours *m* 291
ours blanc *m* 291
ours en peluche *m* 75
outils *m* 187
outils de jardin *m* 88
ouvert 200, 321
ouverture *f* 256
ouvrages recommandés *m* 168
ouvre-boîte *m* 68
ouvre-bouteille *m* 68, 150
Ouzbékistan 318
ovaire *m* 20
ovale *m* 164
over par *m* 233
ovulation *f* 20, 52
ovule *m* 20

P

P.C.V. *m* 99
pagaie *f* 241
paie *f* 175
paiement *m* 96
paillasson *m* 59
paille *f* 144, 154
paille de fer *f* 81
pailler 91
pain *m* 139, 157, 311
pain au bicarbonate de soude *m* 139
pain au levain *m* 139
pain aux graines *m* 139
pain aux raisins secs *m* 139
pain bis *m* 139, 149
pain blanc *m* 139
pain complet *m* 139
pain de maïs *m* 139
pain de seigle *m* 138
pain de son *m* 139
pain perdu *m* 157
pain plat *m* 139
pain tranché *m* 138
pains *m* 138
Pakistan 318
palais *m* 19
pale de rotor *f* 211
palet *m* 224
palette *f* 186, 274
palier *m* 59
palisser 91
palme *f* 239
palmier *m* 86, 296
pamplemousse *m* 126
panais *m* 125
Panama 314
pancréas *m* 18
panda *m* 291
panier *m* 106, 207, 226
panier à jouets *m* 75
panier à linge *m* 76
panier à pique-nique *m* 263
panier de jardinier *m* 88
panier de pêche *m* 245
panier suspendu *m* 84
panne *f* 195, 203
panneau *m* 226
panneau d'affichage 173
panneau de signalisation *m* 298
panneaux routiers *m* 195
pansement *m* 47
pantalon *m* 32, 34
pantalon de jogging *m* 33
pantoufles *f* 31
paon *m* 293
papaye *f* 128
papeterie *f* 105
papier *m* 206, 226
papier d'apprêt *m* 83
papier de verre *m* 81, 83
papier filtre *m* 167
papier gaufré *m* 83
papier mâché *m* 275
papier peint *m* 82, 177
papillon *m* 239, 295
Papouasie-Nouvelle-Guinée 319
paprika *m* 132
Pâque *f* 27
paquebot *m* 215
pâquerette *f* 297
Pâques *f* 27
paquet *m* 311
paquet de cigarettes *m* 112
par *m* 233
par avion 98
parachute *m* 248
parachutisme *m* 248
Paraguay 315
parallèle 165
parallélogramme *m* 164
parapente *m* 248
parapluie *m* 36, 233
parasol *m* 264
parc *m* 75, 261, 262
parc d'attractions *m* 262
parc national *m* 261
parcomètre *m* 195
parcours de golf *m* 232
pare-brise *m* 198, 205
pare-chocs *m* 198
parents *m* 23
pare-vent *m* 265
pardon 322
parfum *m* 41
parfumé 130
parfumerie *f* 105
pari *m* 273
parking *m* 298

français

parking réservé aux personnes handicapées *m* 195
parmesan *m* 142
paroles *f* 259
partenaire m, *f* 23
parterre *m* 85, 90
partie fumeur *f* 152
partie non-fumeur *f* 152
partir du tee 233
partition *f* 255, 256
pas *m* 243
passage clouté *m* 195
passage inférieur *m* 0194
passager *m* 216
passe *f* 226
passeport *m* 213
passerelle *f* 212, 214
passoire *f* 68
pastels *m* 274
pastèque *f* 127
pasteurisé 137
pastille pour la gorge *f* 109
patate douce *f* 125
pataugas *m* 37
pataugeoire *f* 263
patchwork *m* 277
pâte *f* 138, 140
pâté *m* 142, 156
pâte à choux *f* 140
pâte à tartiner au chocolat *f* 135
pâte à tartiner au citron *f* 134
pâte d'amandes *f* 141
pâte de filo *f* 140
pâte feuilletée *f* 140
pâtes *f* 158
pâtés en croûte *m* 143
pathologie *f* 49
patient *m* 45
patin à glace *m* 224, 247
patin à roulettes *m* 249
patin de frein *m* 207
patinage *m* 247
patinage à roulettes *m* 249
patinage artistique *m* 247
patinage de vitesse *m* 247
patiner 224
patinoire *f* 224
patio *m* 85
pâtisserie *f* 69, 114, 149
patron *m* 276
paume *f* 15
paupière *f* 51
pause *f* 269
pavé *m* 85
pavillon *m* 58, 232
payer 153
pays *m* 315
paysage *m* 284
paysage 271
Pays-Bas 316
peau *f* 14, 119, 128
peau blanche *f* 126
pêche *f* 126, 128, 244
pêche à la mouche *f* 245
pêche au lancer en mer *f* 245
pêche en eau douce *f* 245
pêche hauturière *f* 245
pêche maritime *f* 245
pêche sous-marine *f* 245
pêche sportive *f* 245
pêcheur *m* 189, 244
pectoral *m* 16
pédale *f* 61, 206
pédale de frein *f* 205
pédaler 207
pédiatrie *f* 48, 49
pédicurie *f* 41
peigne *m* 38
peigner 38
peignoir *m* 32, 38, 73
peindre 83
peintre *m* 191
peinture *f* 83, 274
peintures à l'huile *f pl* 274
peinture mate *f* 83
pélican *m* 292
pelle *f* 77, 187, 265
pelle à poisson *f* 68
pelle mécanique *f* 187
pellicule *f* 260, 271
pellicules *f* 39
pelote à épingles *f* 276
pelouse *f* 85, 90, 262
penalty *m* 222
pendentif *m* 36
pendule *f* 62
péninsule *f* 282
pénis *m* 21
pension complète *f* 101
pentagone *m* 164
pente de ski *f* 246
pépin *m* 128, 127
pépinière *f* 115
pepperoni *m* 142
percer 79
perceuse électrique *f* 7
perceuse manuelle *f* 81
perceuse rechargeable *f* 78
perche *f* 179, 245
percolateur *m* 148, 150
percussion *f* 257
perdant *m* 273
perdre 273
perdre les eaux 52
père *m* 22
perforateur 173
perfusion *f* 53
pergola *f* 84
péridurale *f* 52
périodique *m* 168
permanente *f* 39
permis de pêche *m* 245
péroné *f* 17
Pérou 315
perpendiculaire 165
perroquet *m* 293
perruque *f* 39
persil *m* 133
personnel *m* 175
pesanteur *f* 280
pèse-bébé *m* 53
peser 310
pesticide *m* 89, 183
pétale *m* 297
petit 321
petit ami *m* 24
petit bassin *m* 239
petit déjeuner *m* 64, 156
petit déjeuner anglais *m* 156
petit enfant *m* 30
petit galop *m* 243
petit gâteau *m* 140
petit orteil *m* 15
petit pain *m* 139, 143, 155
petit pain américain *m* 139
petit pain rond *m* 139
petit pois *m* 122
petite aiguille *f* 304
petite amie *f* 24
petite fourche *f* 89
petite voiture *f* 199
petite-fille *f* 22
petit-fils *m* 22
petits pois *m* 131
petits-enfants *m* 23
pétrir 138
pétrolier *m* 215
peuplier *m* 296
peut-être 322
phare *m* 198, 205, 207, 217
pharmacien *m* 108
pharmacienne *f* 189
pharynx *m* 19
philatélie *f* 273
Philippines 319
philosophie *f* 169
phoque *f* 290
photo *f* 271
photocopier 172
photo-finish *m* 234
photographe *m* 191
photographie *f* 270
photographier 271
physalis *f* 128
physique *f* 162, 169
piano *m* 256
piano électronique *m* 258
pic *m* 292
piccolo *m* 257
pichet *m* 151
pick-up *m* 258
pièce *f* 97, 272
pièce jointe *f* 177
pièce de théâtre *f* 254
pièces rendues *f pl* 99
pied *m* 12, 15, 310
pied carré *m* 310
pied du lit *m* 71
pierre *f* 36, 275
pierre à aiguiser *f* 81
pierre de lune *f* 288
pierre ponce *f* 73, 288
pieuvre *f* 121, 295
pigeon *m* 292
pignon *m* 129, 207, 300
pile *f* 78, 167
piles *f* 260
pillule *f* 109
pilon *m* 68, 167
pilote *m* 190, 211
pilule *f* 21
piment *m* 124, 132, 143
pin *m* 296
pince *f* 166, 167
pince à cheveux *f* 38
pince à dénuder *f* 81
pince à dessin 173
pince à épiler *f* 40
pince à linge *f* 76
pince coupante *f* 80
pince crocodile *f* 167
pince fine *f* 47, 167
pince plate *f* 80
pince pour le nez *f* 238
pince universelle *f* 80
pinceau *m* 40, 274
pinceau à lèvres *m* 40
pinceau à pâtisserie *m* 69
pinces *f* 150
pingouin *m* 292
pinte *f* 311
pioche *f* 187
pion *m* 272
pipe *f* 112
pipette *f* 167
pique *m* 273
pique-nique *m* 263
piquer 90
piquet *m* 225, 266
piqûre *f* 46
piscine *f* 101, 238, 250
pissenlit *m* 123, 297
pistache *f* 129
piste *f* 212, 234
piste cavalière *f* 263
piste cyclable *f* 206
piste de ski *f* 246
pistolet *m* 94
pistolet à colle *m* 78
pita *m* 139
pivoine *f* 111
pizza *f* 154
pizzeria *f* 154
placard *m* 66
place *f* 299
placenta *m* 52
places *f* 254
placeur *m* 255
plafond *m* 62
plage *f* 264
plaidoyer *m* 180
plaine *f* 285
plainte *f* 94
plan *m* 261
plan de métro *m* 209
plan de travail *m* 66
planche *f* 238, 241
planche à hacher *f* 68
planche à repasser *f* 76
planche à roulette *f* 249, 263
planche à voile *f* 241
planches *f* 85
planchiste *m* 241
planète *f* 280, 282
planeur *m* 211, 248
plante à fleurs *f* 297
plante alpestre *f* 87
plante aquatique *f* 86
plante d'ombre *f* 87
plante du pied *f* 15
plante en pot *f* 110
plante en pot *f* 87
plante grasse *f* 87
plante grimpante *f* 87
plante rampante *f* 87
planter 183
plantes *f* 296
plantes de jardin *f* 86
plaque *f* 50, 283
plaque à gâteaux *f* 69
plaque d'immatriculation *f* 198
plat à gratin *m* 69
plat à rôtir *m* 69
plat principal *m* 153
plateau *m* 152, 154, 178, 284, 310
plateau de desserts *m* 152
plateau à petit déjeuner *m* 101
platine *m* 289
platine *f* 167, 276
platine magnétophone *f* 268
plâtre *m* 83
plâtrer 82
plats *m* 153
plats cuisinés *m* 107
plein 321
pleine lune *f* 280
pleurer 25
plomb *m* 244
plombage *m* 50
plomberie *f* 61
plombier *m* 188
plongée *f* 239
plongeon *m* 239
plongeon de haut vol *m* 239
plonger 238
plongeur *m* 238
plot de départ *m* 238
pluie *f* 287

plume *f* 163, 293
plus 165
plus tard 304
Pluton *m* 280
pneu *m* 198, 205, 206
poche *f* 32, 293
pocher 67
pochoir *m* 83
podium *m* 235, 256
poêle *f* 69
poids *m* 166, 250
poids de naissance *m* 53
poignée *f* 196, 200
poignées *f* 37
poignet *m* 13, 15, 230
poing *m* 15, 237
point *m* 228, 273, 277
pointe *f* 37, 122, 246
pointes *f* 233
points de suture *m* 52
poire *f* 127
poireau *m* 125
pois *m* 131
pois cassés *m* 131
pois chiches *m* 131
poisson *m* 107, 120
poisson avec des frites *m* 106
poisson fumé 143
poisson rouge *m* 294
poissonnerie *f* 114, 120
poissons *m* 294
poitrine *f* 12
poivre *m* 64, 152
poivre de la Jamaïque *f* 132
poivron *m* 124
poker *m* 273
pôle *m* 282
pôle nord *m* 283
police *f* 94, 177
policier *m* 94, 189
polo *m* 243
Pologne 316
polyester *m* 277
pommade *f* 47, 109
pomme *f* 126
pomme d'Adam *f* 19
pomme de terre *f* 124
pomme de terre nouvelle *f* 124
pommeau *m* 242
pommeau de douche *m* 72
pommes *f* 89
pompe *f* 199, 207
pompe à bière *f* 150
pompe à lait *f* 53
pompier *m* 189
pompiers *m* 95
poncer 82
ponceuse *f* 78
pont *m* 214, 300
pont arrière *m* 214
pont de commandement *m* 214
pont de côté *m* 240
pop *f* 259
pop-corn *m* 255
porc *m* 118
porcelaine *f* 105
porcelet *m* 185
porche *m* 58
porcherie *f* 185
pore *m* 15
porridge *m* 157
port *m* 176, 214, 216, 217
port de conteneurs *m* 216
port de passagers *m* 216
port de pêche *m* 217
portable *m* 99, 176
portable *m*
portail *m* 85
porte *f* 196, 198, 209, 247
porte automatique *f* 196
porte d'entrée *f* 58
porte de douche *f* 72
porte-vitre *f* 60
porte-avions *m* 215
porte-bagages *m* 204, 209, 212
porte-bébé *m* 75
porte-crayons 172
porte-dossiers 173
portée *f* 256
portefeuille *m* 37, 97
porte-fusibles *m* 203
porte-monnaie *m* 37
porte-objet *m* 167
porte-outils *m* 78
porte-parapluies *m* 59
porte-savon *m* 73
porte-serviettes *m* 72
porteur *m* 100
portillon *m* 209
portion *f* 64
porto *m* 145
Porto Rico 314
portrait 271
portrait-robot *m* 181
Portugal 316
pose *f* 271
posemètre *m* 270
poser 82
position *f* 232
posologie *f* 109
poste *f* 98
poste de péage *m* 194
poste de police *m* 94
poste d'incendie *m* 95
postier *m* 98
pot *m* 65, 74, 134, 311
pot à fleurs *m* 89
pot d'échappement *m* 204
pot de peinture *m* 83
pot d'échappement *m* 203
potage *m* 158
potager *m* 85, 182
poteau *m* 220, 222
poterie *f* 275
pot-pourri *m* 111
poubelle *f* 61, 67, 177
pouce *m* 15, 310
poudre *f* 40, 77, 109
poudre de curry *f* 132
poudrier *m* 40
poulailler *m* 185
poulain *m* 185
poulet *m* 110, 185
poulet frit *m* 155
poulet préparé *m* 119
pouls *m* 47
poumon *m* 18
poupée *f* 75
pour 320
pourcentage *m* 165
pourri 127
poussette *f* 75
poussin *m* 185
pouvoir *f* 100, 236
prairie *f* 285
pré *m* 182, 285
prélèvement *m* 96
prématuré 52
premier 309
premier étage *m* 104
première *f* 254
premiers secours *m* 47
prémolaire *f* 50
prénatal 52
prendre au filet 245
prendre des notes 163
prendre la mer 217
prendre sa retraite 26
prendre un bain 72
prendre un bain de soleil 264
prendre une douche 72
préparation *f* 159
préparé 121
prépuce *m* 21
près de 320
presbytie *f* 51
présentateur *m* 178, 191
présentation *f* 174
présentatrice *f* 179
présider 174
presse-ail *m* 68
presse-pied *m* 276
presse-purée *m* 68
pressing *m* 115
pression des pneus *f* 203
prêt *m* 96, 168
preuve *f* 181
prie 321
primevère *f* 297
principauté *f* 315
printemps *m* 307
prise *f* 60, 237
prise de courant *f* 60
prise maladroite du ballon *f* 220
prison *f* 181
prix *m* 152, 209
prix d'entrée *m* 260
prix des actions *m* 97
prix du ticket *m* 197
problèmes *m* 271
produit anti-insecte *m* 108
produits à tartiner *m* 134
produits d'entretien *m* 107
produits laitiers *m* 136
produits surgelés *m* 107
protéssions *f* 188, 190
profondeur *f* 165
programmation *f* 178
programme *m* 176, 254
projecteur *m* 174, 259
projection *f* 237
prolongation *f* 223
promenade *f* 266
promotion *f* 106
propager 91
proposition *f* 174
propriétaire *m* 58
prosciutto *m* 143
prostate *f* 21
protections *f* 220
protège-barreaux *m* 74
protège-dents *m* 237
protège-slip *m* 108
protège-tête *m* 236
proue *f* 215
province *f* 315
provisions *f* 106
prune *f* 126
pruneau *m* 129
psychiatrie *f* 49
psychothérapie *f* 55
public *m* 254
publicité *f* 269
pullover *m* 33
pulpe *f* 124, 127
pulvérisateur *m* 311
punaise 173
punching-bag *m* 237
pupille *f* 51
pupitre *m* 162
pupitre de mixage *m* 179
putter 233
putter *m* 233
puzzle *m* 273
pyjama *m* 30, 33
pyramide *f* 164

Q

Qatar 318
quadriceps *m* 16
quai *m* 208, 216
quarante 308
quarante minutes 304
quarantième 309
quart d'heure 304
quartier *m* 126
quartz *m* 289
quatorze 308
quatorzième 309
quatre 308
quatre cents 308
quatre-quatre *f* 199
quatre-vingts 308
quatre-vingt-dix 308
quatre-vingt-dixième 309
quatre-vingtième 309
quatrième 309
question *f* 163
questionner 163
queue *f* 121, 210, 242, 280, 290, 294
queue de cheval *f* 39
quiche *f* 142
quille *f* 214, 249
quincaillerie *f* 114
quinoa *m* 130
quinze 308
quinze jours 307
quinzième 309

R

rabot *m* 81
raboter 79
racine *f* 50, 124, 296
racines *f* 39
racler 77
racquetball *m* 231
radar *m* 214, 281
radeau de sauvetage *m* 240
radiateur *m* 60, 202
radicchio *m* 123
radio *f* 48, 50, 179, 268
radio dentaire *f* 50
radiologie *f* 49
radio-réveil *m* 70
radis *m* 124
radius *m* 17
rafraîchir 39
rafting *m* 241
rage de dents *f* 50
ragoût *m* 158
raide 39
raie *f* 120, 294
raifort *m* 125
rail *m* 208
rail conducteur *m* 209
raisin de Corinthe *m* 129
raisin de Smyrne *m* 129
raisin sec *m* 129
rallonge *f* 78
rallye *m* 249
RAM *f* 176
ramadan *m* 26
ramasseur de balles *m* 231
rambarde *f* 59
rame *f* 241
ramener 245

français

ramequin *m* 69
ramer 241
rameur *m* 241
rampe *f* 59
rampe de lancement *f* 281
ramure *f* 291
randonnée *f* 243, 263
rang de perles *m* 36
rangée *f* 210, 254
rap *m* 259
râpe *f* 68
râper 67
rapide 321
rapide *m* 209
rapides *m* 240, 284
rappel *m* 248
rapport *m* 174
rapporteur *m* 165
rapports sexuels *m* 20
raquette *f* 230, 231
rasage *m* 73
rasoir électrique *m* 73
rasoir jetable *m* 73
rassasié 64
rat *m* 290
rate *f* 18
râteau *m* 88
ratisser 90
raton laveur *m* 290
rayon *m* 164, 207
rayon bagages *m* 104
rayon chaussures *m* 104
rayon enfants *m* 104
rayons *m* 168
rayons ultraviolets *m* 286
réacteur *m* 210
réanimation *f* 47
rebond *m* 227
réception *f* 100
réceptionniste *f* 100, 190
receveur *m* 229
recevoir 177
réchaud *m* 269
réchauffer 154
recherche *f* 169
récif de corail *m* 285
récipient *m* 311
récipient Petri *m* 166
récolter 91, 183
record *m* 234
record personnel *m* 234
rectangle *m* 164
rectum *m* 21
reçu *m* 152
rédaction *f* 163
rédactrice *f* 191
redressement assis *m* 251
réduire 172
réflecteur *m* 204
reflets *m* 39
réflexologie *f* 54
réfrigérateur *m* 67
réfrigérateur-congélateur *m* 67
refroidissement *m* 44
regarder la télévision 269
reggae *m* 259
région *f* 315
registre *m* 100
réglage de l'allumage *m* 203
réglage du temps de pose *m* 270
règle *f* 163, 165
régler 179
régler la radio 269
règles *f* 20
réglisse *m* 113
régulateur *m* 239
reiki *f* 55
rein *m* 18
relais *m* 235
relations *f* 24
relaxation *f* 55
remorque *f* 266
remorquer 195
remorqueur *m* 215
remplaçant *m* 223
remplacement *m* 223
remuer 67
Renaissance 301
renard *m* 290
rendez-vous *m* 45, 175
rênes *f* 242
renoncule *f* 297
renouveler 168
renseignements *m* 99, 168
rentrée en touche *f* 223, 226
rentrée en touche *f*
renvoyé 48
repas *m* 64, 158
repas de noces *m* 26
répasser 76
répondeur *m* 99
répondre 163
réponse *f* 163
reporter *f* 179
repose-tête *m* 200
repriser 277
reproducteur 19
reproduction *f* 20
reptiles *m* 293
République centrafricaine 317
République démocratique du Congo 317
République dominicaine 314
République tchèque 316
requin *m* 294
réseau *m* 176
réseau d'électricité *m* 60
réseau ferroviaire *m* 209
réserve *f* 262
réserver 168
réservoir *m* 61
réservoir d'huile *m* 204
réservoir de lave-glace *m* 202
réservoir de liquide de freins *m* 202
réservoir de liquide de refroidissement *m* 202
réservoir d'essence *m* 203, 204
résidence universitaire *f* 168
résistance *f* 61
respiration *f* 47
respiratoire 19
ressort *m* 71
restaurant *m* 101, 152
restaurant rapide *m* 154
restaurant universitaire *m* 168
restauration rapide *f* 154
résultat *m* 49
retard *m* 209
rétine *f* 51
retour *m* 231
retour rapide *m* 269
retourner 91
retrait des bagages 213
rétroprojecteur *m* 163
rétroviseur *m* 198
réunion *f* 174
réveil *m* 70
revers *m* 32, 231
revêtement *m* 66, 187
revue *f* 168
rez-de-chaussée *m* 104
rhinocéros *m* 291
rhombe *m* 164
rhubarbe *f* 127
rhum *m* 145
rhum coca *m* 151
rhume *m* 44
rhume des foins *m* 44
richelieu *m* 37
ride *f* 15
rideau *m* 63, 254
rideau de douche *m* 72
rincer 38, 76
ring *m* 237
rire 25
rive *f* 284
rivière *f* 284
riz *m* 130, 158, 184
riz à grains ronds *m* 130
riz blanc *m* 130
riz complet *m* 130
riz sauvage *m* 130
robe *f* 31, 34, 169
robe de chambre *f* 31
robe de mariée *f* 35
robe du soir *f* 34
robinet *m* 61, 66
robinet d'eau chaude *m* 72
robinet d'eau froide *m* 72
robinet de purge *m* 61
robinet de sectionnement *m* 61
robot ménager *m* 66
rocaille *f* 84
rochers *m* 284
roches *f* 288
Rocheuses *f* 312
rococo 301
rodéo *m* 243
rognon *m* 119
roi *m* 272, 273
roller *m* 263
romarin *m* 133
rond de serviette *m* 65
rond-point *m* 195
ronfler 71
roquette *f* 123
rose 274
rose *f* 110
rosé 145
rôti *m* 158
rôtir 67
rotule *f* 17
roue *f* 198, 207
roue arrière *f* 197
roue avant *f* 196
roue de nez *f* 210
roue de secours *f* 203
roue dentée *f* 206
roues d'entraînement *f* 207
rouge 145, 274
rouge à lèvres *m* 40
rougeole *f* 44
rouget barbet *m* 120
rough *m* 232
rouleau *m* 39, 83, 311
rouleau compresseur *m* 187
rouleau de papier hygiénique *m* 72
rouleau de pellicule *m* 271
rouleau à pâtisserie *m* 69
Roumanie 316
round *m* 237
route à quatre voies *f* 195
route d'accès *f* 216
routes *f* 194
roux 39
Royaume-Uni *m* 316
ruban *m* 27, 39, 111, 141
ruban isolant *m* 81
rubis *m* 288
rue *f* 298
rue transversale *f* 299
ruelle *f* 298
rugby *m* 221
ruine célèbre *f* 261
ruisseau *m* 285
rumsteck *m* 119
runabout *m* 214
rustine *f* 207
rutabaga *m* 125
Rwanda 317

S

sable *m* 85, 264
sabot *m* 291
sabot *m* 242
sabre *m* 236
sac *m* 75, 311
sac à bandoulière *m* 37
sac à dos *m* 31, 37, 267
sac à herbe *m* 88
sac à main *m* 37
sac à provisions *m* 106
sac d'appareil photo *m* 271
sac de couchage *m* 267
sac de golf *m* 233
sac de plage *m* 264
sac en plastique *m* 122
sac postal *m* 98, 190
sachet de thé *m* 144
sacs *m* 37
safran *m* 132
sage-femme *f* 53
Sahara *m* 313
Sahara occidental *m* 317
saignement de nez *m* 44
Sainte-Lucie 314
Saint-Kitts-et-Nevis 314
Saint-Marin 316
Saint-Vincent-et-les-Grenadines 314
saisons *f* 306
salade *f* 149
salade composée *f* 158
salade verte *f* 158
salaire *m* 175
salamandre *f* 294
salami *m* 142
salé 118, 121, 129, 137, 143, 155
salle *f* 48
salle à manger *f* 64
salle d'opération *f* 48
salle d'attente *f* 45
salle de bain *f* 72
salle de bain privée *f* 100
salle de cinéma *f* 255
salle de classe *f* 162
salle de conférence *f* 174
salle de cours *f* 169
salle de départ *f* 213
salle de lecture *f* 168
salle de sport *f* 101
salle de tribunal *f* 180
salle des moteurs *f* 214
salle des urgences *f* 48
salon *m* 62
salon de coiffeur *m* 115
salopette *f* 30
salto *m* 235
samedi *m* 306
sandale *f* 37
sandales *f* 31
sandwich *m* 155
sandwich grillé *m* 149
sandwich mixte *m* 155

sangle *f* 242
sans 320
sans arêtes 121
sans bretelles 34
sans connaissance 47
sans manches 34
sans matières grasses 137
sans peau 121
sans pépins 127
sans plomb 199
santé *f* 44
Sao Tomé-et-Principe 317
sapeurs-pompiers *m* 95
saphir *m* 288
Sardaigne 316
sardine *f* 120
sas d'équipage *m* 281
satellite *m* 281
satsuma *f* 126
Saturne *f* 280
sauce *f* 134, 143, 155
saucisse *f* 155, 157
saucisses *m* 118
saucisson piquant *m* 142
sauf 228
sauge *f* 133
saule *m* 296
saumon *m* 120
sauna *m* 250
saut *m* 235, 237, 243, 247
saut à l'élastique *m* 248
saut à la corde *m* 251
saut à la perche *m* 234
saut en chute libre *m* 240
saut en hauteur *m* 235
saut en longueur *m* 235
sauté 159
sauté *m* 158
sauter 67, 227
sauterelle *f* 295
sauvegarder 177
sauver 223
savon *m* 73
saxophone *m* 257
scalpel *m* 81, 167
scanner *m* 176
scanographie *f* 48
scaphandre spatial *m* 281
scarabée *m* 295
scène *f* 254, 258
schiste *m* 288
scie à chantourner *f* 81
scie à dosseret *f* 81
scie à main *f* 89
scie circulaire *f* 78
scie égoïne *f* 80
scie sauteuse *f* 78
science *f* 166
sciences *f* 162
sciences économiques *f* 169
sciences politiques *f* 169
scientifique *m* 190
scier 79
scooter *m* 205
score *m* 220
scorpion *m* 295
scotch 173
scotch à l'eau *m* 151
Scrabble *m* 272
scrotum *m* 21
sculpter 79
sculpteur *m* 191
sculpture *f* 275
sculpture sur bois *f* 275
se coucher 71
se faire des amis 26
se lever 71, 139
se marier 26
se mettre à quat 217
se noyer 239
se réveiller 71
seau *m* 77, 82, 265
seau à glace *m* 150
sec 39, 41, 130, 145, 286, 321
sécateur *m* 89
s'échauffer 251
sécher 129, 143, 159
sèche-cheveux *m* 38
sèche-linge *m* 76
sécher 38, 76
seconde *f*
secrétariat *m* 168
section *f* 282
sécurité *f* 75, 212, 240
sedatif *m* 109
sédimentaire 288
seiche *f* 121
soin *m* 12
seize 308
seizième 309
sel *m* 64, 152
sélecteur de point *m* 276
selle *f* 204, 206, 242
selle de femme *f* 242
semaine *f* 306
semaine dernière 307
semaine prochaine 306
semelle *f* 37
semer 90, 183
semis *m* 91
semoule *f* 130
s'endormir 71
Sénégal 317
sens interdit 195
sensible 41
sentier *m* 262
s'entraîner 251
sept 308
sept cents 308
septembre *m* 306
septième 309
série télévisée *f* 178, 179
seringue *f* 109, 167
serpent *m* 293
serre *f* 85
serre-joint *m* 78
serre-tête *m* 38
serrure *f* 59
serrure de sécurité *f* 75
serveur *m* 148, 176
serveur d'accès *m* 177
serveuse *f* 191
service *m* 231
service après-vente *m* 104, 175
service compris 152
service de blanchisserie *m* 101
service de ménage *m* 101
service de messagerie *m* 99
service de prêt *m* 168
service de ressources humaines *m* 175
service de santé *m* 168
service de soins intensifs *m* 48
service des ventes *m* 175
service d'étage *m* 101
service du contentieux *m* 175
service marketing *m* 175
service non compris 152
services *m* 49
services d'urgence *m* 94, 99
serviette *f* 37, 65, 73, 152
serviette antiseptique *f* 47
serviette de bain *f* 73
serviette de plage *f* 265
serviette en papier *f* 154
serviette hygiénique *f* 108
serviettes *f* 73
servir 64
set *m* 230
set de table *m* 64
s'évanouir 25, 44
shaker à cocktails *m* 150
shampoing *m* 38
sherry *m* 145
shiatsu *m* 54
shooter 223
short *m* 33
Sibérie *f* 313
Sicile 316
siècle *m* 307
siège *m* 52, 61, 209, 210, 242
siège arrière *m* 200, 204
siège d'enfant *m* 198, 207
siège des toilettes *m* 72
siège du conducteur *m* 196
siège social *m* 175
Sierra Leone 317
sierra para metales *f* 81
signal *m* 209
signalisations *f* 194
signature *f* 96, 98
s'il vous plaît 322
silence *m* 256
silencieux *m* 203, 204
silex *m* 288
sillet *m* 258
sillon *m* 183
silo *m* 183
simple *m* 230
simple 151
Singapour 319
singe *m* 291
sinus *m* 19
sirène *f* 94
sirop *m* 109
sirop d'érable *m* 134
site web *m* 177
six 308
six cents 308
sixième 309
ski *m* 241, 246
ski alpin *m* 247
ski de randonnée *m* 247
ski nautique *m* 241
skieur nautique *m* 241
skieuse *f* 246
slalom *m* 247
slalom géant *m* 247
slice *m* 230
slip *m* 33, 65
slip de bain *m* 238
Slovaquie 316
Slovénie 316
smash *m* 231
snack *m* 148
soap-opéra *m* 178
société *f* 175
soda *m* 144
sœur *f* 22
soigner 91
soin dentaire *m* 108
soin du visage *m* 41
soins de beauté *m* 41
soins de bébé *m* 74, 104
soins de la peau *m* 108
soir *m* 305
soixante 308
soixante-dix 308
soixante-dixième 309
soixantième 309
sol *m* 62, 71, 85
soldat *m* 189
sole *f* 120
soleil *m* 280, 286
solides *m* 164
soluble 109
solution désinfectante *f* 51
solution nettoyante *f* 51
solvant *m* 83
Somalie 317
sommet *m* 165, 284
somnifère *m* 109
son *m* 130
sonate *f* 256
sonde *f* 50
sonnette *f* 59, 197
sorbet *m* 141
sortie *f* 61, 75, 210
sortie de secours *f* 210
Soudan 317
souder 79
soudure *f* 79, 80
soufflé *m* 158
souffler 141
soufre *m* 289
soupape de sûreté *f* 61
soupe *f* 153
soupirer 25
sourcil *m* 14, 61
sourire *m* 25
souris *f* 290
souris *f* 176
sous 320
sous tension 60
sous-exposé 271
sous-marin *m* 215
sous-sol *m* 58, 91
soustraire 165
sous-vêtements *m* 32
sous-vêtements thermiques *m* 35, 267
soutien-gorge *m* 35
soutien-gorge d'allaitement *m* 53
souvenirs *m* 260
sparadrap *m* 47
spatule *f* 68, 167, 275
spécialiste *m* 49
spécialités *f* 152
spectateurs *m* 230
sperme *m* 20
sphère *f* 164
sportif *m* 191
sports *m* 220, 236
sports aquatiques *m* 241
sports d'hiver *m* 247
sports de combat *m* 236
spray *m* 109
spray contre les insectes *m* 267
sprinter *m* 234
squash *m* 231
squelette *m* 17
Sri Lanka 318
stade *m* 223
stades *m* 23
starting block *m* 234
statif *m* 166
station de radio *f* 179
station de taxis *f* 213
station spatiale *f* 281
station-service *f* 199
statuette *f* 260
steeple *m* 243
sténographe *m* 181
stéréo 269
stéréo *f* 201

français

français

stérile 47, 20
stérilet *m* 21
sternum *m* 17
stéthoscope *m* 45
store *m* 63, 148
store vénitien *m* 63
stratosphère *f* 286
stress *m* 55
studio d'enregistrement *m* 179
studio de télévision *m* 178
styles *m* 239, 301
styles de jardin *m* 84
styles de musique *m* 259
styliste *m* 277
stylo *m* 163
succursale *f* 175
sucette *f* 113
sucré 124, 127, 155
sud *m* 312
Suède 316
Suisse *f* 316
sumo *m* 237
superficie *f* 310
supermarché *m* 106
supplément *m* 55
support *m* 88, 166, 187, 268
suppositoire *m* 109
sur 320
surexposé 271
surf *m* 241
surf des neiges *m* 247
surface de but *f* 221, 223
surface de réparation *f* 223
surfeur *m* 241
surgelé 121, 124
Surinam 315
surpris 25
survêtement *m* 31, 32
suspect *m* 94, 181
suspension *f* 203, 205
Swaziland 317
sweat-shirt *m* 33
swing d'essai *m* 233
swing en arrière *m* 233
symphonie *f* 256
synagogue *f* 300
synthétique 31
Syrie 318
système *m* 176
système solaire *m* 280
systèmes domestiques *m* 60
systèmes du corps *m* 19

T

tabac *m* 112, 184
table *f* 64, 148
table à encoller *f* 82
table basse *f* 62
table de cuisson *f* 67
table de cuisson vitrocéramique *f* 66
table de nuit *f* 70
table du petit déjeuner *f* 156
tableau *m* 62, 162, 261, 274
tableau à feuilles mobiles *m* 174
tableau de bord *m* 201
tableau des points *m* 225
tablette *f* 210
tablette de cheminée *f* 63
tablette de chocolat *f* 113
tablier *m* 30, 69
tabouret de bar *m* 150
tache de rousseur *f* 15
tache rouge *f* 271
tacler 220, 223
taco *m* 155
Tadjikistan 318
taekwondo *m* 236
taï chi *m* 236
taie d'oreiller *f* 71
taille *f* 12
taille-crayon *m* 163
tailler 90
tailleur *m* 115
Taiwan 319
talc *m* 73
talon *m* 13, 15, 37, 96
tambour *m* 245, 257
tamis *m* 89
tamiser 91, 138
tampon *m* 108
tampon de la poste *m* 98
tampon encreur 173
tandem *m* 206
tangelo *m* 126
tante *f* 22
Tanzanie *f* 317
tapis *m* 54, 63, 71, 235
tapis de bain *m* 72
tapis de sol *m* 267
tapis roulant *m* 106, 212, 250
tapisser 82
tapisserie *f* 277
tapissier décorateur *m* 82
taquet *m* 240
tard 305
tarif *m* 154, 199
tarif d'affranchissement *m* 98
taro *m* 124
tarte *f* 141
tarte à la crème *f* 141
tarte aux fruits *f* 140
tas de compost *m* 85
Tasmanie 319
tasse *f* 75
tasse à café *f* 65
tasse à thé *f* 65
tatouage *m* 41
taureau *m* 185
taux d'intérêt *m* 96
taux de change *m* 97
Tchad 317
techniques *f* 79
tee *m* 233
teint *m* 41
teint 39
teinture de cheveux *f* 40
télécabine *f* 246
télécharger 177
télécommande *f* 269
télégramme *m* 98
téléphone 172
téléphone *m* 99
téléphone à carte *m* 99
téléphone à pièces *m* 99
téléphone de secours *m* 195
téléphone sans fil *m* 99
téléphoniste *m* 99
téléprompteur *m* 179
télescope *m* 281
télésiège *m* 246
télévision *f* 268
télévision 16/9ème *f* 269
télévision par câble *f* 269
témoin *m* 180
tempe *f* 14
température *f* 286
tempête *f* 286
temple *m* 300
temps *m* 234, 286
temps libre *m* 254, 258, 264
temps mort *m* 220
tendon *m* 17
tendon d'Achille *m* 16
tendon du jarret *m* 16
tennis *m* 230, 231
tennis de table *m* 231
tensiomètre *m* 45
tension *f* 44, 60
tente *f* 267
tenue de foot *f* 31
téquila *f* 145
térébenthine *f* 83
terminal *m* 212
terminal de ferrys *m* 216
termite *f* 295
terrain *m* 220, 222, 226, 228, 234
terrain de camping *m* 266
terrain de cricket *m* 225
terrain de jeux *m* 263
terrain de rugby *m* 221
terrain de sport *m* 168
terrasse de café *f* 148
terrasse de café *f* 148
terre *f* 85, 282
Terre *f* 280
terreau *m* 88
terre-plein *m* 194
terres cultivées *f* 182
territoire *m* 315
test de grossesse *m* 52
testicule *m* 21
têtard *m* 294
tête *f* 12, 19, 81, 230
tête du lit *f* 70
tétine *f* 75
texte *m* 254
texto *m* 99
Thaïlande 318
thé *m* 144, 149, 184
thé au citron *m* 149
thé au lait *m* 149
thé glacé *m* 149
thé nature *m* 149
thé vert *m* 149
théâtre *m* 254, 299
théière *f* 65
thénar *m* 15
thérapeute *f* 55
thérapie de groupe *f* 55
thérapies alternatives *f* 54
thermomètre *m* 44, 167, 201
thermos *m* 267
thermosphère *f* 286
thermostat *m* 61
thèse *f* 169
thon *m* 120
thriller *m* 255
thym *m* 133
thyroïde *f* 18
tibia *m* 12, 17
ticket *m* 197
tiebrake *m* 230
tige *f* 111, 297
tige de verre *f* 167
tigre *m* 291
tilleul *m* 296
timbale *f* 257
timbre *m* 98
timbres *m* 112
timide 25
Timor oriental 319
tir à cible *m* 249
tir à l'arc *m* 249
tire-bouchon *m* 150
tirer 227, 251
tiroir *m* 66, 70, 172
tisane *f* 149
tissage *m* 277
tissu *m* 276, 277
titre *m* 168
titres *m* 23, 97
toast *m* 157
toboggan *m* 263
Togo *m* 317
toile *f* 274
toile de fond *f* 254
toile métallique *f* 167
toilettes *f* 72, 104, 266
toise *f* 45
toit *m* 58, 203
toit ouvrant *m* 202
tomate *f* 125, 157
tomate cerise *f* 124
tomber amoureux 26
ton *m* 41, 256
tondeuse *f* 88, 90
tondeuse à gazon *f* 88
tondre 90
tong *f* 37
tonic *m* 144
tonique *m* 41
tonne *f* 310
tonnerre *m* 286
topaze *m* 288
topiaire *f* 87
topinambour *m* 125
toque *f* 190
tornade *f* 287
tortue *f* 293
tortue marine *f* 293
tôt 305
touche *f* 176
tour *f* 272, 301
tour *m* 238
tour de batte *m* 228
tour de contrôle *f* 212
tour de potier *m* 275
tour de surveillance *f* 265
tourelle *f* 300
tourisme *m* 260
touriste *m* 260
tourmaline *f* 288
tourne-disque *m* 268
tourner 79
tournesol *m* 184, 297
tournevis *m* 80
tournevis cruciforme *m* 81
tournois *m* 233
tourte *f* 158
tourtière *f* 69
tout droit 260
toux *f* 44
trachée *f* 18
tracteur *m* 182
traction *f* 251
traction pour les jambes *f* 251
train *m* 208
train à grande vitesse *m* 208
train à vapeur *m* 208
train d'atterrissage *m* 210
train de marchandises *m* 208
train diesel *m* 208
train électrique *m* 208
traîne *f* 35
traîneau à chiens *m* 247
traire 183
tram *m* 208
tramway *m* 196
tranche *f* 119, 121, 139, 140
tranche de lard *f* 119

transat *m* 265
transfert *m* 223
transformateur *m* 60
transmission *f* 202
transplanter 91
transport *m* 194
trapèze *m* 16, 164
traumatisme crânien *m* 46
travail 172
travaux *m* 187, 195
traveller *m* 97
trèfle *m* 273, 297
treillis *m* 84
treize 308
treizième 309
tremblement *m* 283
tremplin *m* 235, 238
trente 308
trentième 309
trepied *m* 166, 270, 281
très chaud 286
triangle *m* 164, 257
triceps *m* 16
tricot *m* 277
tricot de corps *m* 33
trictrac *m* 272
trimestre *m* 52
Trinité-et-Tobago 314
triste 25
trognon *m* 122, 127
trois 308
trois cents 308
troisième 309
trolleybus *m* 196
trombone *m* 257
trombone 173
trompe *f* 291
trompe de Fallope *f* 20
trompette *f* 257
tronc *m* 296
tropique du cancer *m* 283
tropique du capricorne *m* 283
tropiques *f* 283
troposphère *f* 286
trop-plein *m* 61
trot *m* 243
trotteuse *f* 304
trottoir *m* 298
trou *m* 232
trou en un *m* 233
trou noir *m* 280
troupeau *m* 183
trousse *f* 163
trousse de premiers secours *f* 47
trouver un emploi 26
truelle *f* 187
truffe *f* 113, 125
truite *f* 120
truite arc-en-ciel *f* 120
T-shirt *m* 30, 33
tuba *m* 239, 257
tube *m* 230, 311
tube porte-selle *m* 206
tuile *f* 58, 187
tulipe *f* 111
Tunisie *f* 317
turbocompresseur *m* 203
Turkmenistan 318
Turquie *f* 316
turquoise *f* 289
tuteur *m* 90
tutu *m* 191
tuyau *m* 95, 112, 202
tuyau d'arrosage *m* 89
tuyau d'écoulement *m* 61, 72
tuyau flexible *m* 77
types *m* 205
types d'appareils photo *m* 270
types de bus *m* 196
types de trains *m* 208

U

U.F.R. *f* 169
U.L.M. *m* 211
Ukraine *f* 316
ultrasons *m* 97
un 308
under par *m* 233
uniforme *m* 94, 162, 189
unité centrale *f* 176
univers *m* 280
université *f* 299
Uranus *f* 280
uretère *m* 21
urètre *m* 20
urgence *f* 46
urinaire 19
urologie *f* 49
Uruguay 315
usine *f* 299
ustensiles de cuisine *m* 68, 105
utérus *m* 20, 52
utiliser le fil dentaire 50

V

vacances *f* 212
vaccination *f* 45
vache *f* 185
vagin *m* 20
vague *f* 241, 264
vaisselle *f* 64
vaisselle et les couverts *f* 65
valet *m* 273
valet d'écurie *m* 243
valeur *f* 97
vallée *f* 284
valve *f* 207
vanille *f* 132
Vanuatu 319
vaporisateur *m* 89
varicelle *f* 44
vase *f* 85
vase *m* 63, 111
veau *m* 118, 185
véhicule de service *m* 212
veille de la Toussaint *f* 27
veine *f* 19
vélo *m* 263
vélo de course *m* 206
vélo de randonnée *m* 206
vélo de ville *m* 206
vélo d'entraînement *m* 250
vélo tous terrains *m* 206
venaison *f* 118
vendeur *m* 104
vendredi *m* 306
Venezuela 315
vent *m* 241, 286
venteux 286
ventilateur *m* 60, 202, 210
ventouse *f* 53, 81
ventre *m* 12
Vénus *f* 280
ver *m* 295
verdict *m* 181
vernis *m* 79, 83
vernis à ongles *m* 41
verre *m* 51, 65, 152
verre à vin *m* 65
verre gradué *m* 150
verre mesureur 69, 311
verrerie *f* 64
verres *m* 150
verrou *m* 59
verrouillage *m* 200
vers 320
verser 67, 96
vert 129, 274
vertèbres cervicales *f* 17
vertèbres thoraciques *f* 17
vésicule *f* 21
vessie *f* 20
veste *f* 32, 34
veste de sport *f* 33
vestibule *m* 59
vêtement en cuir *m* 205
vêtements *m* 205
vêtements de nuit *m* 31
vêtements pour enfants *m* 30
vêtements pour femmes *m* 34, 105
vêtements pour hommes *m* 32, 105
vêtements sport *m* 33
vétérinaire *f* 189
viande *f* 119
viande blanche *f* 118
viande cuite *f* 118, 143
viande et la volaille *f* 106
viande hachée *f* 119
viande maigre *f* 118
viande non cuite *f* 142
viande rouge *f* 118
vibraphone *m* 257
vide 321
vidéocassette *f* 269
vide-pomme *m* 68
Vietnam 318
vieux 321
vigne *f* 183
vilebrequin *m* 78
village *m* 299
ville *f* 298, 299
vin *m* 145, 151
vinaigre *m* 135, 142
vinaigre balsamique *m* 135
vinaigre de cidre *m* 135
vinaigre de malt *m* 135
vinaigre de vin *m* 135
vinaigrette *f* 158
vingt 308
vingt et un 308
vingt et unième 309
vingt mille 309
vingt minutes
vingt-huitième 309
vingt-deuxième 309
vingtième 309
vingt-troisième 309
violet 274
violon *m* 256
violoncelle *m* 256
virement *m* 96
virus *m* 44
vis *f* 80
visa *m* 213
visage *m* 14
viseur *m* 271
visière *f* 205
visiophone *m* 99
visite de contrôle *m* 50
visite guidée *f* 260
vitamines *f pl* 108
vitesses *f* 206
vivace 86
vodka *f* 145
vodka à l'orange *f* 151
voie à sens unique *f* 298
voie centrale *f* 194
voie de dépassement *f* 194
voie ferrée *f* 208
voile *f* 240, 241
voile *m* 35
voile d'avant *f* 240
voilier *m* 215
voisin *m* 24
voiture *f* 198, 200, 208
voiture à six places *f* 199
voiture de police *f* 94
voiture de pompiers *f* 95
voiture d'époque *f* 199
voiture-restaurant *f* 209
vol domestique *m* 212
vol international *m* 212
vol plané *m* 248
volaille *f* 119
volant *m* 201, 231
volcan *m* 283
voler 211
volet *m* 58
volée *f* 231
volley *m* 227
volume *m* 165, 179, 269, 311
vomir 44
voûte *f* 300
voyage d'affaires *m* 175
voyage de noces *m* 26
voyageur *m* 208
vue *f* 51

W

W.-C. *m* 61
water-polo *m* 239
week-end *m* 306
western *m* 255
whisky *m* 145
white-spirit *m* 83
wok *m* 69

Y

yacht *m* 215, 240
yaourt *m* 137
yaourt aux fruits *m* 157
yaourt surgelé *m* 137
yard *m* 310
Yémen 318
yoga *m* 54
Yougoslavie 316

Z

Zambie *f* 317
zèbre *m* 291
zéro 230, 308
zeste *m* 126
Zimbabwe *m* 317
zinc *m* 289
zone *f* 315
zone d'attaque *f* 224
zone de défense *f* 224
zone de fond *f* 220
zone industrielle *f* 299
zone neutre *f* 224
zone piétonnière *f* 299
zones *f* 283
zoo *m* 262
zoologie *f* 169
zoom *m* 270

index anglais • English index

A

à la carte 152
a shot 151
abdomen 12
abdominals 16
above 320
abseiling 248
acacia 110
accelerator 200
access road 216
accessories 36, 38
accident 46
account number 96
accountant 97, 190
accounts department 175
accused 180
ace 230, 273
Achilles tendon 16
acorn squash 125
acquaintance 24
acquitted 181
across 320
acrylic paints 274
actions 237, 229, 227, 233, 183
activities 263, 245, 162, 77
actor 254, 191
actors 179
actress 254
acupressure 55
acupunture 55
Adam's apple 19
add *v* 165
address 98
adhesive tape 47
adjustable spanner 80
admissions 168
admitted 48
aduki beans 131
adult 23
advantage 230
adventure 255
advertisement 269
aerate *v* 91
aerobics 251
Afghanistan 318
Africa 317
after 320
afternoon 305
aftershave 73
aftersun 108
agate 289
agenda 174
aikido 236
aileron 210
air bag 201
air conditioning 200
air cylinder 239
air filter 202, 204
air letter 98
air mattress 267
air stewardess 190
air supply 199
air vent 210
aircraft 210
aircraft carrier 215
airliner 210, 212
airport 212
aisle 106, 168, 210, 254
alarm clock 70
Alaska 314
Albania 316
alcoholic drinks 145
alfalfa 184
Algeria 317
allergy 44
alley 298
alligator 293
allspice 132
almond 129
almond oil 134
almonds 151
along 320
alpine 87
alpine skiing 247
alternating current 60
alternative therapy 54
alternator 203
altitude 211
aluminium 289
Amazonia 312
ambulance 94
American football 220
amethyst 288
amniocentesis 52
amniotic fluid 52
amount 96
amp 60
amphibians 294
amplifier 268
anaesthetist 48
anchor 214, 240
Andes 312
Andorra 316
angle 164
angler 244
Angola 317
angry 25
animals 292, 294
animated film 255
ankle 13, 15
ankle-length 34
anniversary 26
annual 86, 307
anorak 31, 33
answer 163
answer *v* 99, 163
answering machine 99
ant 295
antenatal 52
antenna 295
antifreeze 199, 203
Antigua and Barbuda 314
anti-inflammatory 109
antique shop 114
antiseptic 47
antiseptic wipe 47
anti-wrinkle 41
antler 291
apartment block 298
apéritif 153
aperture dial 270
apex 165
appeal 181
appearance 30
appendix 18
applaud *v* 255
apple 126
apple corer 68
apple juice 149
appliances 66
application 176
appointment 45, 175
apricot 126
April 306
apron 30, 50, 69, 212
APS camera 270
aquamarine 288
Arabian Sea 313
arable farm 183
arc 164
arch 15, 85, 301
archery 249
architect 190
architecture 300
architrave 301
Arctic circle 283
Arctic Ocean 312
area 165, 310
areas 299
arena 243
Argentina 315
arithmetic 165
arm 13
armband 238
armchair 63
Armenia 318
armpit 13
armrest 200, 210
aromatherapy 55
around 320
arrangements 111
arrest 94
arrivals 213
arrow 249
art 162
art college 169
art deco 301
art gallery 261
art nouveau 301
art shop 115
artery 19
artichoke 124
artist 274
arts and crafts 274, 276
ash 283
ashtray 150
Asia 318
assault 94
assistant 24
assisted delivery 53
asteroid 280
asthma 44
astigmatism 51
astronaut 281
astronomy 281
asymmetric bars 235
at 320
athlete 234
athletics 234
Atlantic Ocean 312
atmosphere 282, 286
atrium 104
attachment 177
attack 220
attack zone 224
attend *v* 174
attic 58
attractions 261
aubergine 125
auburn 39
audience 254
August 306
aunt 22
aurora 286
Australasia 319
Australia 319
Austria 316
autocue 179
automatic 200
automatic door 196
autumn 31, 307
avalanche 247
avenue 299
avocado 128
awning 148
axe 95
axle 205
ayurveda 55
Azerbaijan 318

B

baby 23, 30
baby bath 74
baby care 74
baby changing facilities 104
baby monitor 75
baby products 107
baby sling 75
babygro 30
back 13
back brush 73
back seat 200
backboard 226
backdrop 254
backgammon 272
backhand 231
backpack 31, 37, 267
backstroke 239
backswing 233
bacon 118, 157
bad 321
badge 94
badminton 231
bag 311
bagel 139
baggage reclaim 213
baggage trailer 212
bags 37
baguette 138
Bahamas 314
bail 181
bait 244
bait *v* 245
bake *v* 67, 138
baked 159
baker 139
baker's 114
bakery 107, 138
baking 69
baking tray 69
balance wheel 276
balcony 59, 254
bald 39
bale 184
Balearic Islands 316
ball 15, 75, 221,224, 226, 228, 230
ballboy 231
ballet 255
balsamic vinegar 135
Baltic Sea 313
bamboo 86,122
banana 128
bandage 47
Bangladesh 318
banister 59
bank 96, 284
bank charge 96
bank manager 96
bank transfer 96
bap 139
bar 150, 152, 250, 256, 311
bar code 106
bar counter 150

bar mitzvah 26
bar snacks 151
bar stool 150
barb 244
Barbados 314
barbecue 267
barber 39, 188
bark 296
barley 130, 184
barman 191
barn 182
baroque 301
bars 74
bartender 150
basalt 288
base 164, 229
base station 99
baseball 228
baseline 230
baseman 220
basement 58
basil 133
basin 50
basket 106, 207, 226
basket of fruit 126
basketball 226
basketball player 226
bass 184
bass clarinet 257
bass clef 256
bass guitar 258
bass guitarist 258
bassoon 257
bat 225, 228, 231, 290
bat *v* 225, 229
bath mat 72
bath towel 73
bathrobe 73
bathroom 72
bathtub 72
baton 235, 256
batsman 225
batter 228
batteries 260
battery 167, 202
battery pack 78
battleship 215
bay leaf 133
bayonet fitting 60
be born *v* 26
beach 264
beach bag 264
beach ball 265
beach hut 264
beach towel 265
beach umbrella 264
beaker 167
beam 186, 235
bean sprout 122
beans 131, 144
bear 291
beat 259
beauty 40, 105
beauty treatments 41
bed 70
bed and breakfast 101
bed linen 71
bedding 74
bedroom 70
bedside lamp 70
bedside table 70
bedspread 70
bee 295
beech 296
beef 118
beer 145,151
beer tap 150
beetle 295
beetroot 125
before 320
beginning 321
behind 320
Belarus 316
Belgium 316
Belize 314
bell 197
below 320
belt 32, 36, 236
bench 250, 262
Benin 317
berry 200
beside 320
bet 273
between 320
beyond 320
Bhutan 318
biathlon 247
bib 30
bicep curl 251
biceps 16
bicycle 206
bidet 72
biennial 86
bifocal 51
big toe 15
bike rack 207
bikini 264
bill 152, 293
binoculars 281
biology 162
biplane 211
birch 296
bird watching 263
birds 292
birth 52
birth weight 53
birth certificate 26
birthday 27
birthday cake 141
birthday candles 141
birthday party 27
biscuit 113
biscuits 141
bishop 272
bit 242
bit brace 78
bite 46
bite *v* 245
bitter 124, 145
black 39, 272, 274
black belt 237
black coffee 148
black hole 280
black olive 143
black pudding 157
Black Sea 313
black tea 149
blackberry 127
blackboard 162
blackcurrant 127
black-eyed beans 131
bladder 20
blade 60, 66, 78, 89
blanket 71, 74
blazer 33
bleach 77
blender 66
blister 46
block 237
block *v* 227
block of flats 59
blonde 39
blood pressure 14
blood pressure gauge 45
blood test 48
blouse 34
blow dry *v* 38
blow out *v* 141
blowhole 290
blue 274
blue cheese 136
bluebells 297
blueberry 127
blues 259
blusher 40
board 241
board *v* 217
board games 272
boarding pass 213
bob 39
bobbin 276
bobsleigh 247
body 12
body lotion 73
body systems 19
bodywork 202
boil *v* 67
boiled egg 137, 157
boiled sweets 113
boiler 61
Bolivia 315
bollard 214, 298
bolt 59
bomber 211
bone 17, 119, 121
bone meal 88
boned 121
bongos 257
bonnet 198
book 168
book a flight *v* 212
book shop 115
bookshelf 63, 168
boom 95, 240
booster 281
boot 198, 220, 223
booties 30
bored 25
borrow *v* 168
Bosnia and Herzegovina 316
Botswana 317
bottle 61, 75, 135, 311
bottle opener 68, 150
bottled foods 134
bottled water 144
bottom tier 141
bounce *v* 227
boundary line 225
bouquet 35, 111
bouquet garni 132
bout 237
boutique 115
bow 240, 249
bow tie 36
bowl 61, 65, 112
bowl *v* 225
bowler 225
bowling 249
bowling ball 249
box 254
box file 173
box of chocolates 113
box of tissues 70
box office 255
boxer shorts 33
boxercise 251
boxing 236
boxing gloves 237
boxing ring 237
boy 23
boyfriend 24
bra 35
brace 50
bracelet 36
brain 19
brake 200, 204, 206
brake *v* 207
brake block 207
brake fluid reservoir 202
brake lever 207
brake pedal 205
bran 130
branch 175, 296
brandy 145
brass 256
Brazil 315
brazil nut 129
bread 157
bread knife 68
bread roll 143
breadcrumbs 139
breadfruit 124
breads 138
break a record *v* 234
break waters *v* 52
breakdown 203
breakfast 64, 156
breakfast buffet 156
breakfast cereals 107
breakfast table 156
breakfast tray 101
breast 12, 119
breast bone 17
breast pump 53
breastfeed *v* 53
breaststroke 239
breathing 47
breech 52
brick 187
bridge 15, 214, 258, 273, 300
bridle 242
bridle path 263
brie 142
briefcase 37
briefs 33, 35
brioche 157
broad bean 121
broad beans 131
broadcast 179
broadcast *v* 178
broccoli 123
brochure 175
brogue 37
bronze 235
brooch 36
broom 77
broth 158
brother 22
brother-in-law 23
browband 242
brown 274
brown bread 139, 149
brown flour 138
brown lentils 131
brown rice 130
browse *v* 177
browser 177
bruise 46
Brunei 319
brunette 39
brush 38, 40, 77, 83, 274
brush *v* 38, 50
brussel sprout 122
bubble bath 73
bucket 77, 82, 265
buckle 36
bud 111, 297
buffet 152
buggy 232
build *v* 186
builder 186, 188
building site 186
buildings 299
built-in wardrobe 71
bulb 86
Bulgaria 316
bull 185

english

bulldog clip 173
bull-nose pliers 80
bullseye 273
bumper 74, 198
bun 39, 140, 155
bunch 111
bungalow 58
bungee jumping 248
bunker 232
bunsen burner 166
buoy 217
bureau de change 97
burger 154
burger bar 154
burger meal 154
burglar alarm 58
burglary 94
Burkina Faso 317
Burma (Myanmar) 318
burn 46
burner 67
Burundi 317
bus 196
bus driver 190
bus shelter 197
bus station 197
bus stop 197, 299
bus ticket 197
buses 196
business 175
business class 211
business deal 175
business lunch 175
business partner 24
business suit 32
business trip 175
businessman 175
businesswoman 175
butcher 118, 188
butcher's 114
butter 137, 156
butter beans 131
buttercup 297
butterfly 239, 295
buttermilk 137
butternut squash 125
buttock 13, 16
button 32
buttonhole 32
buttress 301
by 320
by airmail 98
bytes 176

C

cab 95
cabbage 123
cabin 210, 214
Cabinda 317
cabinet 66
cable 79, 207
cable car 246
cable television 269
cactus 87
caddy 233
caesarean section 52
café 148, 262
cafetière 65
cake shop 114
cake tin 69
cakes 140
calcite 289
calcium 109
calculator 165
calendar 306
calf 13, 16, 185
call button 48
calyx 297
cam belt 203
Cambodia 318
camcorder 260, 269
camel 291
camembert 142
camera 178, 260, 270
camera case 271
camera crane 178
camera shop 115
cameraman 178
Cameroon 317
camisole 35
camomile tea 149
camp *v* 266
camp bed 266
campari 145
camper van 266
campfire 266
camping 266
camping stove 267
campsite 266
campus 168
can 145, 311
can opener 68
Canada 314
canary 292
candied fruit 129
candle 63
cane 91
canes 89
canine 50
canned drink 154
canoe 214
canoeing 241
canter 243
canvas 274
cap 21, 36, 238
capacity 311
cape gooseberry 128
capers 143
capital 315
capoeira 237
capsize *v* 241
capsule 109
captain 214
capuccino 148
car 198, 200
car accident 203
car hire 213
car park 298
car stereo 201
car wash 198
caramel 113
caravan 266
caraway 131
card 27
card phone 99
card slot 97
cardamom 132
cardboard 275
cardigan 32
cardiology 49
cardiovascular 19
cards 273
cargo 216
Caribbean Sea 312
carnation 110
carnival 27
carousel 212
carpenter 188
carpentry bits 80
carpet 71
carriage 208
carriage race 243
carrier 204
carrot 124
carrycot 75
cartilage 17
carton 311
cartoon 178
carve *v* 79
carving fork 68
case 51
cash *v* 97
cash machine 97
cashewnut 129
cashewnuts 151
cashier 96, 106
casino 261
Caspian Sea 313
cassava 124
casserole dish 69
cassette player 269
cassette tape 269
cast 254
cast *v* 245
castle 300
casual 34
casual wear 33
cat 290
catalogue 168
catamaran 215
cataract 51
catch *v* 220, 227, 229, 245
catcher 229
caterpillar 295
cathedral 300
catheter 53
cauliflower 124
cave 284
CD player 268
cedar 296
ceiling 62
celebration 140
celebration cakes 141
celebrations 27
celeriac 124
celery 122
cell 181
cello 256
cement 186
cement mixer 186
centimetre 310
centipede 295
Central Afrian Republic 317
central processing unit 176
central reservation 194
centre 164
centre circle 222, 224, 226
centre field 228
centre line 226
centreboard 241
century 307
ceramic hob 66
cereal 130, 156
cervical vertebrae 17
cervix 20, 52
Chad 317
chain 36, 206
chair 64
chair *v* 174
chairlift 246
chalk 85, 162, 288
chamber 283
champagne 145
championship 230
change *v* 209
change a wheel *v* 203
change channel *v* 269
change gear *v* 207
changing bag 75
changing mat 74
changing room 104
channel 178
charcoal 266, 275
charge 94, 180
chart 48
chassis 203
check-in *v* 212
check-in desk 213
checkout 106
check-up 50
cheddar 142
cheek 14
cheerleader 220
cheese 136, 156
chef 152, 190
chef's hat 190
chemist 108
chemistry 162
cheque 96
chequebook 96
cherry 126
cherry tomato 124
chess 272
chessboard 272
chest 12
chest of drawers 70
chest press 251
chestnut 129
chewing gum 113
chick 185
chick peas 131
chicken 119, 185
chicken burger 155
chicken coop 185
chicken nuggets 155
chicken pox 44
chicory 122
child 23, 31
child lock 75
child seat 198, 207
childbirth 53
children 23
children's clothing 30
children's department 104
children's ward 48
child's meal 153
Chile 315
chili 143
chill 44
chilli 124, 132
chimney 58
chin 14
China 318
china 105
chip *v* 233
chipboard 79
chiropractic 54
chisel 81, 275
chives 133
chocolate 113
chocolate bar 113
chocolate cake 140
chocolate chip 141
chocolate coated 140
chocolate milkshake 149
chocolate spread 135
choir 301
choke *v* 47
chop 119, 237
chopping board 68
chorizo 143
choux pastry 140
christening 26
Christmas 27
chrysanthemum 110
chuck 78
church 298, 300
chutney 134
cider 145
cider vinegar 135
cigar 112
cigarettes 112
cinema 255, 299
cinema hall 255
cinnamon 133

circle 165, 254
circular saw 78
circuit training 251
circumference 164
cistern 61
citrus fruit 126
city 299
clam 121
clamp 78, 166
clamp stand 166
clapper board 179
clarinet 257
clasp 36
classical music 255, 259
classroom 162
claw 291
clay 85, 275
clean *v* 77
clean clothes 76
cleaned 121
cleaner 188
cleaning equipment 77
cleaning fluid 51
cleanser 41
clear honey 134
cleat 240
cleaver 68
clementine 120
client 38, 175, 180
cliff 285
climber 87
climbing frame 263
clinic 48
clipboard 173
clitoris 20
clock 62
clock radio 70
closed 260, 321
clothes line 76
clothes peg 76
clothing 205
cloud 287
cloudy 286
clove 125
clover 297
cloves 133
club 273
club sandwich 155
clubhouse 232
clutch 200, 204
coach 196
coal 288
coast 285
coaster 150
coastguard 217
coat 32
coat hanger 70
cockatoo 293
cockerel 185
cockle 121
cockpit 210
cockroach 295
cocktail 151
cocktail shaker 150
cocoa powder 148
coconut 129
cocoon 295
cod 120
coffee 144, 148, 153, 156, 184
coffee cup 65
coffee machine 148, 150
coffee milkshake 149
coffee spoon 153
coffee table 62
cog 206
coin 97
coin phone 99
coin return 99
cola 144
colander 68
cold 44, 286, 321
cold tap 72
cold-pressed oil 135
collage 275
collar 32
collar bone 17
colleague 24
collection 98
college 168
Colombia 315
colony 315
colouring pencil 163
colours 39, 274
comb 38
comb *v* 38
combat sports 236
combine harvestor 182
comedy 255
comet 280
comic 112
commis chef 152
commission 97
communications 98
commuter 208
Comoros 317
compact 40
compact disc 269
company 175
compartment 209
compass 165, 312, 240
complaint 94
complexion 41
compliments slip 173
compost 88
compost heap 85
computer 172, 176
concealer 40
conceive *v* 20
conception 52
concert 255, 258
concertina file 173
concourse 209
concrete block 187
concussion 46
condensed milk 136
conditioner 38
condom 21
conductor 256
cone 164, 187
confectioner 113
confectionery 107, 113
confident 25
confused 25
conglomerate 288
Congo 317
conifer 86
connect *v* 177
connection 212
conning tower 215
console 269
constellation 281
construction 186
consultant 49
consultation 46
contact lenses 51
container 216, 311
container port 216
container ship 215
continent 282, 315
contraception 21, 52
contraction 52
control tower 212
controller 269
controls 201, 204
convector heater 60
convenience food 107
convertible 199
conveyer belt 106
cooked meat 118, 143
cooking 67
coolant reservoir 202
cooling rack 69
co-pilot 211
copper 289
copy *v* 172
cor anglais 257
coral reef 285
cordless phone 99
core 127
coriander 133
cork 134
corkscrew 150
corn 130, 184
corn bread 139
corn oil 135
cornea 51
corner 223
corner flag 223
cornice 300
corset 35
Corsica 316
Costa Rica 314
costume 255
cot 74
cottage cheese 136
cottage garden 84
cotton 184, 277
cotton balls 41
cough 44
cough medicine 108
counsellor 55
count *v* 165
counter 96, 98, 100, 142, 272
country 259, 315
couple 24
courgette 125
courier 99
courses 153
court 226
court case 180
court date 180
court officer 180
court official 180
courtroom 180
courtyard 58, 84
cousins 130
cousin 22
cow 185
cow's milk 136
crab 121, 295
cracked wheat 130
cradle 95
crafts 275
cramp 239
cramps 44
cranberry 127
crane 187, 216, 292
crash barrier 195
crater 283
crayfish 121
cream 109, 137, 140, 157
cream cheese 136
cream pie 141
crease 225
credit card 96
creel 245
creeper 87
crème caramel 141
crème patisserie 140
crêpe 155
crescent moon 280
crew 241
crew hatch 281
cricket 225, 295
cricket ball 225
cricketer 225
crime 94
criminal 181
criminal record 181
crisp 127
crispbread 139, 156
crisper 67
crisps 113, 151
Croatia 316
crochet 277
crochet hook 277
crockery 64
crockery and cutlery 65
crocodile 293
crocodile clip 167
croissant 156
crop 39, 183
crops 184
cross trainer 250
crossbar 207, 222, 235
cross-country skiing 247
crow 292
crown 50
crucible 166
crushed 132
crust 139, 282
cry *v* 25
crystal healing 55
Cuba 314
cube 164
cucumber 125
cuff 32, 45
cufflink 36
cultivate *v* 91
cultivator 182
cumin 132
curb 298
cured 118, 159, 143
curler 38
curling 247
curling tongs 38
curly 39
currant 129
current account 96
curry 158
curry powder 132
curtain 63, 254
curved 165
cushion 62
custard 140
customer 96, 104, 106, 152
customer service department 175
customer services 104
customs 212
customs house 216
cut 46
cut *v* 38, 79, 277
cuticle 15
cutlery 64
cuts 119
cutting 91
cuttlefish 121
cycle *v* 207
cycle lane 206
cycling 263
cylinder 164
cylinder head 202
cymbals 257
Cyprus 316
Czech Republic 316

D

daffodil 111
dairy 107
dairy farm 183
dairy produce 136
daisy 110, 297
dam 300
dance 259
dance academy 169

dancer 191
dandelion 123, 297
dandruff 39
dark 41, 321
darkroom 271
darn *v* 277
dartboard 273
darts 273
dashboard 201
date 129, 306
daughter 22
daughter-in-law 22
dawn 305
day 305, 306
dead ball line 221
deadhead *v* 91
deal *v* 273
debit card 96
decade 307
decay 50
December 306
deciduous 86
decimal 165
deck 214
deck chair 265
decking 85
decorating 82
decoration 141
decorator 82
deep end 239
deep fried 159
deep sea fishing 245
deer 291
defence 181, 220
defendant 181
defender 223
defending zone 224
defrost *v* 67
degree 169
delay 209
deli 107
delicatessen 142
delivery 52, 98
deltoid 16
Democratic Republic of the Congo 317
Denmark 316
denomination 97
denominator 165
dental care 108
dental floss 50, 72
dental hygiene 72
dental x-ray 50
dentist 50, 189
dentist's chair 50
dentures 50
deodorant 73
deodorants 108
department 169
department store 105
departments 49
departure lounge 213
departures 213
depth 165
dermatology 49
descaled 121
desert 285
desiccated 129
designer 191, 277
desk 162, 172
desktop 177
dessert 153
desserts 140
destination 213
detached 58
detective 94
detergent 77
deuce 230
develop *v* 271
diabetes 44
diagonal 164
dial *v* 99
diameter 164
diamond 273, 288
diaphragm 19, 21
diarrhoea 44, 109
diary 175
dice 272
dictionary 163
die *v* 26
diesel 199
diesel train 208
difficult 321
dig *v* 90, 227
digestive 19
digital 269
digital camera 270
dilation 52
dill 133
dimensions 165
dimple 15
dining car 209
dining room 64
dinner 64, 158
dinner plate 65
diopter 51
diploma 169
dipstick 202
direct current 60
direct debit 96
directions 260
director 254
directory enquiries 99
dirt bike 205
dirty washing 76
disabled parking 195
discharged 48
disconnected 99
discus 234
discuss *v* 163
disembark *v* 217
dishwasher 66
disinfectant solution 51
disk 176
dispensary 108
disposable 109
disposable camera 270
disposable nappy 30
disposable razor 73
dissertation 169
distance 310
distributor 203
district 315
dive 239
dive *v* 238
diver 238
diversion 195
divide *v* 165
divided by 165
dividends 97
divider 173, 194
divorce 26
Diwali 27
DJ 179
Djibouti 317
do not bend *v* 98
dock 214, 216
dock *v* 217
doctor 45, 189
doctorate 169
documentary 178
dog 290
dog sledding 247
doll 75
doll's house 75
dolphin 290
dome 300
domestic flight 212
Dominica 314
Dominican Republic 314
dominoes 273
donkey 185
door 196, 198, 209
door chain 59
door knob 59
door knocker 59
door lock 200
doorbell 59
doormat 59
dormer 58
dorsal fin 294
dosage 109
double 151
double bass 256
double bassoon 257
double bed 71
double cream 137
double room 100
double-decker bus 196
doubles 230
dough 138
Dover sole 120
down 320
downhill skiing 247
download *v* 177
dragonfly 295
drain 61, 72, 299
drain cock 61
drainage 91
draining board 67
draughts 272
draw 223
draw *v* 162
drawer 66, 70, 172
drawer unit 172
drawing 275
drawing pin 173
dress 31, 34
dressage 243
dressed 159
dressed chicken 119
dressing 47, 158
dressing gown 31, 32
dressing table 71
dribble *v* 223
dried flowers 111
dried fruit 156
drill 50
drill *v* 79
drill bit 78
drill bits 80
drinking cup 75
drinking fountain 262
drinks 107, 144, 156
drip 53
drive *v* 195, 233
driver 196
driver's cab 208
driver's seat 196
driveshaft 202
drop anchor *v* 217
dropper 109, 167
drops 109
dropshot 230
drown *v* 239
drum 258
drum kit 258
drummer 258
dry 39, 41, 130, 145, 286, 321
dry *v* 76
dry cleaners 115
dry dock 217
dual carriageway 195
duck 119, 185
duck egg 137
duckling 185
duffel coat 31
dugout 229
dumb bell 251
dumper truck 187
dungarees 30
dunk *v* 227
duodenum 18
dusk 305
dust *v* 77
dust pan 77
duster 77
dustsheet 83
duty-free shop 213
duvet 71
DVD disk 269
DVD player 268
dyed 39
dynamo 207

E

eagle 292
ear 14
early
earring 36
Earth 280, 282
earthenware dish 69
earthing 60
earthquake 283
easel 174, 274
east 312
East Timor 319
Easter 27
easy 321
easy cook 130
eat *v* 64
eat-in 154
eating 75
eau de toilette 41
eaves 58
éclair 140
eclipse 280
economics 169
economy class 211
Ecuador 315
eczema 44
Edam 142
edge 246
editor 191
eel 294
egg 20
egg cup 65, 137
egg white 137
eggs 137
Egypt 317
eight 308
eight hundred 308
eighteen 308
eighteenth 309
eighth 309
eightieth 309
eighty 308
ejaculatory duct 21
El Salvador 314
elbow 13
electric blanket 71
electric drill 78
electric guitar 258
electric razor 73
electric shock 46
electric train 208
electrical goods 105, 107
electrician 188
electricity 60
electricity meter 60
elephant 291
eleven 308
eleventh 309
elm 296
email 98, 177
email account 177
email address 177
embarrassed 25

embossed paper 83
embroidery 277
embryo 52
emerald 288
emergency 46
emergency exit 210
emergency lever 209
emergency phone 195
emergency room 48
emergency services 94
emigrate *v* 26
emotions 25
employee 24
employer 24
empty 321
emulsion 83
enamel 50
encore 255
encyclopedia 163
end 321
end zone 220
endive 123
endline 226
endocrine 19
endocrinology 49
engaged/busy 99
engagement ring 28
engine 202, 204, 208, 210
engine room 214
engineering 169
English breakfast 157
english mustard 135
engraving 275
enlarge *v* 172
enlargement 271
enquiries 168
ENT 49
entrance 59
entrance fee 260
envelope 98, 173
environment 280
epidural 52
epiglottis 19
epilepsy 44
episiotomy 52
equals 165
equation 165
equator 283
equipment 233, 238
equipment 165
Equitorial Guinea 317
equity 97
Eritrea 317
erupt *v* 283
escalator 104
espresso 148
essay 163
essential oils 55
estate 199
estate agent 189
estate agent's 115
Estonia 316
estuary 285
Ethiopia 317
eucalyptus 296
Europe 316
evening 305
evening dress 34
evening menu 152
events 243, 247
evergreen 86
evidence 181
examination 163
excess baggage 212
exchange rate 97
excited 25
excuse me 322
executive 174
exercise bike 250
exercises 251
exfoliate *v* 41
exhaust pipe 203, 204
exhibit *v* 261
exhibition 261
exit 210
exit ramp 194
exosphere 286
expectant 52
experiment 160
expiry date 109
exposure 271
extend *v* 251
extension 58
extension lead 78
exterior 198
extra time 223
extraction 50
extractor 66
eye 14, 51, 244, 276
eye shadow 40
eye test 51
eyebrow 14, 51
eyebrow brush 40
eyebrow pencil 40
eyecup 269
eyelash 14, 51
eyelet 37
eyelid 51
eyeliner 40
eyepiece 167

F

fabric 277
fabric conditioner 76
face 14
face cream 73
face mask 225
face pack 41
face powder 40
face-off circle 224
facial 41
factory 299
faint *v* 25, 44
fair 41
fairground 262
fairway 232
falcon 292
Falkland Islands 315
fall 237
fall in love *v* 26
Fallopian tube 20
family 22
famous ruin 261
fan 60, 202
fan belt 203
fans 258
far 320
fare 197, 209
farm 182, 183, 184
farmer 182, 189
farmhouse 182
farmland 182
farmyard 182
fashion 277
fast 321
fast food 154
fast forward 269
fastening 37
fat 119, 321
fat free 137
father 22
father in law 23
fault 230
fax 98, 172
fax machine 172
feather 293
feature film 269
February 306
feed *v* 183
feijoa 128
female 12, 20
feminine hygiene 108
femur 17
fence 85, 182, 243
fencing 249
feng shui 55
fennel 122, 133
fennel seeds 133
fenugreek 132
fern 86
ferry 215, 216
ferry terminal 216
fertilization 20
fertilize *v* 91
fertilizer 91
festivals 27
fever 44
fiancé 24
fiancée 24
fibre 127
fibula 17
field 182, 222, 228, 234
field *v* 225, 229
field hockey 224
fifteen 308
fifteenth 309
fifth 309
fiftieth 309
fifty 308
fifty five thousand, five hundred 309
fifty thousand 309
fig 129
fighter plane 211
figure skating 247
Fiji 319
filament 60
file 81, 172, 177
filing cabinet 172
fill *v* 82
filler 83
fillet 119, 121
filleted 121
filling 50, 140, 155
film 260, 271
film chamber 270
film set 179
film spool 271
filo pastry 140
filter 270
filter coffee 148
filter paper 167
fin 210
finance 97
financial institution 97
fingerprint 94
finial 300
finishing line 234
Finland 316
fire 95
fire alarm 95
fire brigade 95
fire engine 95
fire escape 95
fire extinguisher 95
fire fighters 95
fire station 95
firelighter 266
fireman 189
fireplace 63
firm 124
first 309
first aid 47
first aid box 47
first floor 104
first night 254
fish 107, 120, 294
fish and chips 155
fish farm 183
fish slice 68
fisherman 189
fishhook 244
fishing 244, 245
fishing boat 217
fishing permit 245
fishing port 217
fishing rod 244
fishmonger 188
fishmonger's 114, 120
fist 15, 237
fitness 250
five 308
five hundred 308
flag 221, 232
flageolet beans 131
flakes 132
flamingo 292
flan 142
flan dish 69
flare 240
flash 270
flash gun 270
flask 166
flat 59, 256
flatbread 139
flat race 243
flat wood bit 80
flavoured oil 134
flax 184
fleece 74
flesh 124, 127, 129
flex *v* 251
flight attendant 210
flight number 213
flint 288
flipchart 174
flip flop 37
flipper 238, 200
float 238, 244
float ball 61
flock 183
flood 287
floor 58, 62, 71
floor exercises 235
floor plan 261
florentine 141
floret 122
florist 110, 188
floss *v* 50
flours 138
flower 297
flowerbed 85, 90
flowering plant 297
flowering shrub 87
flowers 110
flu 44
flute 139, 257
fly 244, 295
fly *v* 211
fly fishing 245
flyover 194
flysheet 266
foal 185
focus *v* 271
focusing knob 167
foetus 52
fog 287
foil 249
folder 177
foliage 110
folk music 259
follicle 20
font 177
food 118, 130, 149
food hall 105
food processor 66
foot 12, 15, 310
football 220, 222
football field 220

football player 220
football strip 31, 222
footballer 222
footboard 71
footpath 262
footstrap 241
for 320
forceps 53, 167
forearm 12
forecourt 199
forehand 231
forehead 14
foreign currency 97
foreskin 21
forest 285
fork 65, 88, 153, 207
fork-lift truck 186, 216
formal 34
formal garden 84
formal gardens 262
fortieth 309
fortnight 307
forty 308
forty minutes
forward 222
foul 222, 226
foul ball 228
foul line 229
foundation 40
fountain 85
four 308
four hundred 308
four-door 200
fourteen 308
fourteenth 309
fourth 309
four-wheel drive 199
fox 290
foxglove 297
fraction 165
fracture 46
fragile 98
fragranced 130
frame 51, 62, 206, 230, 269
frame counter 270
France 316
freckle 15
free 321
free kick 222
free range 118
free weights 250
freesia 110
free-throw line 226
freeze 287
freeze *v* 67
freezer 67
freight train 208
freighter 215
French bean 122
french fries 154
French Guiana 315
French horn 257
french mustard 135
french pleat 39
French toast 157
frequency 179
fresh 121, 127, 130
fresh cheese 136
fresh fruit 157
freshwater fishing 245
fret 258
fretsaw 81
Friday 306
fridge-freezer 67
fried 159
fried chicken 155
fried egg 157
friend 24
frieze 301
frog 294
from 320
front crawl 239
front door 58
front wheel 196
frontal 16
frost 287
froth 148
frown 25
frozen 121, 124
frozen food 107
frozen yoghurt 137
fruit 107, 126, 128
fruit bread 139
fruit cake 140
fruit farm 183
fruit gum 113
fruit juice 127, 156
fruit tart 140
fruit yoghurt 157
fry *v* 67
frying pan 69
fuel gauge 201
fuel tank 204
full 64, 266, 321
full board 101
full moon 280
fumble 220
funeral 26
funnel 166, 214
furniture shop 115
furrow 183
fuse 60
fuse box 60, 203
fuselage 210

G

gable 300
Gabon 317
Galapagos Islands 315
galaxy 280
gale 286
galley 214
gallon 311
gallop 243
galvanised 79
Gambia 317
game 119, 230, 273
game show 178
games 272
gangway 214
garage 58, 199, 203
garden 84
garden centre 115
garden features 84
garden pea 122
garden plants 86
garden styles 84
garden tools 88
gardener 188
gardening 90
gardening gloves 89
gardens 261
garland 111
garlic 125, 132
garlic press 68
garnet 288
garter 35
gas burner 61
gasket 61
gate 85, 182, 247
gate number 213
gauze 47, 167
gear lever 207
gearbox 202, 204
gears 206
gearstick 201
gel 38, 109
gems 288
generation 23
generator 60
genitals 12
geography 162
geometry 165
Georgia 318
gerbera 110
Germany 316
get a job *v* 26
get married *v* 26
get up *v* 71
geyser 285
Ghana 317
giant slalom 247
gifts shop 114
gill 294
gin 145
gin and tonic 151
ginger 39, 125, 133
giraffe 291
girder 186
girl 23
girlfriend 24
girth 242
glacier 284
gladiolus 110
gland 19
glass 69, 152
glass bottle 166
glass rod 167
glasses 51, 150
glassware 64
glaze *v* 139
glider 211, 248
gliding 248
gloss 83, 271
glove 224, 233, 236, 246
gloves 36
glue 275
glue gun 78
gneiss 288
go to bed *v* 71
go to sleep *v* 71
goal 221, 223, 224
goal area 223
goal line 220, 223, 224
goalkeeper 222, 224
goalpost 220, 222
goat 185
goat's cheese 142
goat's milk 136
goggles 238, 247
going out 75
gold 235, 289
goldfish 294
golf 232
golf bag 233
golf ball 233
golf clubs 233
golf course 232
golf shoe 233
golf trolley 233
golfer 232
gong 257
good 321
good afternoon 322
good evening 322
good morning 322
good night 322
goodbye 322
goose 119, 293
goose egg 137
gooseberry 127
gorge 284
gorilla 291
gothic 301
grade 163
graduate 169
graduate *v* 26
graduation ceremony 169
graft *v* 91
grains 130
gram 310
granary bread 139
grandchildren 23
granddaughter 22
grandfather 22
grandmother 22
grandparents 23
grandson 22
granite 288
grape juice 144
grapefruit 126
grapeseed oil 134
graphite 289
grass 86, 262
grass bag 88
grasshopper 295
grassland 285
grate *v* 67
grated cheese 136
grater 68
gratin dish 69
gravel 88
gravity 280
graze 46
greasy 39
Greece 316
green 129, 232, 274
green olive 143
green peas 131
green salad 158
green tea 149
greengrocer 188
greengrocer's 114
greenhouse 85
Greenland 314
Grenada 314
grey 39, 274
grill *v* 67
grill pan 69
grilled 159
grip 78
groceries 106
grocer's 114
groin 12
groom 243
ground 132
ground coffee 144
ground cover 87
ground floor 104
ground sheet 267
groundnut oil 135
group therapy 55
grout 83
guard 236
Guatemala 314
guava 128
guest 64, 100
guidebook 260
guided tour 260
guilty 181
Guinea 317
Guinea-Bissau 317
guitarist 258
gull 292
gum 50
gun 94
gutter 58, 299
guy rope 266
Guyana 315
gym 101, 250
gym machine 250
gymnast 235
gymnastics 235
gynaecologist 52
gynaecology 49
gypsophila 110

H

haberdashery 105
hacksaw 81
haddock 120
haemorrhage 46
hail 286
hair 14, 38
hair dye 40
hairband 38
hairdresser 38, 188
hairdresser's 115
hairdryer 38
hairpin 38
hairspray 38
hairtie 39
Haiti 314
half an hour 304
half board 101
half time 223
half-litre 311
hall of residence 168
halibut fillets 120
Halloween 27
hallway 59
halter 243
halter neck 35
ham 119, 121, 160
hammer 80
hammer *v* 79
hammock 266
hamper 263
hamster 290
hamstring 16
hand 13, 15
hand drill 81
hand fork 89
hand luggage 211, 213
hand rail 59
hand saw 89
hand towel 73
handbag 37
handbrake 203
handcuffs 94
handicap 233
handkerchief 36
handle 36, 88, 106, 187, 200, 230
handlebar 207
handles 37
handrail 196
handsaw 80
handset 99
hang *v* 82
hang-glider 248
hang-gliding 248
hanging basket 84
hanging file 173
happy 25
harbour 217
harbour master 217
hard 129, 321
hard cheese 136
hard drive 176
hard hat 186
hard shoulder 194
hardboard 79
hardware 176
hardware shop 114
hardwood 79
haricot beans 131
harness race 243
harp 256
harvest *v* 91, 183
hat 36
hatchback 199
have a baby *v* 26
Hawaii 314
hay 184
hayfever 44
hazard 195
hazard lights 201
hazelnut 129
hazelnut oil 134
head 12, 19, 81, 230
head *v* 222
head injury 46
head office 175
head teacher 163
headache 44
headboard 70
headlight 198, 205
headphones 268
headrest 200
headsail 240
health 44
health centre 168
health food shop 115
heart 18, 119, 122, 273
heart attack 44
heater 60
heater controls 201
heather 297
heating element 61
heavy 321
heavy metal 259
hedge 85, 90, 182
hedgehog 290
heel 13, 15, 37
height 165
height bar 45
helicopter 211
hello 322
helmet 95, 204, 206, 220, 224, 228
hem 34
hematite 289
hen's egg 137
herb 55, 86
herb garden 84
herbaceous border 85
herbal remedies 108
herbal tea 149
herbalism 55
herbicide 183
herbs 133, 134
herbs and spices 132
herd 183
hexagon 164
hi-fi system 268
high 321
high chair 75
high dive 239
high heel shoe 37
high jump 235
high speed train 208
highlights 39
hiking 263
hill 284
Himalayas 313
hip 12
hippopotamus 291
historic building 261
history 162
history of art 169
hit *v* 224
hob 67
hockey 224
hockey stick 224
hoe 88
hold 215, 237
holdall 37
hole 232
hole in one 230
hole punch 173
holiday 212
holiday brochure 212
holly 296
home 58
home delivery 154
home entertainment 268
home furnishings 105
home plate 228
homeopathy 55
homework 163
homogenised 137
Honduras 314
honeycomb 135
honeymoon 26
honeysuckle 297
hood 31, 75
hoof 242, 291
hook 187, 276
hoop 226, 277
horizontal bar 235
hormone 20
horn 201, 204, 291
horror film 255
horse 185, 235, 242
horse race 243
horse riding 242, 263
horseradish 125
horseshoe 242
hose 95
hose reel 89
hosepipe 89
hospital 48
host 64
hostess 64
hot 124, 286, 321
hot chocolate 144, 156
hot dog 155
hot drinks 144
hot tap 72
hot-air balloon 211
hotel 100, 264
hot-water bottle 70
hour 304
hour hand 304
house 58
household products 107
hovercraft 215
hub 206
hubcap 202
hull 214, 240
human resources 175
humerus 17
humid 286
hummingbird 292
hump 291
hundred 308
hundred and ten 308
hundred thousand 308
hundredth 309
Hungary 316
hunting 84
hurdles 235
hurricane 287
husband 22
husk 130
hydrant 95
hydrofoil 215
hydrotherapy 55
hypnotherapy 55
hypoallergenic 41
hypotenuse 164

I

ice 120, 287
ice and lemon 151
ice bucket 150
ice climbing 247
ice cream 149
ice cube 151
ice hockey 224
ice hockey player 224
ice hockey rink 224
ice maker 67
ice-cream 137
iced coffee 148
iced tea 149
ice-skate 224
ice-skating 247
icicle 287
icing 141
icon 177
identity badge 189
identity tag 53
igneous 288
ignition 200
iguana 293
illness 44
immigration 212
impotent 20
in 320
in brine 143
in front of 320
in oil 143
in sauce 159
in syrup 159
inbox 177
inch 310
incisor 50
incubator 53
index finger 15
India 318
Indian Ocean 312
indicator 198, 204
Indigo 274
Indonesia 319
induce labour *v* 53
industrial estate 299
infection 44
infertile 20
infield 228
inflatable dinghy 215
information 261
information screen 212
in-goal area 221
inhaler 44, 109
injection 48
injury 46
ink 275
ink pad 173
inlet 61
inner core 282
inner tube 207
inning 228
innocent 101
inoculation 45
insect repellent 108, 267
inside 320
inside lane 194
insomnia 71
inspector 94
install *v* 177
instant camera 270
instep 15
instructions 109
instruments 256, 258
insulating tape 81
insulation 61
insulin 109
insurance 203
intensive care unit 48
inter-city train 209
intercom 59
intercostal 16
intercourse 20
interest rate 96
interior 200
internal systems 60
international flight 212
internet 177
intersection 298
interval 254
interviewer 179

into 320
in-tray 172
invertebrates 295
investigation 94
investment 97
ionosphere 286
Iran 318
Iraq 318
Ireland 316
iris 51, 110
iron 76, 109, 233, 289
iron *v* 76
ironing board 76
island 282
Israel 318
Italy 316
itinerary 260
IUD 21
Ivory Coast 317

J

jack 203, 273
jacket 32, 34
jade 288
jam 134, 156
Jamaica 314
January 306
Japan 318
jar 134, 311
javelin 234
jaw 14, 17
jazz 259
jeans 31
jelly bean 113
jellyfish 295
Jerusalem artichoke 125
jet 288
jet skiing 241
jetty 217
jeweller 188
jeweller's 114
jewellery 36
jewellery box 36
jewellery making 275
jigsaw 78
jigsaw puzzle 273
jodhpurs 242
jog on the spot 251
jogging 251, 263
joint 17, 119
joker 273
Jordan 318
journal 168
journalist 190
judge 180
judo 236
jug 65
juices and milkshakes 149
juicy 127
July 306
jump 237, 243
jump *v* 227
jump ball 226
junction 194
June 306
Jupiter 280
jury 180
jury box 180

K

kale 123
kangaroo 291
karate 236
Karliningrad 316
kayak 241
Kazakhstan 318
kebab 155, 158
keel 214
keep net 244
kendo 236
Kenya 317
kernel 122, 129, 130
ketchup 135
kettle 66
kettledrum 257
key 59, 80, 176, 207
keyboard 172, 176, 258
keypad 97, 99
kick 237, 239
kick *v* 221, 223
kickboxing 236
kickstand 207
kid 185
kidney 18, 119
kilogram 310
kilometre 310
king 272, 273
king prawn 121
kippers 157
kitchen 66, 152
kitchen knife 68
kitchenware 68, 105
kitten 290
kiwifruit 128
knead *v* 138
knee 12
knee pad 205
knee support 227
kneecap 17
knee-length 34
knickers 35
knife 65, 80
knife sharpener 68, 118
knight 272
knitting 277
knitting needle 277
knock out 237
knuckle 15
koala 291
kohlrabi 123
koi carp 294
kumquat 126
kung fu 236
Kuwait 318
Kyrgyzstan 318

L

label 172
labels 89
labia 20
laboratory 166
lace 35, 37
lace bobbin 277
lace making 277
lace-up 37
lacrosse 249
lactose 137
ladder 95, 186
ladle 68
ladybird 295
lake 285
lamb 118, 185
lamp 62, 207, 217
land 282
land *v* 211
landing 59
landing gear 210
landing net 244
landlord 58
landscape 271, 284
landscape *v* 91
lane 234, 238
languages 162
Laos 318
lapel 32
laptop 175
larch 296
large 321
large intestine 18
larynx 19
last week 307
lat 16
late 305
later 304
latitude 283
Latvia 316
laugh *v* 25
launch 281
launch pad 281
launderette 115
laundry 76
laundry basket 76
laundry service 101
lava 283
law 169, 180
lawn 85, 90
lawn rake 88
lawnmower 88, 90
lawyer 180, 190
lawyer's office 180
laxative 109
lay the table *v* 64
lead singer 258
leaded 199
leaf 122, 296
leaflets 96
league 223
lean meat 118
learn *v* 163
leather shoe 37
leather shoes 32
leathers 205
Lebanon 318
lecture theatre 169
lecturer 169
leek 125
left 260
left field 228
left-hand drive 201
leg 12, 119
leg pad 225
leg press 251
legal advice 180
legal department 175
leggings 31
leisure 258, 254, 264
lemon 126
lemon curd 134
lemon grass 133
lemon sole 120
lemonade 144
length 165, 310
lens 270
lens (eye) 51
lens (glasses) 51
lens cap 270
lens case 51
Lesotho 317
lesson 163
let! 231
letter 98
letterbox 58, 99
letterhead 173
lettuce 123
lever 61, 150
lever arch file 173
Liberia 317
librarian 168, 190
library 168, 299
library card 168
Libya 317
licence plate 198
licquorice 113
lid 61, 66
Liechtenstein 316
life events 26
life jacket 240
life raft 240
lifeboat 214
lifebuoy 240
lifeguard 239, 265
lifeguard tower 265
lift 59, 100, 104
ligament 17
light 178, 321
light a fire *v* 266
light aircraft 211
light bulb 60
lighter 112
lighthouse 217
lighting 105
lightmeter 270
lightning 287
lights 94
lights switch 201
lily 110
lime 126, 296
limestone 288
limousine 199
line 244
line judge 220
line of play 233
linen 105, 277
linen basket 76
lines 165
linesman 223, 230
lingerie 35, 105
lining 32
lining paper 83
link 36
lintel 186
lion 291
lip 14
lip brush 40
lip gloss 40
lip liner 40
lipstick 40
liqueur 145
liquid 77
liquid dispenser 311
liquid measure 311
literature 162, 169
Lithuania 316
litre 311
little finger 15
little toe 15
live 60, 178
live rail 209
liver 18, 118
livestock 183, 185
living room 62
lizard 293
load *v* 76
loaf 139
loan 96, 168
loans desk 168
lob 230
lobby 100, 255
lobster 121, 295
lock 59, 207
lockers 239
log on *v* 177
loganberry 127
logo 31
loin 121
lollipop 113
long 32
long jump 235
long sight 51
long wave 179
long-grain 130
long-handled shears 88
longitude 283
loofah 73
loom 277

loose leaf tea 144
lorry 194
lorry driver 190
lose *v* 273
loser 273
lotion 109
lottery tickets 112
love 230
low 321
luge 247
luggage 100, 198, 213
luggage department 104
luggage hold 196
luggage rack 209
lumbar vertebrae 17
lunar module 281
lunch 64
lunch menu 152
lung 18
lunge 251
lupins 297
lure 244
Luxembourg 316
lychee 128
lymphatic 19
lyrics 259

M

macadamia 129
mace 132
Macedonia 316
machine gun 189
machinery 187
mackerel 120
macramé 277
Madagascar 317
magazine 112
magazines 107
magma 283
magnesium 109
magnet 167
maid service 101
mailbag 98, 190
main course 153
mains supply 60
mainsail 240
make a will *v* 26
make friends *v* 26
make the bed *v* 71
make-up 40
making bread 138
malachite 288
Malawi 317
Malaysia 318
Maldives 318
male 12, 21
Mali 317
mallet 78, 275
malt vinegar 135
Malta 316
malted drink 144
mammals 290
man 23
manager 24, 174
managing director 175
manchego 142
mane 242, 291
mango 128
mangosteen 128
manhole 299
manicure 41
mantelpiece 63
mantle 282
manual 200
map 195, 261
maple 296
maple syrup 134
maracas 257
marathon 234
marble 288
March 306
margarine 137
marina 217
marinated 143, 159
marine fishing 245
marjoram 133
mark *v* 227
market 115
marketing department 176
marmalade 134, 156
marrow 124
Mars 280
marshmallow 113
martial arts 237
martini 151
marzipan 141
mascara 40
mashed 159
masher 68
mask 189, 228, 236, 239, 249
masking tape 83
masonry bit 80
massage 54
mast 240
masters 169
mat 54, 83, 235, 271
match 230
matches 112
material 276
materials 79, 187
maternity 49
maternity ward 48
maths 162, 164
mattress 70, 74
Mauritiana 317
Mauritius 317
May 306
maybe 322
mayonnaise 135
MDF 79
meadow 285
meal 64
measles 44
measure 150, 151
measure *v* 310
measurements 165
measuring jug 69, 311
measuring spoon 109
meat 119
meat and poultry 106
meat tenderizer 68
meatballs 158
meathook 118
mechanic 188, 203
mechanical digger 187
mechanics 202
medals 235
media 178
medical examination 45
medication 109
medicine 109, 169
medicine cabinet 72
meditation 54
Mediterranean Sea 313
medium wave 179
meeting 174
meeting room 174
melody 259
melon 127
memory 176
men's clothing 105
men's wear 105
menstruation 20
menu 148, 153, 154
menubar 177
mercury 289
Mercury 280
meringue 140
mesophore 285
messages 100
metacarpal 17
metal 79
metal bit 80
metals 289
metamorphic 288
metatarsal 17
meteor 280
metre 310
Mexico 314
mica 289
microlight 211
microphone 179, 258
microscope 167
microwave oven 66
midday 305
middle finger 15
middle lane 194
midnight
midwife 53
migraine 44
mile 310
milk 136, 156
milk *v* 183
milk carton 136
milk chocolate 113
milkshake 137
millennium 307
millet 130
milligram 310
millilitre 311
millimetre 310
mince 119
mineral 144
minerals 289
mini bar 101
mini disk recorder 268
minibus 197
mini-dress 34
mint 113, 133
mint tea 149
minus 165
minute 304
minute hand 304
minutes 174
mirror 40, 63, 71, 167
miscarriage 52
Miss 23
missile 211
mist 287
mitre block 81
mitt 228
mittens 30
mix *v* 67, 138
mixer 68, 69
mixing bowl 66, 69
mixing desk 179
moat 300
mobile 74
mobile phone 99
model 169, 190
model making 275
modelling tool 275
modem 176
moisturizer 41
molar 50
Moldova 316
mole 14
Monaco 316
Monday 306
money 97
Mongolia 318
monitor 172, 176
monitor 53
monkey 291
monkfish 120
monopoly 272
monorail 208
monsoon 287
month 306
monthly 307
monument 261
Moon 280
moonstone 288
moor *v* 217
mooring 217
mop 77
morning 305
Morocco 317
mortar 68, 167, 187
mortgage 96
moses basket 74
mosque 300
mosquito 295
mosquito net 267
moth 295
mother 22
mother-in-law 23
motor 88
motor racing 249
motorbike 204
motorbike racing 249
motorcross 249
motorway 194
moulding 63
mountain 284
mountain bike 206
mountain range 282
mouse 176, 290
mousse 141
mouth 14
mouth guard 237
mouthwash 72
move 273
mow *v* 90
Mozambique 317
mozzarella 142
MP3 player 268
Mr 23
Mrs 23
mudguard 205
muffin 140
muffin tray 69
mug 65
mulch *v* 91
multiply *v* 165
multivitamin tablets 109
mumps 44
mung beans 131
muscles 16
museum 261
mushroom 125
music 162
music school 169
musical 255
musical score 255
musical styles 259
musician 191
mussel 121, 295
mustard 155
mustard seed 131
Myanmar 318

N

naan bread 139
nail 15, 80
nail clippers 41
nail file 41
nail scissors 41
nail varnish 41
nail varnish remover 41
Namibia 317
nape 13
napkin 65, 152
napkin ring 65
nappy 75

nappy rash cream 74
narrow 321
nation 315
national park 261
natural 256
natural fibre 31
naturopathy 55
nausea 44
navel 12
navigate *v* 240
near 320
nebula 280
neck 12, 258
neck brace 46
necklace 36
neckline 34
nectarine 126
needle 109, 276
needle plate 276
needle-nose pliers 80
needlepoint 277
negative 271
negative electrode 167
negligée 35
neighbour 24
neoclassical 301
Nepal 318
nephew 23
Neptune 280
nerve 19, 50
nervous 19, 25
net 217, 222, 226, 227, 231
net *v* 245
net curtain 63
Netherlands 316
nettle 297
network 176
neurology 49
neutral 60
neutral zone 224
new 321
new moon 280
new potato 124
New Year 27
New Zealand 319
newborn baby 53
news 178
newsagent 112
newspaper 112
newsreader 179, 191
next week 306
nib 163
Nicaragua 314
nickel 289
niece 23
Niger 317
Nigeria 317
night 305
nightdress 35
nightie 31
nightwear 31
nine 308
nine hundred 308
nineteen 308
nineteen hundred 307
nineteen hundred and one 307
nineteen ten 307
nineteenth 309
ninetieth 309
ninety 308
ninth 309
nipple 12
no 322
no entry 195
no right turn 195
no stopping 195
non-smoking section 152
non-stick 69
noodles 158
normal 39
north 312
North and Central America 314
North Korea 318
North pole 283
North Sea 312
northern hemisphere 283
Norway 316
nose 14, 210
nose clip 238
noseband 242
nosebleed 44
nosewheel 210
nostril 14
notation 256
note 97, 256
note pad 173
notebook 163, 172
notes 175, 191
notice board 173
nougat 113
November 306
now 304
nozzle 89
number 226
numbers 308
numerator 165
nurse 45, 48, 52, 189
nursery 74
nursing 53
nursing bra 53
nut 80
nutmeg 132
nuts 151
nuts and dried fruit 129
nylon 277

O

oak 296
oar 241
oats 130
objective lens 167
oboe 257
obsidian 288
obstetrician 52
occupations 188, 190
occupied 321
ocean 282
ocean liner 215
octagon 164
October 306
octopus 121, 295
odometer 201
oesophagus 19
off licence 115
offal 118
offers 106
office 24, 172, 174
office block 298
office equipment 172
office supplies 173
off-piste 247
off-side 223
oil 142, 199
oil paints 274
oil tank 204
oil tanker 215
oils 134
oily 41
ointment 47, 109
okra 122
old 321
olive oil 134
olives 151
Oman 318
omelette 158
on time 305
on top of 320
oncology 49
one 308
one billion 309
one million 309
one thousand 309
one-way 194
one-way system 298
onion 124
on-line 177
onto 320
onyx 289
opal 288
open 260, 321
open sandwich 155
open-top 260
opera 255
operating theatre 48
operation 48
operator 99
ophthalmology 49
opponent 236
opposite 320
optic 150
optic nerve 51
optician 51, 189
orange 126, 274
orange juice 148
orangeade 144
orbit 280
orchestra 254, 256
orchestra pit 254
orchid 111
order *v* 153
oregano 133
organic 91, 118, 122
organic waste 61
origami 275
ornamental 87
orthopaedy 49
osteopathy 54
ostrich 292
otter 290
ounce 310
out 225, 228, 320
out of bounds 226
out of focus 271
outboard motor 215
outbuilding 182
outdoor activities 262
outer core 282
outfield 229
outlet 61
outpatient 48
outside 320
outside lane 194
out-tray 172
oval 164
ovary 20
oven 66
oven glove 69
ovenproof 69
over 320
over par 233
overalls 82
overdraft 96
overexposed 271
overflow pipe 61
overhead locker 210
overhead projector 163
overtake *v* 195
overture 256
ovulation 20, 52
owl 292
oyster 121
ozone layer 286

P

Pacific Ocean 312
pack 311
pack of cards 273
packet 311
packet of cigarettes 112
pad 224
paddle 241
paddling pool 263
paddock 242
pads 53, 220
paediatrics 49
painkiller 109
painkillers 47
paint 83
paint *v* 83
paint tin 83
paint tray 83
painter 191
painting 62, 261, 274
paints 274
pak-choi 123
Pakistan 318
palate 19
palette 274
pallet 186
palm 15, 86, 296
palm hearts 122
palmtop 175
pan 310
pan fried 159
Panama 314
pancakes 157
pancreas 18
panda 291
panty liner 108
papaya 128
paper clip 173
paper guide 172
paper napkin 154
paper tray 172
papier-maché 275
paprika 132
Papua New Guinea 319
par 233
parachute 248
parachuting 248
paragliding 248
Paraguay 315
parallel 165
parallel bars 235
parallelogram 164
paramedic 94
parcel 99
parents 23
park 262
park *v* 195
parking meter 195
parmesan 142
parole 181
parrot 293
parsley 133
parsnip 125
partner 23
pass 226
pass *v* 220, 223
passenger 216
passenger port 216
passion fruit 128
Passover 27
passport 213
passport control 213
pasta 158
pastels 274
pasteurized 137
pasting brush 82
pasting table 82
pastry 140, 149
pastry brush 69
pasture 182
patch 207
patchwork 277

pâté 142, 156
path 58, 85
pathology 49
patient 45
patio garden 85
pattern 276
pause 269
pavement 298
pavement café 148
paving 85
pawn 272
pay *v* 153
pay in *v* 96
pay per view channel 269
paying-in slips 96
payment 96
payroll 175
peach 126, 128
peacock 293
peanut 129
peanut butter 135
peanuts 151
pear 127
peas 131
pecan 129
pectoral 16
pectoral fin 294
pedal 61, 206
pedal *v* 207
pedestrian crossing 195
pedestrian zone 299
pedicure 41
pediment 301
peel *v* 67
peeled prawns 120
peeler 68
pelican 292
pelvis 17
pen 163, 185
pen holder 172
penalty 222
penalty area 223
pencil 163, 275
pencil case 163
pencil sharpener 163
pendant 36
penfriend 24
penguin 292
peninsula 282
penis 21
pentagon 164
peony 111
people 12, 16
people carrier 199
pepper 64, 124, 152
peppercorn 132
pepperoni 142
percentage 165
percussion 257
perennial 86
perfume 41
perfumery 105
pergola 84
periodical 168
perm 39
perpendicular 165
persimmon 128
personal best 234
personal CD player 269
personal organizer 173, 175
personal trainer 250
Peru 315
pesticide 89, 183
pestle 68, 167
pet food 107
pet shop 115
petal 297
petri dish 166
petrol 199
petrol pump 199
petrol station 199
petrol tank 203
pharmacist 108, 189
pharynx 19
pheasant 119, 293
phillips screwdriver 81
philosophy 169
Philippines 319
photo album 271
photo finish 234
photo frame 271
photofit 181
photographer 191
photograph 271
photograph *v* 271
photography 270
physical education 162
physics 162, 169
physiotherapy 49
piano 256
piccolo 257
pick *v* 91
pick and mix 113
pickaxe 187
pickled 159
pickup 258
picnic 263
picnic bench 266
pie 158
pie tin 69
piece 272
pier 217
pies 143
pig 185
pig farm 183
pigeon 292
pigeonhole 100
piglet 185
pigsty 185
pigtails 39
Pilates 251
pill 21, 109
pillar 300
pillion 204
pillow 70
pillowcase 71
pilot 190, 211
pin 60, 237, 249, 276
pin number 96
pincushion 276
pine 296
pine nut 129
pineapple 128
pineapple juice 149
pink 274
pint 311
pinto beans 131
pip 128
pipe 112, 202
pipe cutter 81
pipette 167
piping bag 69
pistachio 129
pitch 225, 256, 266
pitch *v* 229
pitch a tent *v* 266
pitcher 151, 229
pitcher's mound 228
pitches available 266
pith 126
pitta bread 109
pizza 154
pizza parlour 154
place mat 64
place setting 65
placenta 52
plain 285
plain chocolate 113
plain flour 139
plait 39
plane 81
plane *v* 79
planet 280, 282
plant *v* 183
plant pot 89
plants 86, 296
plaque 50
plaster 47, 83
plaster *v* 82
plastic bag 122
plastic pants 30
plastic surgery 49
plate 65, 283
plateau 284
platform 208
platform number 208
platform shoe 37
platinum 289
play 254, 269
play *v* 229, 273
player 221, 231, 273
playground 263
playhouse 75
playing 75
playpen 75
plea 180
please 322
Plimsoll line 214
plough *v* 183
plug 60, 72
plum 126
plumb line 82
plumber 188
plumbing 61
plunger 81
plus 165
Pluto 280
plywood 79
pneumatic drill 187
poach *v* 67
poached 159
pocket 32
pod 122
podium 235, 256
point 273
poisoning 46
poker 273
Poland 316
polar bear 291
pole 245, 282
pole vault 234
police 94
police car 94
police cell 98
police officer 94
police station 94
policeman 189
polish 77
polish *v* 77
politics 169
polo 243
polyester 277
pomegranate 128
pommel 242
pommel horse 235
pond 85
ponytail 39
pool 249
pop 259
popcorn 255
poplar 296
popper 30
poppy 297
poppy seeds 138
porch 58
porch light 58
pore 15
pork 118
porridge 156
port 145, 176, 214, 216
porter 100
portfolio 97
porthole 214
portion 64
portrait 271
Portugal 316
positive electrode 167
post office 98
postage 98
postal code 98
postal order 98
postal worker 98
postbox 99
postcard 112
poster 255
poster paint 274
postgraduate 169
postman 98, 190
postmark 98
pot plant 110
pot up *v* 91
potato 124
pot-pourri 111
potted plant 87
potter's wheel 275
pottery 275
potty 74
pouch 291
poultry 119
poultry farm 183
pound 310
pour *v* 67
powder 77, 109
powder puff 40
powdered milk 137
power 60
power outlet 176
power cut 60
practice swing 233
pram 75
praying mantis 295
pregnancy 52
pregnancy test 52
pregnant 52
premature 52
premolar 50
prerecorded 178
prescription 45
present 27
presentation 174
presenter 178
preservative 83
preserved fruit 134
press 178
presser foot 276
press-up 251
pressure valve 61
price 152, 199
price list 154
prickly pear 128
primer 83
primrose 297
principality 315
print 271
print *v* 172
printer 172, 176
printing 275
prison 181
prison guard 181
private bathroom 100
private jet 211
private room 48
probe 50
problems 271
processed grains 130
procession 27
processor 176

producer 254
program 176
programme 254, 269
programming 178
projector 174
promenade 265
propagate *v* 91
propeller 211, 214
proposal 174
prosciutto 143
prosecution 180
prostate 21
protractor 165
proud 25
prove *v* 139
province 315
prow 215
prune 129
prune *v* 91
psychiatry 49
psychotherapy 55
public address system 209
puck 224
pudding rice 130
Puerto Rico 314
puff pastry 140
pull up *v* 251
pulp 127
pulse 47
pulses 130
pumice 288
pumice stone 73
pump 207
pumpkin 125
pumpkin seed 131
punch 237
punch bag 237
puncture 203, 207
pup 290
pupil 51, 162
puppy 290
purple 274
purse 37
pushchair 75
putt *v* 233
putter 233
pyjamas 33
pyramid 164

Q

Qatar 318
quadriceps 16
quail 119
quail egg 137
quart 311
quarter of an hour 304
quarterdeck 214
quartz 289
quay 216
queen 272, 273
question 163
question *v* 163
quilt 71
quilting 277
quince 128
quinoa 130
quiver 249

R

rabbit 118, 290
raccoon 290
race 234
racecourse 243
racehorse 243
racing bike 205, 206
racing dive 239
racing driver 249
rack 166
racquet 230
racquet games 231
racquetball 231
radar 214, 281
radiator 60, 202
radicchio 123
radio 179, 268
radio antenna 214
radio station 179
radiology 49
radish 124
radius 17, 164
rafter 186
rafting 241
rail 208
rail network 209
rain 287
rainbow 287
rainbow trout 120
raincoat 31, 32
rainforest 285
raisin 129
rake 88
rake *v* 90
rally 230
rally driving 249
RAM 176
Ramadan 26
ramekin 69
rap 259
rapeseed 184
rapeseed oil 135
rapids 240, 284
rash 44
rasher 119
raspberry 127
raspberry jam 134
rat 290
rattle 74
raw 124, 129
ray 294
razor blade 73
razor-shell 121
read *v* 162
reading light 210
reading list 168
reading room 168
reamer 80
rear light 207
rear wheel 197
rearview mirror 198
receipt 152
receive *v* 177
receiver 99
reception 100
receptionist 100, 190
rechargeable drill 78
record 234, 269
record player 268
record shop 115
recording studio 179
rectangle 164
rectum 21
recycling bin 61
red 145, 274
red card 223
red eye 271
red kidney beans 131
red lentils 131
red meat 118
red mullet 120
Red Sea 313
reduce *v* 172
reel 244
reel in *v* 245
refectory 168
referee 222, 226
referral 49
reflector 50, 204, 207
reflector strap 205
reflexology 54
refrigerator 67
reggae 259
region 315
register 100
registered post 98
regulator 239
re-heat *v* 154
reiki 55
reins 242
relationships 24
relatives 23
relaxation 55
relay race 235
release *v* 245
remote control 269
Renaissance 301
renew *v* 168
rent 58
rent *v* 58
repair kit 207
report 174
reporter 179
reproduction 20
reproductive 19
reproductive organs 20
reptiles 293
research 169
reserve *v* 168
respiratory 19
rest 256
restaurant 101, 152
result 49
resurfacing 187
resuscitation 47
retina 51
retire *v* 26
return 231
return address 98
return date 168
rev counter 201
reverse *v* 195
reverse charge call 99
rewind 269
rhinoceros 291
rhombus 164
rhubarb 127
rhythmic gymnastics 235
rib 17, 119
rib cage 17
ribbon 27
ribbon 39, 111, 141, 235
ribs 155
rice 130, 158, 184
rice pudding 140
rider 242
riding boot 242
riding crop 242
riding hat 242
rigging 215, 240
right 260
right field 229
right-hand drive 201
rim 206
rind 119, 127, 136, 142
ring 36
ring finger 15
ring ties 89
rings 235
rinse *v* 38, 76
ripe 129
rise *v* 139
river 284
road bike 206
road markings 194
road signs 195
roads 194
roadworks 187, 195
roast 158
roast *v* 67
roasted 129
roasting tin 69
robe 38, 169
rock climbing 248
rock concert 258
rock garden 84
rocket 123
rocks 284, 288
Rocky Mountains 312
rococo 301
rodeo 243
roll 139, 311
roll *v* 67
roller 83, 187
roller blind 63
roller coaster 262
roller skating 249
rollerblading 263
rollerskate 249
rolling pin 69
romance 255
Romania 316
romper suit 30
roof 58, 203
roof garden 84
roof tile 187
roofrack 198
rook 272
room 58
room key 100
room number 100
room service 101
rooms 100
root 50, 124, 296
roots 39
rope 248
rose 89, 110, 145
rosé 145
rosemary 133
rotor blade 211
rotten 127
rough 232
round 237
round neck 33
roundabout 195
route number 196
router 78
row 210, 254
row *v* 241
rower 241
rowing boat 214
rowing machine 250
rubber 163
rubber band 173
rubber boots 89
rubber ring 265
rubber stamp 173
rubbish bin 61, 67
ruby 288
ruck 221
rudder 210, 241
rug 63
rugby 221
rugby pitch 221
rugby strip 221
ruler 163, 165
rum 145
rum and coke 151
rump steak 119
run 228
run *v* 228
runner bean 122
runway 212
rush 86
rush hour 209
Russian Federation 318
Rwanda 317
rye bread 138

S

sad 25
saddle 206, 242
safari park 262
safe 228
safety 75, 240
safety barrier 246
safety goggles 81, 167
safety pin 47
saffron 132
sage 133
Sahara Desert 313
sail 241
sailboat 215
sailing 240
sailor 189
salad 149
salamander 204
salami 142
salary 175
sales assistant 104
sales department 175
salmon 120
saloon 199
salt 64, 152
salted 121, 129, 137, 143
San Marino 316
sand 85, 264
sand *v* 82
sandal 37
sandals 31
sandcastle 265
sander 78
sandpaper 81, 83
sandpit 263
sandstone 288
sandwich 155
sandwich counter 143
sanitary towel 108
São Tomé and Principe 317
sapphire 288
sardine 120
Sardinia 316
satellite 281
satellite dish 269
satellite navigation 201
satsuma 126
Saturday 306
Saturn 280
sauce 134, 143, 155
saucepan 69
Saudi Arabia 318
sauna 250
sausage 155, 157
sausages 118
sauté *v* 67
save *v* 177, 223
savings 96
savings account 97
savoury 155
saw *v* 79
saxophone 257
scaffolding 186
scale 121, 256, 294
scales 45, 53, 69, 98, 118, 166, 212, 293, 310
scallop 121
scalp 39
scalpel 81, 167
scan 48, 52
scanner 106, 176
scarecrow 184
scared 25
scarf 31, 36
schist 288
scholarship 109
school 162, 299
school bag 162
school bus 196
school uniform 162
schoolboy 162
schoolgirl 162
schools 169
science 162, 166
science fiction film 255
scientist 100
scissors 38, 47, 82,188, 276
scoop 68, 149
scooter 205
score 220, 256, 273
score a goal *v* 223
scoreboard 225
scorpion 295
scotch and water 151
scrabble 272
scrambled eggs 157
scrape *v* 77
scraper 82
screen 59, 63, 97, 176, 255, 269
screen wash 199
screen wash reservoir 202
screw 80
screwdriver 80
screwdriver bits 80
script 254
scrollbar 177
scrotum 21
scrub *v* 77
scrum 221
scuba diving 239
sculpting 275
sculptor 191
sea 264, 282
sea bass 120
sea bream 120
sea horse 294
sea lion 290
sea plane 211
seafood 121
seal 290
sealant 83
sealed jar 135
seam 34
seamstress 191
search *v* 177
seasonal 129
seasons 306
seat 61, 204, 209, 210, 242, 254
seat back 210
seat belt 198, 211
seat post 206
seating 254
secateurs 89
second 304, 309
second floor 104
second hand 304
second-hand shop 115
section 282
security 212
security bit 80
security guard 189
sedative 109
sedimentary 288
seed 122, 127, 130
seed tray 90
seeded bread 139
seedless 127
seedling 91
seeds 88, 131
seesaw 263
segment 126
self defence 237
self-raising flour 139
self-tanning cream 41
semidetached 58
semi-hard cheese 136
seminal vesicle 21
semi-skimmed milk 136
semi-soft cheese 136
semolina 130
send *v* 177
send off 223
Senegal 317
sensitive 41
sentence 181
September 306
series 179
serve 231
serve *v* 64, 231
server 176
service included 152
service line 230
service not included 152
service provider 177
service vehicle 212
serving spoon 68
sesame seed 131
sesame seed oil 134
set 178, 230, 254
set *v* 38
set honey 134
set sail *v* 217
set square 165
set the alarm *v* 71
seven 308
seven hundred 308
seventeen 308
seventeenth 309
seventh 309
seventieth 309
seventy 308
sew *v* 277
sewing basket 276
sewing machine 276
sexually transmitted disease 20
shade 41
shade plant 87
shallot 125
shallow end 239
shampoo 38
shapes 164
share price 97
shares 97
shark 294
sharp 256
sharpening stone 81
shaving 73
shaving foam 73
shears 89
shed 84
sheep 185
sheep farm 183
sheep's milk 137
sheet 71, 74, 241
shelf 67, 106
shell 129, 137, 265, 293
shelled 129
shelves 66
sherry 145
shiatsu 54
shield 88
shin 12
ship 214
ships 215
shipyard 217
shirt 32
shock 47
shocked 25
shoe department 104
shoe shop 114
shoes 34, 37
shoot *v* 223, 227
shop 298
shop assistant 188
shopping 104
shopping bag 106
shopping centre 104
shops 114
short 32, 321
short sight 51
short wave 179
short-grain 130
shorts 30, 33
shotput 234
shoulder 13
shoulder bag 37
shoulder blade 17
shoulder pad 35
shoulder strap 37
shout *v* 25
shovel 187
shower 72, 286
shower block 266
shower curtain 72
shower door 72
shower gel 73
shower head 72
showjumping 243
shuffle *v* 273
shutoff valve 61
shutter 58
shutter release 270
shutter-speed dial 270
shuttle bus 197
shuttlecock 231
shy 25
Siberia 313
Sicily 316
side 164
sideling 220
side order 150
side plate 65
side saddle 242
side street 299
sidedeck 240
side-effects 109
sideline 226, 230
Sierra Leone 317
sieve 68, 89
sieve *v* 91
sift *v* 138
sigh *v* 25
sightseeing 260
sign 104
signal 209
signature 96, 98
silencer 203, 204
silk 277
silo 183
silt 85
silver 235, 289
simmer *v* 67
Singapore 319
singer 191
single 151
single bed 71
single cream 137
single room 100
singles 230
sink 38, 61, 66
sinus 19
siren 94
sirloin steak 119
sister 22
sister-in-law 23
site manager's office 266
sit-up 251
six 308
six hundred 308
sixteen 308
sixteenth 309
sixth 309

sixtieth 309
sixty 308
skate 120, 247, 294
skate *v* 224
skate wings 120
skateboard 249
skateboarding 249, 263
skein 277
skeleton 17
sketch 275
sketch pad 275
skewer 68
ski 241, 246
ski boot 246
ski jump 247
ski pole 246
ski run 246
ski slope 246
ski suit 246
skier 246
skiing 246
skimmed milk 136
skin 14, 119, 128
skin care 108
skinned 121
skipping 251
skirt 30, 34
skull 17
skydiving 248
skyscraper 299, 300
slalom 247
slate 288
sledding 247
sledgehammer 187
sleeping 74
sleeping bag 267
sleeping compartment 209
sleeping mat 267
sleeping pill 109
sleepsuit 30
sleet 286
sleeve 34
sleeveless 34
slice 119, 139, 140, 230
slice *v* 67
sliced bread 138
slicer 139
slide 167, 263
slide *v* 229
sling 46
slip 35
slip road 194
slip-on 37
slippers 31
slope 284
slotted spoon 68
Slovakia 316
Slovenia 316
slow 321
slug 295
small 321
small car 199
small intestine 18
small of back 13
smash 231
smile 25
smoke 95
smoke alarm 95
smoked 118, 121, 143, 159
smoked fish 143
smoking 112
smoking section 152
snack bar 113, 148
snail 295
snake 293
snare drum 257
sneeze 44
snooker 249
snore *v* 71
snorkel 239
snout 293
snow 287
snowboarding 247
snowmobile 247
snowsuit 30
soak *v* 130
soap 73, 178
soap dish 73
soccer 222
socket 60, 80
socket wrench 80
socks 33
soda bread 139
soda water 144
sofa 62
sofabed 63
soft 129, 321
soft cheese 136
soft drink 154
soft drinks 144
soft toy 75
software 176
softwood 79
soil 85
solar system 280
solder 79, 80
solder *v* 79
soldering iron 81
soldier 189
sole 15, 37
solids 164
Soloman Islands 319
soluble 109
solvent 83
Somalia 317
somersault 235
son 22
sonata 256
song 259
son-in-law 22
sorbet 141
sorrel 123
sorting unit 61
soufflé 158
soufflé dish 69
sound boom 179
sound technician 179
soundtrack 255
soup 153, 158
soup bowl 65
soup spoon 65
sour 127
sour cream 137
sourdough bread 139
south 312
South Africa 317
South Korea 318
southern hemisphere 283
Southern Ocean 313
souvenirs 260
sow *v* 90, 183
soya beans 131
space 280
space exploration 281
space shuttle 281
space station 281
space suit 281
spade 88, 265, 273
Spain 316
spanner 80
spare tyre 203
spark plug 203
sparkling 144
sparring 237
sparrow 292
spatula 68, 167
speaker 174, 176, 258, 268
speaker stand 268
spearfishing 245
specials 152
spectators 233
speed boating 241
speed limit 195
speed skating 247
speedboat 214
speedometer 201, 204
spell *v* 162
sperm 20
sphere 164
spices 132
spicy sausage 142
spider 295
spike *v* 90
spikes 233
spin 230
spin *v* 76
spin dryer 76
spinach 123
spine 17
spire 300
spirit level 80, 187
splashback 66
spleen 18
splint 47
splinter 46
split ends 39
split peas 131
spoke 207
sponge 73, 74, 83
sponge cake 140
sponge fingers 141
spool 245
spoon 65
sport fishing 245
sports 105, 220, 236, 248
sports car 198
sports field 168
sports jacket 33
sportsman 191
spotlight 259
sprain 46
spray 109
spray *v* 91
spray can 311
spray gun 89
spring 71, 307
spring balance 166
spring greens 123
spring onion 125
springboard 235, 238
sprinkler 89
sprinter 234
sprocket 207
spy hole 59
square 164, 272, 299
square foot 310
square metre 310
squash 231
squat 251
squid 121, 295
squirrel 290
Sri Lanka 318
St Kitts and Nevis 314
St Lucia 314
St Vincent and the Grenadines 314
stabilisers 207
stable 185, 243
stadium 223
staff 175, 256
stage 167, 254
stages 23
stainless steel 79
stair gate 75
staircase 59
stake 90
stake *v* 91
stalk 122, 297
stalls 254
stamen 297
stamp 98
stamp collecting 273
stamps 112
stance 232
stand 88, 205, 268
stanley knife 82
stapler 173
staples 173
star 280
star anise 133
starfish 295
starfruit 128
start school *v* 26
starter 153
starting block 234, 238
starting line 234
state 315
statement 180
stationery 105
statuette 260
steak 121
steam *v* 67
steam train 208
steamed 159
steeplechase 243
steering wheel 201
stem 111, 112, 297
stencil 83
stenographer 181
step machine 250
stepdaughter 23
stepfather 23
stepladder 82
stepmother 23
stepson 23
stereo 269
sterile 47
stern 240
stethoscope 45
stew 158
stick 224, 249
sticks 133
sticky tape 173
still 144
sting 46, 295
stir *v* 67
stir fry 158
stirrer 150
stirrup 242
stitch 277
stitch selector 276
stitches 52
stock broker 97
stock exchange 97
stockings 35
stocks 97, 110
stomach 18
stomach ache 44
stone 36, 275
stoned fruit 126
stop 269
stop button 197
stopper 166
stopwatch 234
store directory 104
stork 292
storm 287
stout 145
straight 39, 165
straight on 260
straighten *v* 39
strap 35
strapless 34
stratosphere 286
straw 144, 154

strawberry 127
strawberry milkshake 149
stream 285
street 298
street corner 298
street light 298
street sign 298
street stall 154
stress 55
stretch 251
stretcher 94
strike 228, 237
string 230, 258
string of pearls 36
strings 256
strip *v* 82
stroke 44, 233, 239
strokes 231
strong 321
strong flour 139
stub 96
study 63, 162
stuffed 159
stuffed olive 143
stump 226
styles 39, 239, 301
submarine 215
subsoil 91
substitute 223
substitution 223
subtract *v* 165
suburb 299
succulent 87
suction hose 77
Sudan 317
sugarcane 184
suit 273
sulphur 289
sultana 129
summer 31, 307
summons 180
sumo wrestling 237
Sun 280
sunbathe *v* 264
sunbed 41
sunblock 108, 265
sunburn 46
Sunday 306
sunflower 184, 297
sunflower oil 134
sunflower seed 131
sunglasses 51, 265
sunhat 30, 265
sunny 286
sunrise 305
sunroof 202
sunscreen 108
sunset 305
sunshine 286
suntan lotion 265
supermarket 106
supersonic jet 211
supplement 55
supply pipe 61
support 187
suppository 109
surf 241
surfboard 241
surfcasting 245
surfer 241
surfing 241
surgeon 48
surgery 45, 48
Suriname 315
surprised 25
suspect 94, 181
suspenders 35
suspension 203, 205
swallow 292
swamp 285
swan 293
Swaziland 317
sweater 33
sweatpants 33
sweatshirt 33
swede 125
Sweden 316
sweep *v* 77
sweet 124, 127, 155
sweet potato 125
sweet shop 113
sweet spreads 134
sweet trolley 152
sweetcorn 122
sweets 113
swim *v* 238
swimmer 238
swimming 238
swimming pool 101, 238, 250
swimsuit 238, 265
swing *v* 232
swings 263
swiss chard 123
switch 60
Switzerland 316
swivel chair 172
sword 236
swordfish 120, 294
symphony 256
synagogue 300
synchronized swimming 239
synthetic 31
Syria 318
syringe 109, 167
syrup 109
system 176

T

tab 173
table 64, 148
table tennis 231
tablecloth 64
tack *v* 241, 277
tackle 245
tackle *v* 220, 223
tackle box 244
tadpole 294
tae-kwon-do 236
tag *v* 229
tai chi 236
tail 121, 210, 242, 280, 290, 294
tail light 204
tailbone 17
tailgate 198
tailor 191
tailored 35
tailor's 115
tailor's chalk 276
tailor's dummy 276
tailplane 210
Taiwan 319
Tajikstan 318
take a bath *v* 72
take a shower *v* 72
take notes *v* 163
take off *v* 211
take-away 154
talcum powder 73
tall 301
tambourine 257
tampon 108
tan 41
tandem 206
tangerine 126
tank 61
Tanzania 317
tap 61, 66
tap water 144
tape deck 268
tape dispenser 173
tape measure 80, 276
target 249
target shooting 249
tarmac 187
taro root 124
tarragon 133
Tasmania 319
tattoo 41
tax 96
taxi driver 190
taxi rank 213
tea 144, 149, 184
tea with lemon 149
tea with milk 149
teabag 144
teacher 54, 162, 191
teacup 65
team 220, 229
teapot 65
tear 51
teaspoon 65
teat 75
techniques 79, 159
teddy bear 75
tee 233
teeing ground 232
teenager 23
tee-off *v* 233
telegram 98
telephone 99, 172
telephone box 99
telescope 281
television 268
television series 178
television studio 178
temperature 286
temperature gauge 201
temple 14, 300
ten 308
ten thousand 309
tenant 58
tend *v* 91
tendon 17
tennis 230
tennis court 230
tennis shoes 231
tenon saw 81
tent 267
tent peg 266
tent pole 266
tenth 309
terrace 146
terminal 212
termite 295
terrace café 148
terraced 58
territory 315
terry nappy 30
test 49
test tube 166
testicle 21
text message 99
textbook 163
Thailand 318
thank you 322
Thanksgiving 27
the day after tomorrow 307
the day before yesterday 307
theatre 254, 299
theme park 262
therapist 55
thermal underwear 35
thermals 267
thermometer 45, 167
thermosphere 286
thermostat 61
thesis 169
thick 321
thigh 12, 119
thimble 276
thin 321
third 309
thirteen 308
thirteenth 309
thirtieth 309
thirty 308
this way up 98
this week 307
thistle 297
thoracic vertebrae 17
thread 276
thread *v* 277
thread guide 276
thread reel 276
three 308
three hundred 308
three-door 200
three-point line 226
thriller 255
throat 19
throat lozenge 109
throttle 204
through 320
throw 237
throw *v* 221, 227, 229
throw-in 223, 226
thruster 281
thumb 15
thunder 286
Thursday 306
thyme 133
thyroid gland 18
tibia 17
ticket 209, 213
ticket barrier 209
ticket inspector 209
ticket office 209, 216
tie 32
tiebreak 230
tie-pin 36
tiger 291
tights 35, 251
tile 58, 272
tile *v* 82
till 106, 150
tiller 240
timber 187
time 234, 304
time out 220
timer 166
times 165, 261
timetable 197, 209, 261
timing 203
tin 289, 311
tinned food 107
tip 36, 122, 246
tissue 108
title 168
titles 23
to 320
toad 294
toast 157
toasted sandwich 149
toaster 66
tobacco 112, 184
today 306
toddler 30
toe 15
toe clip 207
toe strap 207
toenail 15
toffee 113
toggle 31
Togo 317

toilet 72
toilet brush 72
toilet roll 72
toilet seat 72
toiletries 41, 107
toilets 104, 266
toll booth 194
tomato 125, 157
tomato juice 144, 149
tomato sauce 154
tomorrow 306
toner 41
tongs 150, 167
tongue 19, 37, 118
tonic water 144
tonne 310
tool rack 78
toolbar 177
toolbelt 186
toolbox 80
tools 187
tooth 50
toothache 50
toothbrush 72
toothpaste 72
top coat 83
top dress *v* 90
top tier 141
topaz 288
topiary 87
topping 155
topsoil 85
torch 267
tornado 287
tortoise 293
touch line 221
touchdown 221
tour bus 260
tour guide 260
tourer 205
touring bike 206
tourist 260
tourist attraction 260
tourist bus 197
tourist information 261
tourmaline 288
tournament 233
tow away *v* 195
tow truck 203
towards 320
towel rail 72
towels 73
tower 300
town 298
town hall 299
townhouse 58
toy 75
toy basket 75
toys 105
track 208, 234
tracksuit 31, 32
tractor 182
traffic 194
traffic jam 195
traffic light 194
traffic policeman 195
trailer 266
train 35, 208
train *v* 91, 251
train station 208
trainer 37
trainers 31, 251
tram 196, 208
transfer 223
transformer 60
transmission 202
transplant *v* 91
transport 194
trapezium 164
trapezius 16
trash 177
travel agent 190
travel agent's 114
travel sickness pills 109
traveller's cheque 97
tray 152, 154
tray-table 210
tread 207
tread water *v* 239
treadmill 250
treble clef 256
tree 86, 296
trekking 243
trellis 84
tremor 283
triangle 164, 257
triceps 16
trifle 141
trim *v* 39, 90
trimester 52
trimmer 88
Trinidad and Tobago 314
tripod 166, 270, 281
trolley 48, 100, 106, 208, 213
trolley bus 196
trombone 257
tropic of Cancer 283
tropic of Capricorn 283
tropical fruit 128
tropics 283
troposphere 286
trot 243
trough 183
trousers 32, 34
trout 120
trowel 89, 187
truffle 113, 125
trug 88
trumpet 257
truncheon 94
trunk 291, 296
trunks 238
try 221
t-shirt 30, 33
tub 311
tuba 257
tube 311
Tuesday 306
tug boat 215
tulip 111
tumble 235
tumble dryer 76
tumbler 65
tuna 120
tune *v* 179
tune the radio *v* 269
tuning peg 258
Tunisia 317
turbocharger 203
turf *v* 90
Turkey 316
turkey 119, 185, 293
Turkmenistan 318
turmeric 132
turn 238
turn *v* 79
turn the television off *v* 269
turn the television on *v* 269
turnip 124
turpentine 83
turquoise 289
turret 300
turtle 293
tusk 291
tutu 191
tweezers 40, 47, 167
twelfth 309
twelve 308
twentieth 309
twenty 308
twenty minutes 304
twenty thousand 309
twenty-first 309
twenty-one 308
twenty-second 309
twenty-third 309
twenty-two 308
twig 296
twin room 100
twine 89
twins 23
twist ties 89
two 308
two hundred 308
two o'clock 304
two thousand 307
two thousand and one 307
two-door 200
types 199, 205
types of buses 196
types of camera 270
types of farm 183
types of plants 86
types of fishing 245
types of train 208
tyre 198, 205, 206
tyre lever 207
tyre pressure 203

U

Uganda 317
ugli 126
Ukraine 316
ulna 17
ultrasound 52
ultraviolet rays 286
umbilical cord 52
umbrella 36, 233
umbrella stand 59
umpire 225, 229, 230
uncle 22
unconscious 47
uncooked meat 142
under 320
under par 233
undercoat 83
underexposed 271
undergraduate 169
underground map 209
underground train 209
underpass 194
underwear 32, 35
underwired 35
uniform 94, 189
United Arab Emirates 318
United Kingdom 316
United States of America 314
universe 280
university 299
unleaded 199
unpasteurised 137
unpick *v* 277
unsalted 137
until 320
up 320
upper circle 254
upset 25
Uranus 280
ureter 21
urethra 20
urinary 19
urology 49
Uruguay 315
usher 255
uterus 20, 52
utility room 76
Uzbekistan 318

V

vacuum cleaner 77, 188
vacuum flask 267
vagina 20
valance 71
valley 284
valve 207
vanilla 132
Vanuatu 319
varnish 79, 83
vas deferens 21
vase 63, 111
Vatican City 316
vault 235, 300
veal 118
vegetable garden 85
vegetable oil 135
vegetable plot 182
vegetables 107, 122, 124
veggie burger 155
veil 35
vein 19
venetian blind 63
Venezuela 315
venison 118
vent 283
ventouse cup 53
Venus 280
verdict 181
vest 33, 35, 251
vet 189
vibraphone 257
vice 78
video game 269
video phone 99
video recorder 269
video tape 269
Viet Nam 318
viewfinder 271
village 299
vine 183
vinegar 135, 142
vineyard 183
vintage 199
viola 256
violin 256
virus 44
visa 213
vision 51
visiting hours 48
visor 205
vitamins 108
v-neck 33
vocal cords 19
vodka 145
vodka and orange 151
voice message 99
volcano 283
volley 231
volleyball 227
voltage 60
volume 165, 179, 269, 311
vomit *v* 44

W

waders 244
waffles 157
waist 12
waistband 35
waistcoat 33
waiter 148, 152
waiting room 45
waitress 191
wake up *v* 71

walk 243
walking boot 37
walking boots 267
walkway 212
wall 58, 186, 222
wall light 62
wallet 37
wallpaper 82, 177
wallpaper *v* 82
wallpaper brush 82
wallpaper paste 82
walnut 129
walnut oil 104
walrus 290
ward 48
wardrobe 70
warehouse 216
warm 286
warm up *v* 251
warrant 180
washer 80, 77
washbasin 72
washer 80
washer-dryer 76
washing machine 76
wasp 295
waste disposal 61, 266
waste disposal unit 61
waste pipe 61
wastebasket 172
watch 36
watch television *v* 269
water 144, 238
water *v* 90, 183
water bottle 206, 267
water chamber 61
water chestnut 124
water closet 61
water garden 84
water hazard 232
water jet 95
water plant 86
water polo 239
watercolour paints 274
watercress 123
waterfall 285
watering 89
watering can 89
watermelon 127
waterproofs 245, 267
waterskier 241
waterskiing 241
watersports 241
wave 241, 264
wavelength 179
wax 41
weak 321
weather 286
weaving 277
website 177
wedding 26, 35
wedding cake 141
wedding dress 35
wedding reception 26
wedge 233
Wednesday 306
weed *v* 91
weed killer 91
weeds 86
week 306
weekend 306
weekly 307
weigh *v* 310
weight 166, 244
weight bar 251
weight belt 239
weight training 251
wellington boots 31
west 312
western 255
Western sahara 317
wet 286, 321
wet wipe 75, 108
wetsuit 239
whale 290
wheat 130, 184
wheel 198, 207
wheel nuts 203
wheelbarrow 88
wheelchair 48
wheelchair access 197
whiplash 46
whipped cream 137
whisk 68
whisk *v* 67
whiskers 290
whisky 145
white 39, 145, 272, 274
white bread 139
white chocolate 113
white coffee 148
white currant 127
white flour 138
white meat 118
white rice 130
white spirit 83
whiting 120
whole 129, 132
whole milk 136
wholegrain 131
wholegrain mustard 135
wholemeal bread 139
wholemeal flour 138
widget 229
wicket-keeper 225
wide 321
widescreen television 269
width 165
wife 22
wig 39
wild rice 130
willow 296
win *v* 273
wind 241, 286
windbreak 265
windcheater 33
windlass 214
window 58, 96, 98, 177, 186, 197, 209, 210
windpipe 18
windscreen 198
windscreen wiper 198
windshield 205
windsurfer 241
windsurfing 241
windy 286
wine 145, 151
wine glass 65
wine list 152
wine vinegar 135
wing 119, 210, 293
wing mirror 198
wings 254
winner 273
winter 31, 307
winter sports 247
wipe *v* 77
wire 79
wire cutter 80
wire strippers 81
wire wool 81
wires 60
with 320
withdrawal slip 96
without 320
witness 180
wok 69
wolf 290
woman 23
womb 52
women's clothing 31
women's wear 105
wood 79, 233, 275, 285
wood glue 78
wood shavings 78
wooden spoon 68
woodpecker 292
woodstain 79
woodwind 257
woodworking 275
wool 277
work 172
work day 306
workbench 78
workshop 78
worktop 66
world map 312
worm 295
worried 25
wound 46
wrap 155
wrapping 111
wreath 111
wrench 81, 203
wrestling 236
wrinkle 15
wrist 13, 15
wristband 230
writ 180
write *v* 162

X

x-ray 48
x-ray film 50
x-ray machine 212
x-ray viewer 45

Y

yacht 215
yam 125
yard 310
yatch 240
yawn *v* 25
year 163, 306
yeast 138
yellow 274
yellow card 223
Yemen 318
yes 322
yesterday 306
yoga 54
yoghurt 137
yolk 137, 157
you're welcome 322
Yugoslavia 316

Z

Zambia 317
zebra 291
zero 308
zest 126
Zimbabwe 317
zinc 289
zip 277
zone 315
zones 283
zoo 262
zoology 169
zoom lens 270

remerciements • acknowledgments

DORLING KINDERSLEY would like to thank Tracey Miles and Christine Lacey for design assistance, Georgina Garner for editorial and administrative help, Sonia Gavira, Polly Boyd, and Cathy Meeus for editorial help, and Claire Bowers for compiling the DK picture credits.

The publisher would like to thank the following for their kind permission to reproduce their photographs:
Abbreviations key:
t = top, b = bottom, r = right, l = left, c = centre

Abode: 62; **Action Plus:** 224bc; **alamy.com:** 154t; A.T. Willett 287bcl; Michael Foyle 184bl; Stock Connection 287bcr; **Allsport/Getty Images:** 238cl; **Alvey and Towers:** 209 acr, 215bcl, 215bcr, 241cr; **Peter Anderson:** 188cbr, 271br. **Anthony Blake Photo Library:** Charlie Stebbings 114cl; John Sims 114tcl; **Andyalte:** 98tl; **apple mac computers:** 268tcr; **Arcaid:** John Edward Linden 301bl; Martine Hamilton Knight, Architects: Chapman Taylor Partners, 213cl; Richard Bryant 301br; **Argos:** 41tcl, 66cbl, 66cl, 66br, 66bcl, 69cl, 70bcl, 71t, 77tl, 269tc, 270tl; **Axiom:** Eitan Simanor 105bcr; Ian Cumming 104; Vicki Couchman 148cr; **Beken Of Cowes Ltd:** 215cbc; **Bosch:** 76tcr, 76tc, 76tcl; **Camera Press:** 27c, 38tr, 256t, 257cr; Barry J. Holmes 148tr; Jane Hanger 159cr; Mary Germanou 259bc; **Corbis:** 78b; Anna Clopet 247tr; Bettmann 181tl, 181tr; Bo Zauders 156t; Bob Rowan 152bl; Bob Winsett 247cbl; Brian Bailey 247br; Carl and Ann Purcell 162l; Chris Rainer 247ctl; ChromoSohm Inc. 179tr; Craig Aurness 215bl; David H.Wells 249cbr; Dennis Marsico 274bl; Dimitri Lundt 236bc; Duomo 211tl; Gail Mooney 277ctcr; George Lepp 248c; Gunter Marx 248cr; Jack Fields 210b; Jack Hollingsworth 231bl; Jacqui Hurst 277cbr; James L. Amos 247bl, 191ctr, 220bcr; Jan Butchofsky 277cbc; Johnathan Blair 243cr; Jon Feingersh 153tr; Jose F. Poblete 191br; Jose Luis Pelaez.Inc 153tc, 175tl; Karl Weatherly 220bl, 247tcr; Kelly Mooney Photography 259tl; Kevin Fleming 249bc; Kevin R. Morris 105tr, 243tl, 243tc; Kim Sayer 249tcr; Lynn Goldsmith 258t; Macduff Everton 231bcl; Mark Gibson 249bl; Mark L. Stephenson 249tcl; Michael Pole 115tr; Michael S. Yamashita 247ctcl; Mike King 247cbl; Neil Rabinowitz 214br; Owen Franken 112t; Pablo Corral 115bc; Paul A. Sounders 169br, 249ctcl; Paul J. Sutton 224c, 224br; Peter Turnley 105tcr; Phil Schermeister 227b, 248tr; R. W Jones 309; R.W. Jones 175tr; Richard Hutchings 168b; Rick Doyle 241ctr; Robert Holmes 97br, 277ctc; Roger Ressmeyer 169tr; Russ Schleipman 229; Steve Raymer 168cr; The Purcell Team 211ctr; Tim Wright 178; Vince Streano 194t; Wally McNamee 220br, 220bcl, 224bl; Yann Arhus-Bertrand 249tl; **Demetrio Carrasco / Dorling Kindersley (c) Herge / Les Editions Casterman:** 112ccl; **Dixons:** 270cl, 270cr, 270bl, 270bcl, 270bcr, 270ccr; **Education Photos:** John Walmsley 26tl; **Empics Ltd:** Adam Day 236br; Andy Heading 243c; Steve White 249cbc; **Getty Images:** 48bcl, 100t, 114bcr, 154bl, 287tr; 94tr; **Dennis Gilbert:** 106tc; **Hulsta:** 70t; **Ideal Standard Ltd:** 72r; **The Image Bank/Getty Images:** 58; **Impact Photos:** Eliza Armstrong 115cr; John Arthur 190tl; Philip Achache 246t; **The Interior Archive:** Henry Wilson, Alfie's Market 114bl; Luke White, Architect: David Mikhail, 59tl; Simon Upton, Architect: Phillippe Starck, St Martins Lane Hotel 100bcr, 100br; **Jason Hawkes Aerial Photography:** 216t; **Dan Johnson:** 26cbl, 35r; **Kos Pictures Source:** 215cbl, 240tc, 240tr; David Williams 216b; **Lebrecht Collection:** Kate Mount 169bc; **MP Visual.com:** Mark Swallow 202t; **NASA:** 280cr, 280ccl, 281tl; **P&O Princess Cruises:** 214bl; **P A Photos:** 181br; **The Photographers' Library:** 186bl, 186bc, 186t; **Plain and Simple Kitchens:** 66t; **Powerstock Photolibrary:** 169tl, 256t, 287tc; **Rail Images:** 208c, 208 cbl, 209br; **Red Consultancy:** Odeon cinemas 257br; **Redferns:** 259br; Nigel Crane 259c; **Rex Features:** 106br, 259tc, 259tr, 259bl, 280b; Charles Ommaney 114tcr; J.F.F Whitehead 243cl; Patrick Barth 101tl; Patrick Frilet 189cbl; Scott Wiseman 287bl; **Royalty Free Images:** Getty Images/Eyewire 154bl; **Science & Society Picture Library:** Science Museum 202b; **Skyscan:** 168t, 182c, 298; Quick UK Ltd 212; **Sony:** 268bc; **Robert Streeter:** 154br; **Neil Sutherland:** 82tr, 83tl, 90t, 118, 188ctr, 196tl, 196tr, 299cl, 299bl; **The Travel Library:** Stuart Black 264t; **Travelex:** 97cl; **Vauxhall:** Technik 198t, 199tl, 199tr, 199cl, 199cr, 199ctcl, 199ctcr, 199tcl, 199tcr, 200; **View Pictures:** Dennis Gilbert, Architects: ACDP Consulting, 106t; Dennis Gilbert, Chris Wilkinson Architects, 209tr; Peter Cook, Architects: Nicholas Crimshaw and partners, 208t; **Betty Walton:** 185br; **Colin Walton:** 2, 4, 7, 9, 10, 28, 42, 56, 92, 95c, 99tl, 99tcl, 102, 116, 120t, 138t, 146, 150t, 160, 170, 191ctcl, 192, 218, 252, 260br, 260l, 261tr, 261c, 261cr, 271cbl, 271cbr, 271ctl, 278, 287br, 302, 401.

DK PICTURE LIBRARY:
Akhil Bahkshi; Patrick Baldwin; Geoff Brightling; British Museum; John Bulmer; Andrew Butler; Joe Cornish; Brian Cosgrove; Andy Crawford and Kit Hougton; Philip Dowell; Alistair Duncan; Gables; Bob Gathany; Norman Hollands; Kew Gardens; Peter James Kindersley; Vladimir Kozlik; Sam Lloyd; London Northern Bus Company Ltd; Tracy Morgan; David Murray and Jules Selmes; Musée Vivant du Cheval, France; Museum of Broadcast Communications; Museum of Natural History; NASA; National History Museum; Norfolk Rural Life Museum; Stephen Oliver; RNLI; Royal Ballet School; Guy Ryecart; Science Museum; Neil Setchfield; Ross Simms and the Winchcombe Folk Police Museum; Singapore Symphony Orchestra; Smart Museum of Art; Tony Souter; Erik Svensson and Jeppe Wikstrom; Sam Tree of Keygrove Marketing Ltd; Barrie Watts; Alan Williams; Jerry Young.

Additional Photography by Colin Walton.

Colin Walton would like to thank:
A&A News, Uckfield; Abbey Music, Tunbridge Wells; Arena Mens Clothing, Tunbridge Wells; Burrells of Tunbridge Wells; Gary at Di Marco's; Jeremy's Home Store, Tunbridge Wells; Noakes of Tunbridge Wells; Ottakar's, Tunbridge Wells; Selby's of Uckfield; Sevenoaks Sound and Vision; Westfield, Royal Victoria Place, Tunbridge Wells.

All other images are Dorling Kindersley copyright. For further information see www.dkimages.com